十三五

"十三五"普通高等教育系列教材

现代电源技术基础

杨 飞 夏 丹 编

裴云庆 主审

中国电力出版社

CHINA ELECTRIC POWER PRESS

内 容 提 要

本书首先介绍了电源的基本概念及其主要指标，然后分别阐述了线性直流稳压电源、开关直流稳压电源、逆变电源、交流调压电源、变频交流—交流电源、电池、燃料电池、UPS/EPS等电源技术的基本原理与应用，还介绍了当前新兴的绿色能源及其发电利用技术。本书最后还对供电系统、配电网及安全用电等进行了介绍，其中通过对智能电网的专门介绍反映了当今供用电技术的发展趋势。

本书涵盖基础、内容全面、通俗易懂且反映电源技术的最新动态，不仅适合作为本科院校电气工程专业的基础教材，也适合作为自动化、机械电子工程、测控技术与仪器、电子信息工程、能源与动力工程等专业和其他非电类专业的选修教材，亦可作为从事相关领域技术人员的参考书籍，还可作为一般的通识读本供普通读者参考阅读。

图书在版编目（CIP）数据

现代电源技术基础/杨飞，夏丹编. —北京：中国电力出版社，2016.5（2024.8重印）
"十三五"普通高等教育规划教材
ISBN 978 - 7 - 5123 - 8898 - 7

Ⅰ．①现… Ⅱ．①杨… ②夏… Ⅲ．①电源－技术－高等学校－教材 Ⅳ．①TM91

中国版本图书馆 CIP 数据核字（2016）第 026806 号

中国电力出版社出版、发行
（北京市东城区北京站西街 19 号　100005　http://www.cepp.sgcc.com.cn）
固安县铭成印刷有限公司印刷
各地新华书店经售

*

2016 年 5 月第一版　　2024 年 8 月北京第七次印刷
787 毫米×1092 毫米　16 开本　8.75 印张　210 千字
定价 **35.00** 元

前 言

  电源是工业的基础产品，经济建设和社会生活的各个方面都离不开电源，电源技术和电源产业的发展在国家制订的各类产业和科技发展规划中始终处于核心位置。电源现已被广泛应用于工业制造、交通运输、航空航天、国防军事、广告装潢等各行各业，电源技术的发展带动了相关行业的进步与发展，而电力电子、能源动力等相关行业的发展反过来又推动了电源技术和产业的发展。

  电源技术是一类涉及众多学科的复杂技术，它的应用范围很广，根据不同应用领域可分为很多不同门类。关于各类电源的技术原理都有专门的书籍进行介绍，如开关电源、变频电源等，目前市面上流通的电源技术类书籍大都如此。然而，这些书籍往往对读者的专业基础要求较高，比较适合从事各类电源设备研发的专业人员和研究生学习和参考，不太适合作为高校非电类专业和电类专业低年级学生的教材，也不适合作为从事电源产品生产、营销、宣传和其他工作人员的通识读本，因此特别需要能满足此类需求的书籍。另外，随着科技的进步和社会的发展，各门类学科的交叉和融合已成为一种普遍现象，非专门从事电源研发的技术人员和普通民众对涵盖基础、内容全面、通俗易懂且能反映电源技术最新动态的电源技术书籍也有很强的需求。

  本书由杨飞和夏丹编写，由西安交通大学裴云庆教授主审。本书在编写过程中参阅了大量文献，包括诸多公开出版的电力电子技术和电源技术相关书籍和资料、一些单位和个人提供的技术资料、本书未能一一列出的参考文献以及未能查找到来源的文献资料，在此对这些文献的作者表示感谢。

  限于编者水平，书中难免出现疏漏和不当之处，敬请广大读者批评指正。

编 者
2016 年 1 月

目　录

第 1 章 电 源 基 础

从"神舟号"飞船上九天揽月到"蛟龙号"潜水器下五洋捉鳖，从"和谐号"动车飞驰神州大地到夜幕降临时万家灯火通明，人们的衣、食、住、用、行等各种活动都离不开电能。电能为人类创造丰富多彩的物质财富和精神生活提供了基础，人类已经如此地离不开电能，倘若没有电能，人类社会将濒于瘫痪，城乡将一片黑暗……尽管电源在日常生活中随处可见，然而很多人对电源其实仍然缺乏系统和全面的认识。作为一名电力电子、能源动力等相关专业的学生或从业人员，更是有必要深入地了解电源的相关基础理论知识和常用产品技术。

1.1 电 源 概 述

1.1.1 认识电源

首先，从家家户户都安装了的电源插座开始说起。在国内，几乎所有人都非常熟悉图 1-1 和图 1-2 所示的设备，因为它们是日常生活中常常需要用到的电源装置，只要将电器插头插入其中，就能立即获得电源，就能看电视、吹空调、用电饭煲煮饭……总之，这些电器就可以工作了。

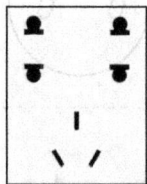

图 1-1 墙壁电源插座　　　　图 1-2 电源插排插线板

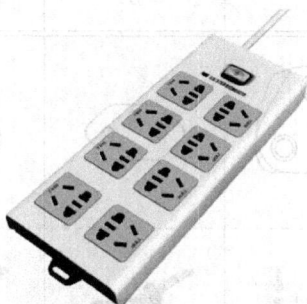

以上两种插座是我国现行的标准插座，插入到这两种插座的插头我们也非常熟悉。那么图 1-3 所示的这些世界上主要使用的各种插头都见过吗？这些插头我们都能在国内使用吗？

通过仔细观察图 1-3 所示的各种插头，不难发现，并不是所有插头都能插入图 1-1 和图 1-2 所示的插座中，然而这些插头确实都是真实存在的，而且在境外不同地区广泛地使用。那么倘若这些插头能顺利地插入图 1-1 和图 1-2 所示的插座中，这些插头另一端所连接的电器插入获得电源后就一定能开始正常工作吗？

答案是否定的。因为世界上并不是所有国家和地区提供的市电都和中国大陆地区的技术标准是完全一致的。世界部分国家或地区的电源标准见表 1-1。如美国规定的家用交流电源额定电压为 120V，日本规定的为 100V，加拿大规定的为 110V，英国规定的为 220～240V。

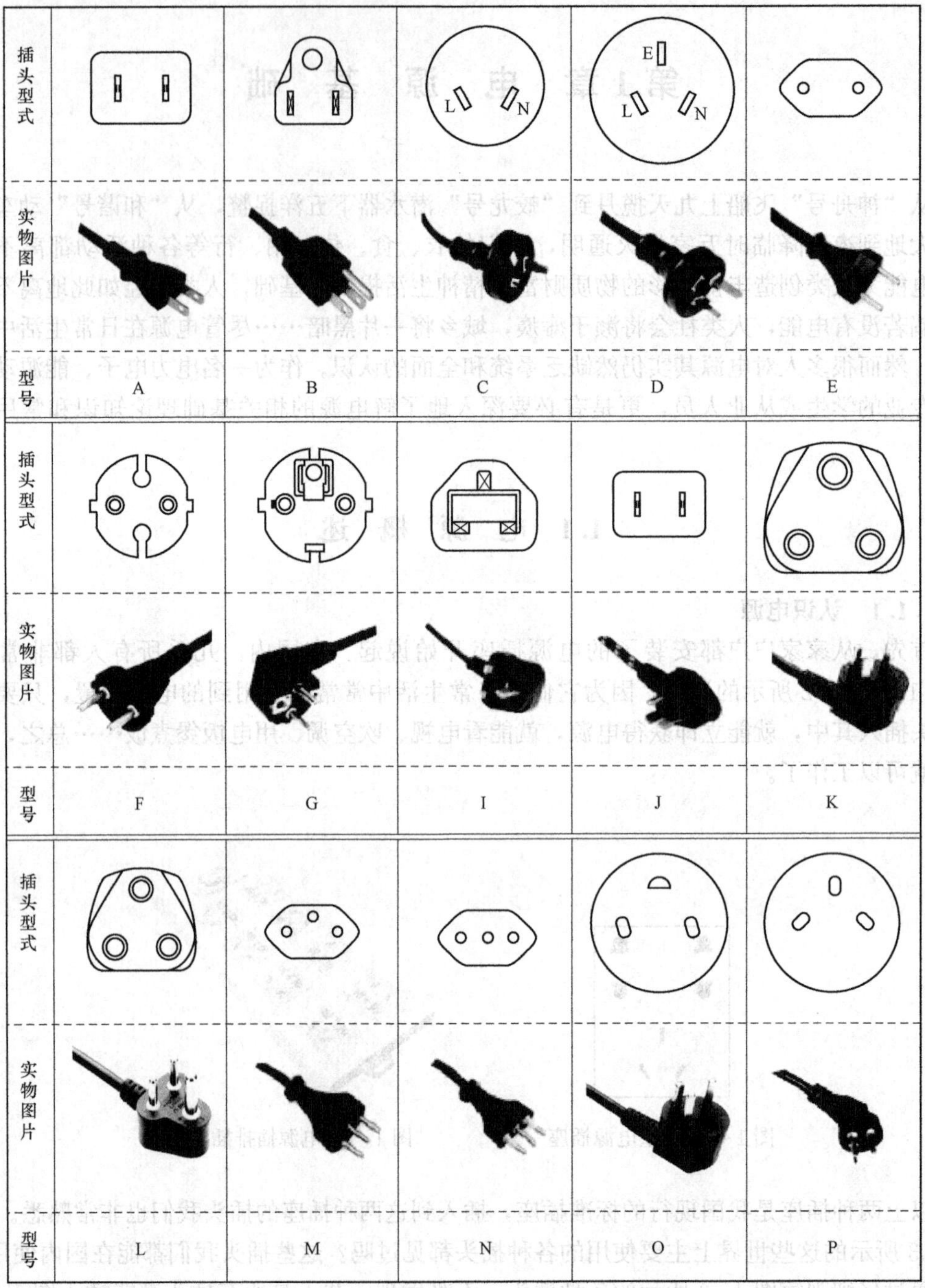

插头型式				
实物图片				
型号	A	B	C	D	E

插头型式				
实物图片				
型号	F	G	I	J	K

插头型式				
实物图片				
型号	L	M	N	O	P

图 1-3　世界上主要使用的各种插头

各国或地区除了电压不完全相同，交流电源的额定频率也分为 50Hz 和 60Hz 这两种不同标准。因此，倘若随意给不符合本地市电电压和频率要求的电器供上本地电源，很有可能会导致电器的损坏或用电事故的发生。

表 1 - 1		世界部分国家或地区的电源标准	
国家地区	电压（V）	频率（Hz）	插座型号
中国大陆	220	50	D、J
中国台湾	110	60	A、B
中国香港	220	50	I
中国澳门	220	50	E、G
日本	100	50/60	A、B
韩国	220	60	E、G
新西兰	220	50	C、D
新加坡	220	50	I
美国	120	60	A、B
法国	220	50	E、F、G
加拿大	110	60	A、B
英国	220～240	50	I
德国	220	50	E、F、G
芬兰	230	50	E、F、G
南非	220	50	K、L
意大利	220～230	50	E、N

除了电源的电压和频率在各个国家和地区有所不同，使用交流电源时往往还要关心电源的输入相数等问题，譬如是单相二线制或三相三线制，还是单相三线制或三相四线制。在我国普遍使用的有单相 220V 交流电源和 380V 三相交流电源，如果搞错了接线也有可能导致电器的损坏或用电事故的发生。通过以上分析，不免让人们对每天都在使用的电源产生了疑问：到底自己懂不懂电源？会不会正确使用电源？因此，即使作为普通人也是需要好好地认识一下电源的。

1.1.2 电源的定义和分类

电源（Power Supply）就是提供电能的装置，把其他形式的能量转换成电能的装置也常被称为电源。按此定义，图 1-4 和图 1-5 中的装置就是一些我们常见到的电源。

图 1-4 将风能和太阳能转换成电能   图 1-5 将化学能转换成电能

　　另外，人们通常把能将电能的形式进行控制和转换的装置也统称为电源，如在生活中常用到的手机充电器和电子镇流器，分别如图1-6、图1-7所示。

　　　　图1-6　手机充电器　　　　　　　　　　　　图1-7　电子镇流器

　　手机充电器可将220V/50Hz工频交流电源转换成稳定的5V直流电源给手机充电。电子镇流器则是将220V/50Hz工频交流电源转换成20～100kHz高频交流电源使日光灯管正常发光，同时它还有限制电流过大的控制功能。需要指出的是，也有人把这类将电能的形式进行控制和转换的装置单独称为电源转换器（Power Converter），以区别于其他电源装置。

　　电源在满足人类的各种需求方面发挥着重要的作用，其种类多种多样，但主要有两种划分方法。

1. 按能量来源分类

若根据能量的来源来划分，电源可以分为一次电源、二次电源。

（1）一次电源主要是指将其他能量（比如热能、水能、风能或核能）转换为电能的装置，俗称电网或者市电。一次电源的电能常通过电力输配电线路供给人类直接使用。

（2）二次电源是指为满足用电设备对不同电能形式的需求，将原始电能转换成另一种形式的电能，或在电能传输的过程中，在供电电源与负载之间对电能进行变换或者稳定化处理的装置，常见的二次电源主要是一些电源转换器或装置。它们包括了以下四大类。

1）AC-DC（交流—直流）电源，如整流器、直流开关电源等；

2）DC-DC（直流—直流）电源，如线性稳压电源、电荷泵等；

3）DC-AC（直流—交流）电源，如逆变器、UPS不间断电源等；

4）AC-AC（交流—交流）电源，如变压器、交流变频器等。

2. 按电源输出的电压信号波形分类

若根据电源输出的电压信号波形来划分电源就又可将其分为直流电源、交流电源和特种电源。

（1）直流电源（DC Power）有正、负两个电极，正极的电位高，负极的电位低，当两个电极与负载连通后，能够使负载电路两端之间维持恒定的电位差，从而在外电路中形成由正极到负极的电流。直流电源常被简称为直流电。通常直流电源输出的电压波形接近于一条水平直线，而它的输入可以是直流电源也可以是交流电源。

（2）交流电源（AC Power）是指输出电压的幅值大小和波形方向都发生周期性变化的电源，常被简称交流电。不同于直流电源，交流电源的输出电压波形通常为正弦曲线，生活中使用的市电就是具有正弦波形的交流电。交流电具有容易产生、传送和使用的优点，因而被广泛地采用。例如，一般的发电机都是三相交流发电机，因为成本低、结构简单而得到了普及应用；使用交流远距离输电时可利用变压器把电压升高，减小输电线中的电流来降低损耗以获得经济的输电效益；在用电场合，可通过变压器降低电压，保证用电安全；而且交流电动机与直流电动机相比，有结构简单、成本低廉、工作安全可靠、使用维护方便等优点。鉴于以上诸多优势，所以交流电在国民经济生活中获得了广泛的使用。

(3) 特种电源主要是指运用电力电子技术及其他技术手段，将发电厂或蓄电池输出的电能转换成能满足某些对电能具有特殊需求的负载或应用场合的专用电源。特殊需求包括输出电压特别高或输出电流特别大，对稳定度、动态响应及纹波要求特别高，要求电源输出的电压或电流是脉冲或其他一些非正弦波形等。其主要技术衡量指标不同于常用交流或直流电源。这就使得在设计及生产此类电源时有比普通电源更特殊甚至更严格的要求，因此这类电源常被称为特种电源。特种电源的主要应用有电镀电解、阳极氧化、感应加热、电力试验、环保除尘、空气净化、食品灭菌、激光红外、光电显示等。可见，在工业制造、环境治理、医疗、粒子加速及核技术研究等领域中特种电源的应用比较普遍，而在某些国防和科研领域，特种电源更是具有普通电源不可取代的用途。以下举例介绍几种具有代表性的特种电源。

1) 电子束焊机用高压电源。电子束焊接因具有不用焊条、不易氧化、工艺重复性好及热变形量小的优点而广泛应用于航空航天、原子能、国防及军工、汽车和电工仪表等众多行业。电子束焊机的基本原理是电子枪中的阴极由于直接或间接加热而发射电子，该电子在高压静电场的加速下通过电磁场的聚焦可形成能量密度极高的电子束，用此电子束去轰击工件，巨大的动能转化为热能，使焊接处工件熔化，形成熔池，从而实现对工件的焊接。高压电源是电子束焊机工作的关键设备之一，它主要为电子束焊机工作的电子枪提供加速电压，其性能好坏直接决定电子束焊接工艺和焊接质量。电子束焊机用高压电源与其他类型的高压电源相比，具有不同的技术特性，其技术指标主要为纹波系数和稳定度，纹波系数小于1%，稳定度为±1%，甚至纹波系数小于0.5%，稳定度为±0.5%，同时重复性小于0.5%。以上指标均由电子束斑和焊接工艺所决定。电子束焊机用高压电源的操作必须与有关系统进行连锁保护，主要有真空连锁、阴极连锁、闸阀连锁、聚焦连锁等，以确保设备和人身安全。高压电源必须符合电磁兼容标准，具有软起动功能，防止突然合闸对电源的冲击。这种电源功率大（达30kW），输出电压高（150kV），工作频率较高（20kHz），而且对电压稳定度、纹波系数及输出电流等均有较高的要求。

2) 雷达用高压电源。在现代雷达发射机中，行波管作为微波功率放大器件占有很大的比例，作为高功率部分，它的可靠性与技术指标如何，对雷达发射机乃至整个雷达有着直接的影响，而支撑行波管的高压电源更显得至关重要。雷达行波管所用的高压电源要求整体性能良好，稳定度好，并且具有各种保护功能。另外，雷达一般都需要发射不同频率的高电压窄脉冲信号，这种强功率脉冲一般是通过高压电源模块将市电升至几千伏甚至几万伏的直流高压，然后由调制器将直流高压调制为所需脉宽及频率的脉冲供发射管使用。

3) 污水处理和食品杀菌用大功率高压脉冲电源。用大功率高压脉冲处理污水是在水中施加高电压（3万~5万V）和大电流（几万安）的脉冲放电，利用产生的等离子体（自由基和紫外辐射）及等离子体迅速膨胀时产生的冲击波使得污水中有机化合物的等离子体发生物理及电化学的复杂反应，进而降解为二氧化碳和水等简单小分子，以达到处理污水的目的。高压脉冲杀菌技术也常应用于液态食品（如饮料、牛奶等）的杀菌，经高压脉冲电场杀菌加工后的饮料不但更为安全，而且颜色、口感和营养都不会受到大的影响。

4）医疗设备中用的高压脉冲电源。在医学领域，许多医疗设备都需要高压脉冲电源，典型的装置如 X 射线机、计算机 X 射线断层扫描系统（CT）和核磁共振成像系统（MRI）等。另外高压脉冲电源还被用于经络穴位理疗仪和经颅磁刺激治疗系统中。

1.2 电源的常用技术指标体系

电能在各行各业发挥着重要作用，提供电能的电源产品的质量则是一个国家工业生产能力、科技水平的重要表现。在选用电源产品前，通常需要判断该种电源产品是否适用，有时还需要比较不同厂家的电源产品并从中挑选最令人满意的产品。那么具体应该从哪些方面去比较辨别呢？可以查看电源产品是否使用了优质元器件。此外，还需要有一套完整的技术指标体系用来评价电源产品的质量和应用场合。需要指出的是，由于电源产品种类繁多，不可一概而论，本节主要针对的是那些日常工作生活中常用或常见的电源产品，这些电源基本上可归属于二次电源类别，因此本节所述的技术指标体系并不涉及发电、输电等一次电源类别范畴。在大多数电源技术相关书籍中，电源常特指开关电源这类应用最广泛的电源产品，所述的技术指标也仅针对此类产品，而本书则着重介绍具有更广泛适用性的技术指标。

1.2.1 安全质量的认证

电源产品是一类特殊的商品，各个国家和地区对其使用安全性和质量都有严格的要求，为此还专门设立了一些认证机构来认证评价产品的安全性和质量。通常来讲一款电源产品获得认证项目越多，说明该电源产品的质量越可信。以下简单地介绍世界上几种主要的认证项目。

（1）CCC 认证常被称为"3C"认证，它是中国国家强制性产品认证（China Compulsory Certification）的简称。PC 电源上常见的"3C"认证有两个版本：CCC（S）和 CCC（S&E）。CCC（S）只代表通过了安全标准认证，只有同时取得安全及电磁兼容标准认证的产品才会被授予 CCC（S&E）标志。CCC 认证标识如图 1-8（a）所示。

（2）UL 是美国保险商实验室（Underwriter Laboratories Inc.）的简称，它是美国最具权威性、非盈利性的民间安全测试机构，主要对各种设备、系统和材料进行安全性试验和检查，确认是否对生命财产存在危险，并将检验结果公布出来。UL 出版了几百种标准，其中大多数被美国国家标准协会（ANSI）采纳。现在 UL 认证已成为全球最严格的认证之一。UL 认证标识如图 1-8（b）所示。

（3）CSA 是加拿大标准协会（Canadian Standards Association）的简称，它是加拿大首家专门制定工业标准的非盈利性机构，也是世界上最著名的认证机构之一。在北美市场上销售的电子、电器等产品都要取得 CSA 安全方面的认证。该标准协会主要对产品、工艺、材料的测试手段、服务的安全性和材料等方面做出了规定。CSA 认证标识如图 1-8（c）所示。CSA 标志底部左右两边加印有"C"和"US"表示通过该 CSA 认证的产品同时满足加拿大和美国市场销售的标准，如果底部仅有"US"则表示其仅满足在美国国内销售的标准，如果底部既没有"C"也没有"US"，则默认为其仅满足在加拿大国内销售的标准。

（4）FCC 是美国联邦通信委员会（Federal Communications Commission）的简称。许

多无线电应用产品、通信产品和数字产品要进入美国市场，都要通过 FCC 的认可。FCC 调查和研究产品安全性的各个阶段以找出解决问题的最好方法，同时也包括对无线电装置、航空器的检测等。FCC 的工程技术部（Office of Engineering and Technology）负责 FCC 的技术支持，同时负责设备认证方面的事务。对于电源产品来说，FCC 主要是针对电磁干扰的认证。电源在工作时可能会产生较强的电磁干扰，如果不加以屏蔽就可能对负载设备和其他周边设备造成影响，甚至给附近人体带来危害，所以国际上对电磁干扰有严格的规定，通用的标准有 FCC - A 工业标准和 FCC - B 民用标准两种，只有符合后者的电源才是安全无害的。FCC 认证标识如图 1 - 8（d）所示。

（5）CE（Conformite Europeenne）代表欧洲统一认证，在欧盟市场"CE"标志属强制性认证标志，不论是欧盟内部企业生产的产品，还是其他国家生产的产品，要想在欧盟市场上自由流通，就必须加贴 CE 标识，以表明产品符合欧盟《技术协调与标准化新方法》指令的基本要求。这是欧盟法律对产品提出的一种强制性要求。CE 标识也是电源生产制造的基本认证标准之一，它要求电源产品必须保护使用者的健康安全及符合环保基本要求。CE 认证标识如图 1 - 8（e）所示。

（6）CB 体系［电工产品合格测试与认证 IEC（International Electrotechnical Commission）体系，Certification Bodies' Scheme］是 IECEE 运作的一个国际体系，IECEE 是国际电工委员会 IEC 电工产品合格测试与认证组织（The IEC System for Conformity Testing and Certification of Electrical Equipment）的简称。IECEE 各成员国认证机构以 IEC 标准为基础对电工产品安全性能进行测试，其测试结果（即 CB 测试报告和 CB 测试证书）在 IEC-EE 各成员国得到相互认可。因此，CB 体系是第一个真正的电工产品安全测试报告互认的国际体系。IECEE 各成员国的国家认证机构（NCB）之间形成多边协议，制造商可以凭借一个 NCB 颁发的 CB 测试证书获得 CB 体系的其他成员国的国家认证。CB 体系的主要目标是促进国际贸易，其手段是通过推动国家标准与国际标准的统一协调以及产品认证机构的合作，而使制造商更接近于理想的"一次测试、多处适用"的目标，可减少由于必须满足不同国家认证准则而产生的国际贸易壁垒。CB 体系认证标识如图 1 - 8（f）所示。

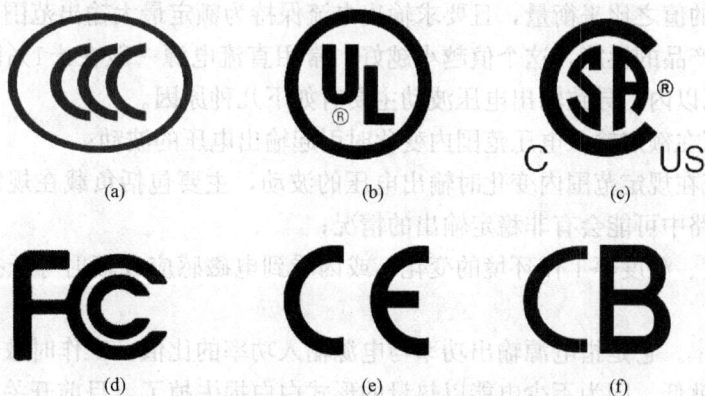

图 1 - 8 通过相关认证后的产品印上的相应认证标识
(a) CCC；(b) UL；(c) CSA；(d) FCC；(e) CE；(f) CB

以上这些认证主要针对电源产品的安全性和质量进行检测和验证，其中还包括了少数性能指标。以下将系统性地对电源产品技术指标进行介绍。

1.2.2　电源产品技术指标

1. 输入技术指标

（1）额定输入频率。市电是人们经常使用的最主要的电源，其频率通常为 50Hz 或 60Hz，但是频率并不是恒定不变的，其在 48～63Hz 范围内变化往往不太影响电源的特性。如果输入电源是直流电源，其输入频率通常不加以考虑。有些特种电源产品的输入频率可能是 400Hz 或其他频率。

（2）额定输入电压范围。它是指当输入电压发生变化时，电源本身可维持正常工作状态且使输出基本保持不变的输入电压变化范围。这个范围越宽，表示该电源产品适应外界电压变化的能力越强，电源可应用的场合也就越广。目前不少开关电源的输入电压范围已经做到 90～270V，属于宽电压输入电源产品。

（3）额定输入电流。它是指在额定输入电压下保持正常工作状态的连续输入电流。

（4）最大输入电压。它是指在某个设定的耐受时间后，电源产品仍然能继续正常工作而不至于损坏的输入电压最大值。

（5）最大输入电流。它是指输入电压为额定输入电压下限值、输出电压及电流为额定上限值时的输入电流。

（6）峰值电流。它是指输入的最大瞬时电流，通常出现在对输入电压进行通断而输入电流达到稳定状态之前。

2. 输出技术指标

（1）额定输出电压。它是指按额定输入电压范围供电，在额定功率工作范围内产品设计的输出电压值。

（2）额定最大输出电流。它是指电源能提供给负载的最大平均电流，与额定输出电压一起决定了电源的最大输出功率。为了保证电源的安全一般要求实际最大输出电流与额定最大输出电流相比要留有一定的裕量。

（3）输出电压稳定度也称为输出电压精度或电压调整率，通常用电源输出电压的变化值与额定输出电压的值之比来衡量，且要求输出电流保持为额定最大输出范围内的任何值。它可以反映出电源产品的性能，这个值越小越好，常用直流电源一般在 ±1％ 以内，常用交流电源一般在 ±5％ 以内。导致输出电压波动主要有如下几种原因。

1）输入电压在额定输入电压范围内变化时引起输出电压的波动；

2）输出电流在规定范围内变化时输出电压的波动，主要包括负载在规定范围内变化以及在多路输出电路中可能会有非稳定输出的情况；

3）由于温度、湿度等工作环境的变化，或因受到电磁感应或辐射等干扰导致输出电压的波动。

（4）转换效率。它是指电源输出功率与电源输入功率的比值。工作时散热量大的电源往往电能转换效率就低，因为不少电能以热量的形式白白损失掉了，目前开关电源的转换效率可达到 90％ 以上。

（5）输出噪声。它是指在输入电压和负载均保持不变的情况下，在输出端呈现的除所需输出信号以外的交流分量，输出纹波和谐波都可视作一种噪声。狭义上的纹波是指附着于直流电平之上的包含周期性与随机性成分的杂波信号，而谐波就是一定频率的电压或电流作用于非线性负载时会产生不同于原频率的其他频率的正弦电压或电流的现象。输出噪声有很大的危害，需要尽量避免，但想完全消除却很难实现，只能将其控制在一个允许的范围之内，不对环境和负载设备产生大的影响就算达到目标了。

3. 保护功能

(1) 自我监测功能。它用于在工作时对自身的电压、电流和温度等参数进行实时监测，以实现对工作状态的自我监测和故障自诊断的目的。

(2) 过电流保护。它用于输出短路或电流过载时对电源或负载进行保护。超限电流的设定值一般为额定电流的110%～130%。但在不损坏电源与负载的前提下，不规定过电流保护超限值的情况也很多，这种情况下电路一般可使用快恢复熔断器（带自恢复功能）等器件实现过电流时自动限流，当电流降到超限值以下后电路自动恢复工作。

(3) 过电压保护。它用于当输出端出现过高电压时对负载进行保护。过电压一般规定为额定输出电压的130%～150%。发生过电压时应该控制电源立即停止工作，迅速断开输出，并根据需要发出报警信号。

(4) 欠压保护。电压检测电路检测到输入电压和输出电压低于设定值时为保护负载或防止负载误动作，它控制电源迅速停止工作，并根据需要发出报警信号。

(5) 过热保护。因电源内部出现故障或使用不当而导致电源温度超过设定值，它应立即启动强制降温措施，如若温度仍不能降到合理范围内，电源应立即停止工作，并根据需要发出报警信号。

4. 绝缘耐压

电源产品的带电部分与接地部分之间，或与其他非等电位的带电体之间，都需要采用绝缘结构使它们互相隔离，以保证电源正常运行。通常可使用绝缘电阻表来测量绝缘结构上两点之间的绝缘电阻，但这并不能得到整体绝缘电阻，这是因为电源设备往往是由多种材料和结构组合而成，绝缘结构上任一局部点的破坏都可能导致电源设备整体丧失绝缘性能。一般用电源设备能耐受试验电压的高低来评价其整体绝缘能力，绝缘耐压试验电压值可表示设备能耐受的电压水平，但并不等同于该设备所实际具有的绝缘强度。CSA、UL 和 CCC 等各种电器安全标准都要求对电源产品进行耐压测试，耐压水平是电器安全标准的一个重要组成部分，与之相关的还有爬电距离和泄漏电流等技术指标。

5. 机械结构

电源产品的本体是由各种各样的机械结构组成的，在设计或使用电源时必须要考虑产品的形状、外形尺寸、装配位置、装配孔及螺钉的长度等，各部件使用的材料及表面处理工艺、通风散热方式及开口尺寸、接口位置及端子标记、操作部件的位置及文字显示的位置、电源设备的质量等也都需要予以仔细考虑。

6. 使用环境条件

电源产品通常有一定的使用环境条件要求，一般包括温度和湿度要求，有的产品还对使用地的海拔、周围粉尘和易燃、易爆、腐蚀性气体及所受振动条件做出了明确的要求。电源使用温度范围随使用场所而异，一般为-5～50℃。在高海拔地区由于空气稀薄散热能力变差，因此电源对工作温度要求更为苛刻。在温度急剧变化的场所使用时，还有必要规定温升速率，一般要求每小时升温幅度在15℃以内。规定的使用湿度范围一般为20%～85%，保存湿度范围一般为18%～90%，结露时要有相应的指示。还有耐振动的要求，耐振动的规定因电源产品不同而异，一般是对振动频率和加速度进行限制。如果使用环境条件不能达到电源产品设计要求，应该禁止使用或视情况进行降额使用。

7. 电磁兼容性

电磁兼容性（Electromagnetic Compatibility，EMC）是指电子设备或系统在其电磁环境中能正常工作并且不对其环境中的任何设备产生无法忍受的电磁干扰的能力。因此，EMC 包括两个方面的要求：一方面是指设备在正常运行过程中对所在环境产生的电磁干扰（Electromagnetic Interference，EMI）不能超过一定的容忍值；另一方面是指设备对所在环境中存在的电磁干扰具有一定程度的抗扰能力，即电磁敏感性（Electromagnetic Suscepti-bility，EMS）。EMI 是指电磁波与电子元件作用后而产生的干扰现象，主要分为传导干扰和辐射干扰两种。传导干扰是指通过导电介质把一个电网络上的信号耦合（干扰）到另一个电网络上。辐射干扰是指干扰源通过电磁空间辐射把其信号耦合（干扰）到另一个电网络上。在高速 PCB 及系统设计中，高频信号线、集成电路的引脚、各类接插件等都可能成为具有天线特性的辐射干扰源，可能会发射电磁波并影响到其他系统或本系统内其他子系统的正常工作。EMC 这个术语包括的内容非常广，常常难以通过检测手段来全面评价，如电磁能量的检测、抗电磁干扰性试验、电磁能量辐射抑制技术、雷电和地磁等自然电磁现象、电场或磁场对人体的影响、电场或强度的国际标准、电磁能量的传输途径、相关标准及限制等均包含在 EMC 含义内。另外，那些与初始设计意图不符的电磁现象，也都应看成是 EMC 问题。

从地球表面到人造卫星活动的空间处处存在着电磁波，电和磁时刻都在影响着人们的生产生活，电能和电器的广泛应用使工业技术的发展日新月异，也带来一定的危害，形成了复杂的电磁环境。不断研究和解决电磁环境中设备之间以及系统间相互关系的问题，促进了电磁兼容技术的迅速发展。国际上对电子、电器、工业设备产品的抗干扰性能测试也日益重视，且趋向以 IEC 国际规格为测试标准，欧盟率先制定了 EMC 法规，于 1996 年起全面实施抗电磁干扰测试。这些法规要求各个公司确保它们的产品符合严格的磁化系数和发射准则，符合这些要求的产品电磁兼容性合格。任何一个合格的电源产品，都要针对 EMC 做一定的处理。这包含了两个方面的内容：一是防止外部电磁干扰的侵入，以免影响自身的工作；二是保证产品自身产生的电磁谐波不外泄到电网和周围环境中，以免影响其他电器的正常工作。譬如在日常生活中，经常会看到这样一些现象：当手机有呼入时附近的音响设备或收音机会突然发出杂音；在电机开启后附近其他的电器，如电视机、视频监控设备的显示器会出现雪花、滚动网纹等显示不稳定的现象……这些都有可能是电磁干扰产生的影响。

1.3 电源技术发展趋势

电力电子技术的发展包括各种先进电力电子器件材料的诞生带动了电源技术的发展，而电源技术的发展有效地促进了电源产业的发展。电源产品的稳定性和可靠性已经得到大幅提升，同时，电源在为电子信息产业服务的同时，电子信息技术的发展又对电源技术提出了更高的要求，从而促进了电源技术的发展，两者相辅相成才有了现今蓬勃发展的电子信息产业和电源产业。从日常生活到最尖端的科学研究都离不开电源技术的参与和支持，而电源技术及其产业对提高一个国家劳动生产率的水平和单位能耗的产出水平具有举足轻重的作用。在这方面我国与世界先进国家还有较多差距，还必须通过各种信息渠道及时掌握电源技术最新发展方向，相关的电力电子器件、原材料的最新发展动态和生产工艺等，才能设计出世界一流的电源产品。

1. 向更多元化方向发展

电源设备实现了电能的变换和功率传输，是一种技术含量高、更新换代快的产品，现今已广泛应用到工业、能源、交通运输、航空航天、国防、教育、文化等各个领域。在当今社会，上述各行各业都在迅猛地发展，它们在发展的同时又对电源产品提出了更多更高的要求，如节能、节材、减重、小型化、防止电磁污染、安全可靠等。这就得不断地研制出能满足各种新需求的电源技术，并利用各种相关新器件，做出符合要求的电源产品。显然，电源技术的发展将带动相关技术的发展，而相关技术的发展反过来又推动了电源产品向更为多元化的方向快速发展。

2. 向更节能高效方向发展

为了建设低碳可持续型社会，人们对节能型电源提出了更高的要求。在此背景下，电源产品也正面临着前所未有的挑战，这些挑战来自两个方面：一方面环境的恶化迫使人们不得不考虑采用更加清洁的替代能源；另一方面电子设备的迅猛发展使得现有电源系统的转换效率亟须得到提升，在满足政府及相关组织提出的节能标准和认证［如 1W 计划、美国能源之星（Energy Star）、80 PLUS 等］的同时，还应考虑消费者的需求和成本因素。从当前的技术水平来看，改善电源转换效率，在各种不同负载情况下降低功耗仍然是电源厂商所关注的焦点。以开关电源为例，随着各种功率开关元件的研制成功和各种类型专用集成电路、磁性元件、高频电容等的研制应用，如今开关电源的工作频率已从 20kHz 提高到了 1MHz 以上，功率也从最初的几瓦、几十瓦提高到了几千瓦、几十千瓦甚至更高，效率可以达到 90% 以上。目前 90% 以上的电子设备都采用了开关电源供电，只有少数音响功放为了追求更高的音质而采用环形变压器供电方式。开关电源是实现节能的重要手段，进一步提升其转换效率也是今后相当长一段时间内高效节能电源的发展方向。再例如，针对风机、水泵、工业窑炉等方面的应用，已经设计出了不少具有智能节电功能的电源装置，它们可通过优化不同工况下的供电方式以达到精细化供电，最终实现节电的目的。

3. 向更安全环保方向发展

电源产品是一类特殊的商品，各个国家和地区对其使用安全性都有严格的要求，还专门设立了诸如 UL、CCC、CSA 等认证机构来认证电源产品的安全性，主要是要求电源产品在使用时尽量避免产生电击危险、热危险、着火危险、机械危险等风险。在某些易燃易爆环境（如在煤矿井下）中，还要求电源产品具备本质安全性。本质安全性是指通过设计等手段使生产设备或生产系统本身具有安全性，即使在误操作或发生故障的情况下也不会造成事故，具体包括失误—安全（误操作不会导致事故发生或自动阻止误操作）、故障—安全（设备发生故障时也不会导致事故发生）。电源产品向更安全的方向发展是社会高度发展的必然需求，从某种意义上来说，环境保护最终也是保护人类自身的生存安全，对电源产品的环保要求也日渐重视。

电源产品在使用时除了要求尽可能低的噪声污染外（最好是完全静音），还要求对所在环境产生尽可能小的电磁干扰。减小电磁干扰的方法有：加电源滤波器，采取无源补偿方案，以有效地抑制传导干扰；加各种屏蔽措施，以抑制辐射干扰；于电路的适当部位加 RC

吸收网络，以吸收开关尖峰；利用各种软开关技术，保证开关器件在零电压下导通、零电流下关断，以减小过高的电流、电压梯度所带来的严重电磁干扰；合理设计印制电路板、合理的地线布局等会减小电源产品所发出的电磁干扰强度。

除了减少噪声和电磁干扰外，电源产品制造材料本身也在逐步朝全部无毒害化方向迈进，也就是要求其在生产、使用和废弃处理全过程中尽量避免对环境造成污染，与之相关的标准是 RoHS（Restriction of Hazardous Substances），它的全称是《关于限制在电子电器设备中使用某些有害成分的指令》。RoHS 由欧盟在 2003 年 2 月立法制定的一项强制性环保标准，主要规范电子产品的材料及工艺标准，使之更加有利于人体健康及环境保护。该标准已于 2006 年 7 月 1 日开始正式实施，目的在于消除电机电子产品中的铅（Pb）、汞（Hg）、镉（Cd）、六价铬（Cr^{6+}）、多溴联苯（PBB）和多溴二苯醚（PBDE）共 6 种有毒有害物质，并重点规定了铅的含量不能超过 0.1%。2006 年 2 月 28 日，中国《电子信息产品污染控制管理办法》正式颁布，并已于 2007 年 3 月 1 日正式生效。该管理办法确定了对电子信息产品中含有的铅、汞、镉、六价铬和多溴联苯、多溴二苯醚这六种物质的控制采用目录管理的方式，循序渐进地推进禁止或限制其使用。为配合该管理办法中相关工作的有效开展和实施，《国家统一推行的电子信息产品污染控制自愿性认证实施意见》和《国家统一推行的电子信息产品污染控制自愿性认证实施规则》相继颁布。2011 年 7 月 26 日和 8 月 25 日，国家认监委、工业和信息化部共同确定并相继发布了《国家统一推行的电子信息产品污染控制自愿性认证实施规则》和《国家统一推行的电子信息产品污染控制自愿性认证目录（第一批）》。这些相关认证被认为是中国的 RoHS 认证，是我国推行的对于电子信息产品污染控制的自愿认证。《国家统一推行的电子信息产品污染控制自愿性认证实施意见》中明确提出国家认监委与工业和信息化部采取措施鼓励、支持电子信息产品的生产者、销售者、进口者对其生产、销售、进口的电子信息产品申请国推污染控制认证，如对满足国推污染控制自愿性认证的产品及相关获证企业在废弃电器电子产品处理基金征收上的减免、优先纳入政府采购计划、推动国际互认以及强制性认证对国推 RoHS 认证结果的采信等。可以预见，我国在未来对电源产品的环保性能将采取更加严格的要求。

4. 向标准化模块化方向发展

除了小型化趋势外，模块化也是电源产品的发展趋势。因为并联运行是电源产品增大负载容量的一个有效手段，譬如可以通过设计 $n+1$ 冗余电源系统，不但能方便地实现容量扩展，而且还可以提高电源系统的可靠性和易替换性，能大大地缩短维修和维护时间，使使用者获得更大的效益。市售的开关电源模块的外形尺寸也日渐趋于国际标准化尺寸，多为1/8、1/4、1/2、3/4 砖式结构或全砖式结构，输出端子相互兼容的设计也日趋普遍。除开关电源外，诸如 UPS 和各类电池也都有标准的尺寸要求，这些类别的电源产品在封装结构、外形尺寸上也同样日趋国际标准化，以更好地适应全球一体化市场的要求。

5. 向数字化智能化方向发展

现代电源普遍以数字信号处理器（DSP）或微控制器（MCU）为核心，通过它们控制各种功率器件，实现了电源系统中模拟器件和数字器件的最优化工作组合。而且，随着大规模集成电路技术的发展，将大量的分立式元器件整合到一个芯片或一组芯片中的单片集成化电源系统（Power System On Chip）变为可能，元器件的减少使电路得以简化同时也提高了电源系统的易维护性和可靠性，其平均故障间隔时间（Mean Time Between Failure，MT-

BF）也随之大大提高。在数字信号处理器或微控制器的控制电源系统下可以方便地实现各种保护（如极性保护、程序保护、过电流保护、过电压保护、欠压保护、过热保护等）及电源管理功能（如多相位控制、非线性控制、负载均流等功能），为电源提供了更大范围的适应性与灵活性，使之具备了处理并适应各种负载和工作环境的能力，能满足各种复杂的电源要求。随着 DSP 和 MCU 处理能力的提升，其对电源系统中相关器件的控制频率和精度也大大提升，电源系统的整体性能得到大幅提升。在此基础上，电源系统不但具备了自我直接监控和故障预测等能力，还可通过网络通信技术实现远程诊断来确保电源系统长期不间断地稳定工作（目前主要体现在故障管理、过流保护以及避免停机等功能上），对分布式供电系统的智能管控也得以实现。可以预见，将来随着更先进的控制方法在电源数字控制系统中的实现，电源系统将具备更多智能化功能。

思考与复习

1-1 电源是什么？直流电和交流电的区别在哪里？思考为什么世界各地的电力系统中输送的均为交流电。

1-2 电源输入技术指标和输出技术指标分别有哪些？

1-3 电源的保护功能有哪些？

1-4 电磁兼容性是指什么？举例说明生活中哪些现象是由电磁干扰引起的不正常现象。对电磁兼容性所做的处理包括哪些内容？

1-5 当今电源技术的发展趋势是什么？

第 2 章 线 性 直 流 稳 压 电 源

人类正时刻地享受着各种电子设备带来的便利，大到超级计算机，小到 MP3 音乐播放器，所有的电子设备都必须在电源电路的支持下才能正常工作。当然，这些电源电路的样式、复杂程度千差万别。超级计算机的电源电路本身就是一套复杂的电源系统，通过这套电源系统，超级计算机各部分都能够得到持续稳定、符合各自供电指标要求的电能供应。MP3则具有相对简单的电池电源电路。可以说电源电路是一切电子设备的基础，没有电源电路就不会有如此种类繁多的电子设备正常工作。由于电子元件的特性，电子设备通常情况下要求提供稳定的直流电能。提供这种稳定的直流电能的电源就是直流稳压电源，它在电源技术中占有十分重要的地位。

根据电压反馈调整电路的工作状态，常把直流稳压电源分成两类：线性稳压电源（常简称为线性电源）和开关稳压电源（常简称为开关电源）。线性电源的电压反馈调整电路是工作在线性状态，开关电源是指用于电压调整的晶体管工作在饱和区和截止区（即开关状态）的电源。具体而言，线性电源一般是将输出电压取样后再与参考电压送入比较电压放大器，此比较电压放大器的输出作为电压调整管的输入，用以控制调整管使其结电压随输入的变化而变化，从而调整其输出电压；而开关电源是通过改变调整管的开和关的时间（即占空比）来改变输出电压的。线性电源技术很成熟，可以达到很高的稳定度，纹波很小，噪声也比开关电源小得多，但其要求输入电压要比输出电压高，且当需要较大输出功率时其体积和散热量相对开关电源来说都比较大。线性稳压电源是早前广泛使用的一类直流稳压电源，而现在多数日常所用的稳压电源产品都是开关电源，如手机充电器和笔记本电脑电源等。然而，线性稳压电源在手机、电脑内部电路中仍在大量使用，各种低压降线性调压器（Low Dropout Linear Regulator，LDO）就是一种常用的线性稳压电源芯片。而且，线性稳压电源可以作为开关电源工作用的内部"电源"，它为开关稳压电源的正常工作提供了高品质的稳定电源。本章主要介绍线性直流稳压电源，下一章将主要介绍开关直流稳压电源。由于公共电网提供的电源主要是以交流形式提供给用户的，所以无论是线性稳压电源还是开关直流稳压电源，只要是采用交流电网供电，都必须经过整流电路才能将交流电源转变成直流电源；转变而成的直流电源往往含有大量谐波，还需要经过滤波电路才能将其变为输出电压波形更平直的直流电源；然后再通过稳压电路将直流电源的电压幅值进行调整，才能输出满足各种需要的指定幅值的直流电压。由此可见，整流电路、滤波电路和稳压电路是直流稳压电源的三个不可或缺的重要组成部分，本章将分别予以介绍。

2.1 整 流 电 路

整流电路也称为整流器（Rectifier），其作用是将交流电能变为（脉动的）直流电能供给直流用电设备。整流电路的应用十分广泛，如直流电动机，电镀、电解电源，同步发动机励磁等都需要用到整流电路。整流电路可从各种角度进行分类，主要分类方法有：①按组成的器件可分为不可控、半控、全控三种；②按电路结构可以分为桥式电路和零式电路；③按交流输入相数分为单相电路和多相电路；④按变压器二次电流的方向是单向或双向，又分为单拍电路和双拍电路。为了叙述简便，若未专门注明是可控整流电路，本章所述的整流电路皆为不可控型。实际上，若将不可控整流电路中的不可控的二极管换成可控的开关管，再辅以控制电路就构成了各种可控整流电路，可控整流电路原理与不可控整流电路相似，故在本书不再进行介绍。本书仅介绍基本的单相桥式不可控整流电路，其他类型整流电路可参考相关专业书籍。图 2-1 给出了一种常见的单相桥式不可控整流电源产品的外观照片及其原理电路，其整流电路由图 2-1（a）中 VD1~VD4 这四个整流二极管组成，实际产品中常用的整流桥（Bridge Rectifier）实际上就是将这四个整流二极管集成到单个元件中以实现整流功能。若将 VD1~VD4 这四个整流二极管换为晶闸管或其他可控开关器件，再增加一些控制电路就变成了单相可控整流电路。

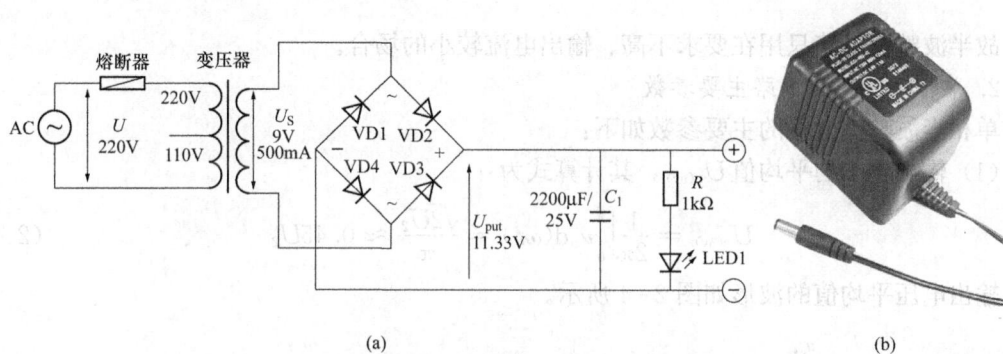

图 2-1 单相桥式不可控整流电路及其电源产品实物

（a）单相桥式不可控整流电路；（b）单相桥式不可控整流电源产品实物

2.1.1 单相半波整流电路

1. 工作原理

图 2-2 为带电阻负载的单相半波整流电路的原理图。图中变压器 T 起变换电压和隔离的作用，其一次电压和二次电压瞬时值分别用 u_1 和 u_2 表示，其有效值分别用 U_1 和 U_2 表示。

在分析整流电路工作时，把二极管当作理想元件处理，即二极管的正向导通电阻为零，反向电阻为无穷大，且忽略二极管的正向压降。在工业生产中，很多负载均呈现电阻特性，如电阻式加热炉、电解和电镀装置等。电阻负载的特性是电压和电流成正比，两者波形相同。当 u_2 为正半周时，即 $u_2 > 0$ 时，二极管 VD 正向导通，$u_o = u_2$；当 u_2 为负半周时，即 $u_2 < 0$ 时，二极管 VD 反向截止，输出电流为零，$u_o = 0$；u_2、u_o 和 u_{VD} 的波形图如图 2-3 所示。由图可见，u_o 不是完整的正弦波，而只是正半周的正弦波，正弦波的负半周波形被二极管 VD 所截去。这种输出 u_o 只有半个周期的整流电路通常被称为半波整流电路。该整流电路的优点是结构简单、使用的原件少，缺点是：

（1）只利用了电源的半个周期，所以电源利用率低，输出的直流成分比较低；

（2）输出波形的脉动大；

（3）变压器电流含有直流成分，容易饱和。

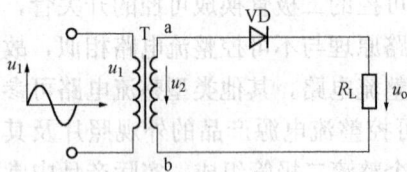

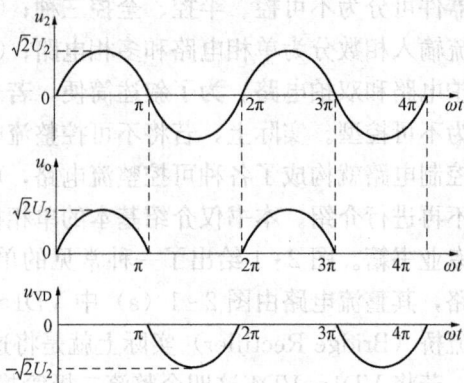

图 2-2　带电阻负截的单相半波整流电路　　　　图 2-3　半波整流电路波形图

故半波整流电路只用在要求不高、输出电流较小的场合。

2. 单相半波整流电路主要参数

单相半波整流电路的主要参数如下：

（1）输出电压的平均值 $U_{o(av)}$，其计算式为

$$U_{o(av)} = \frac{1}{2\pi}\int_0^\pi u_o d(\omega t) = \frac{\sqrt{2}U_2}{\pi} \approx 0.45 U_2 \qquad (2-1)$$

输出电压平均值的波形如图 2-4 所示。

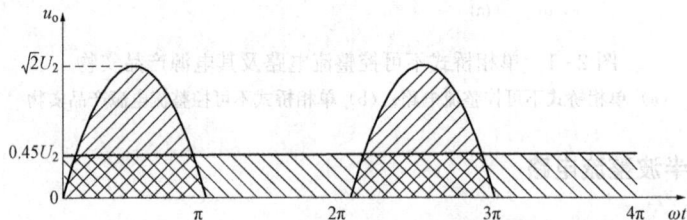

图 2-4　输出电压平均值

（2）负载电流平均值 $I_{o(av)}$，其计算式为

$$I_{o(av)} = \frac{U_{o(av)}}{R_L} \approx \frac{0.45 U_2}{R_L} \qquad (2-2)$$

（3）二极管电流平均值 $I_{VD(av)}$，其计算式为

$$I_{VD(av)} = I_{o(av)} = \frac{U_{o(av)}}{R_L} \approx \frac{0.45 U_2}{R_L} \qquad (2-3)$$

（4）二极管上承受的最大反向电压值 U_{rm}，其计算式为

$$U_{rm} = \sqrt{2}U_2$$

（5）脉动系数 S，即整流输出电压的基波峰值 U_{o1m} 与平均值 $U_{o(av)}$ 之比。通过傅里叶级数对半波整流的输出 u_o 进行分解后可得

$$u_o = \sqrt{2}U_2\left(\frac{1}{\pi} + \frac{1}{2}\sin\omega t - \frac{2}{3\pi}\cos2\omega t - \frac{2}{15\pi}\cos4\omega t \cdots\right) \qquad (2-4)$$

因此脉动系数为

$$S = \frac{U_{olm}}{U_{o(av)}} = \frac{\dfrac{U_2}{\sqrt{2}}}{\dfrac{\sqrt{2}U_2}{\pi}} = \frac{\pi}{2} \approx 1.57 \tag{2-5}$$

3. 二极管的选择要求

整流二极管的额定工作电流 I_F 和反向击穿电压 U_R 需依据上面计算的平均电流值 $I_{VD(av)}$ 与最大反向电压值 U_m，并取一定的裕量（譬如 1.3~1.5 倍）：$I_F > 1.3 I_{VD(av)}$，$U_R > 1.3 U_m$。

2.1.2 单相全波整流电路

1. 工作原理

单相半波整流电路只利用了输入电压的半个周期，整流效率低，为了解决这个问题，研究出了单相全波整流电路，如图 2-5 所示。

当 u_{21} 为正半周时，即 $u_{21} > 0$ 时，二极管 VD1 导通，此时二极管 VD2 截止，$u_o > 0$；当 u_{22} 为负半周时，即 $u_{22} < 0$ 时，二极管 VD2 导通，此时二极管 VD1 截止，$u_o > 0$。容易看出，在 u_2 全周期中，i_o 的方向都保持不变，R_L 上的电压 u_o 的波形如图 2-6 所示。

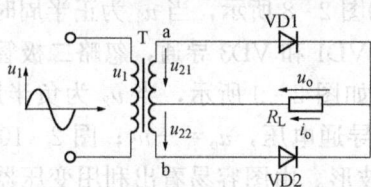

图 2-5 带电阻负载的单相全波整流电路　　图 2-6 单相全波整流电路输出电压波形

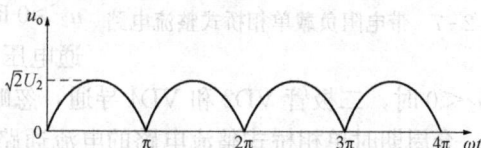

2. 单相全波整流电路的主要参数

单相全波整流电路的主要参数如下：

(1) 输出电压的平均值 $U_{o(av)}$，其计算式为

$$U_{o(av)} = \frac{1}{2\pi}\int_0^\pi u_o \mathrm{d}(\omega t) = \frac{2\sqrt{2}U_2}{\pi} \approx 0.9U_2 \tag{2-6}$$

(2) 负载电流平均值 $I_{o(av)}$，其计算式为

$$I_{o(av)} = \frac{U_{o(av)}}{R_L} \approx \frac{0.9U_2}{R_L} \tag{2-7}$$

(3) 二极管电流平均值 $I_{VD(av)}$，其计算式为

$$I_{VD(av)} = \frac{1}{2}I_{o(av)} = \frac{U_{o(av)}}{R_L} \approx \frac{0.45U_2}{R_L} \tag{2-8}$$

(4) 二极管上承受的最大反向电压值 U_m，其计算式为

$$U_m = 2\sqrt{2}U_2$$

(5) 脉动系数 S，即整流输出电压的基波峰值 U_{olm} 与平均值 $U_{o(av)}$ 之比。通过傅里叶级数对全波整流的输出电压 u_o 进行分解后可得

$$u_o = \sqrt{2}U_2\left(\frac{2}{\pi} - \frac{4}{3\pi}\cos2\omega t - \frac{4}{15\pi}\cos4\omega t - \frac{4}{35\pi}\cos6\omega t \cdots\right) \tag{2-9}$$

因此脉动系数为

$$S = \frac{U_{\text{olm}}}{U_{\text{o(av)}}} = \frac{\dfrac{4\sqrt{2}U_2}{3\pi}}{\dfrac{2\sqrt{2}U_2}{\pi}} = \frac{2}{3} \approx 0.67 \tag{2-10}$$

3. 二极管的选择要求

整流二极管的额定工作电流 I_F 和反向击穿电压 U_R 需依据上面计算的平均电流值 $I_{\text{VD(av)}}$ 与最大反向电压值 U_m，并取一定的裕量（譬如 $1.3\sim1.5$ 倍）：$I_\text{F} > 1.3I_{\text{VD(av)}}$，$U_\text{R} > 1.3U_\text{m}$。

在图 2-5 中，变压器 T 带中心抽头，结构较复杂，绕组及铁芯对铜、铁等材料的消耗比单相半波整流电路多，且使用整流二极管的数量及其承受的最大电压都是单相半波整流电路中所用二极管的 2 倍。单相全波整流电路适合应用于低输出电压的场合。

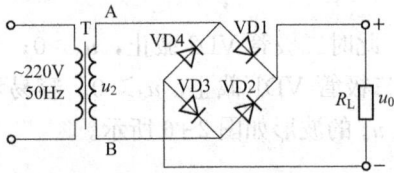

图 2-7　带电阻负载单相桥式整流电路

2.1.3　单相桥式整流电路

1. 工作原理

图 2-7 所示整流电路采用了 4 个二极管 VD1～VD4，互相接成桥式结构，这种接法的电路常被称为桥式整流电路。如图 2-8 所示，当 u_2 为正半周时，即 $u_2 > 0$ 时，二极管 VD1 和 VD3 导通，忽略二极管的导通电压，$u_\text{o} = u_2$；如图 2-9 所示，当 u_2 为负半周时，即 $u_2 < 0$ 时，二极管 VD2 和 VD4 导通，忽略二极管的导通电压，$u_\text{o} = -u_2$；图 2-10 给出了 u_2 全周期时单相桥式整流电路的电流通路及其电压波形。由图容易看出利用变压器的一个二次绕组和 4 个二极管，使得在交流电源的正、负半周内，整流电路的负载 R_L 上都有方向不变的脉动直流电压和电流。

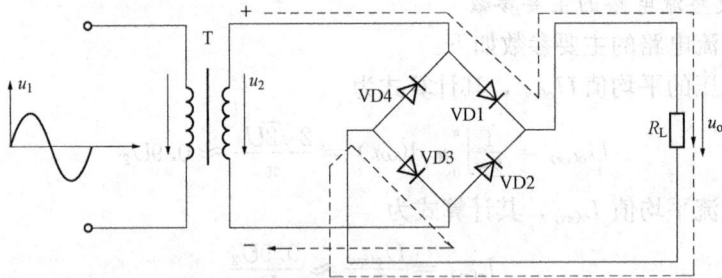

图 2-8　u_2 正半周期时单相桥式整流电路的电流通路

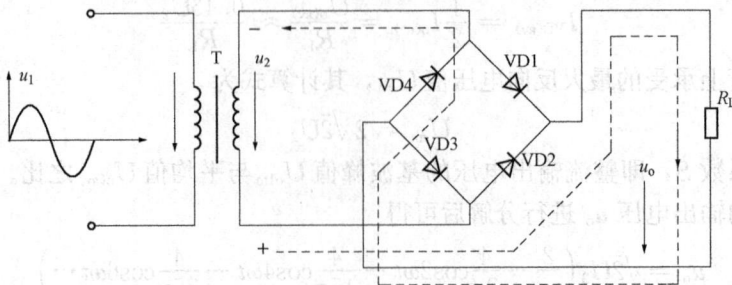

图 2-9　u_2 负半周期时单相桥式整流电路的电流通路

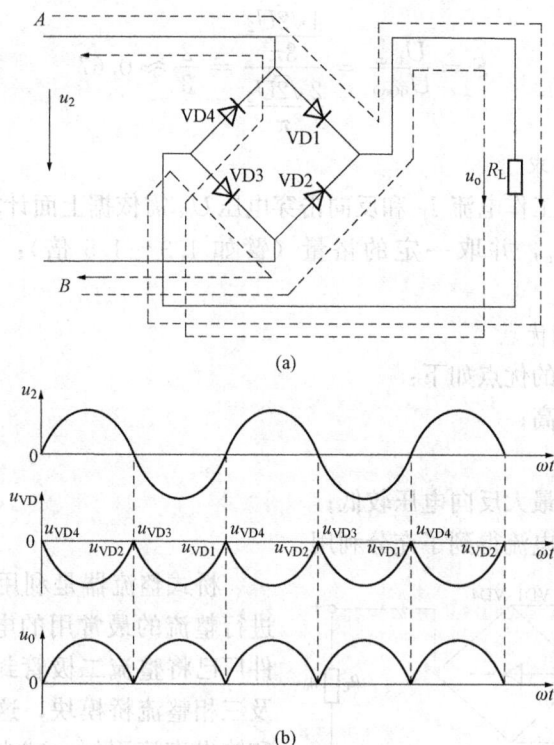

(a)

(b)

图 2-10 u_2 全周期时单相桥式整流电路的电流通路及其电压波形

(a) 电流通路；(b) 电压波形

2. 单相桥式整流电路主要参数

桥式整流电路的主要参数如下：

(1) 输出电压的平均值 $U_{o(av)}$，其计算式为

$$U_{o(av)} = \frac{1}{2\pi} \times 2\int_0^{\pi} u_o d(\omega t) = \frac{2\sqrt{2}U_2}{\pi} \approx 0.9U_2 \qquad (2-11)$$

(2) 负载电流平均值 $I_{o(av)}$，其计算式为

$$I_{o(av)} = \frac{U_{o(av)}}{R_L} \approx \frac{0.9U_2}{R_L} \qquad (2-12)$$

(3) 二极管电流的平均值 $I_{VD(av)}$，其计算式为

$$I_{VD(av)} = \frac{I_{o(av)}}{2} \approx \frac{0.45U_2}{R_L} \qquad (2-13)$$

(4) 二极管截止时两端承受的最大反向电压值 U_m，其计算式为

$$U_m = \sqrt{2}U_2$$

(5) 脉动系数 S，即整流输出电压的基波峰值 U_{o1m} 与平均值 $U_{o(av)}$ 之比。通过傅里叶级数对全波整流的输出 u_o 进行分解后可得

$$u_o = \sqrt{2}U_2\left(\frac{2}{\pi} - \frac{4}{3\pi}\cos2\omega t - \frac{4}{15\pi}\cos4\omega t - \frac{4}{35\pi}\cos6\omega t\cdots\right) \qquad (2-14)$$

因此脉动系数为

$$S = \frac{U_{\text{olm}}}{U_{\text{o(av)}}} = \frac{\dfrac{4\sqrt{2}U_2}{3\pi}}{\dfrac{2\sqrt{2}U_2}{\pi}} = \frac{2}{3} \approx 0.67 \tag{2-15}$$

3. 二极管的选择要求

整流二极管的额定工作电流 I_F 和反向击穿电压 U_R 需依据上面计算的平均电流值 $I_{\text{VD(av)}}$ 与最大反向电压值 U_{rm}，并取一定的裕量（譬如 $1.3 \sim 1.5$ 倍）：$I_F > 1.3 I_{\text{VD(av)}}$，$U_R > 1.3 U_{\text{rm}}$。

4. 桥式整流电路的优点

单相桥式整流电路的优点如下：

(1) 输出直流电压高；

(2) 脉动较小；

(3) 二极管承受的最大反向电压较低；

(4) 电源变压器的电流得到了充分利用。

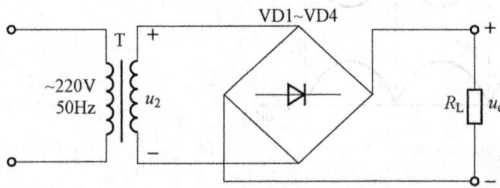

图 2-11　单相桥式整流电路

桥式整流器是利用二极管的单向导通性进行整流的最常用的电路。目前，半导体器件厂已将整流二极管封装在一起，制成单相及三相整流桥模块，这些模块只有输入交流和输出直流引线，减少了接线，提高了可靠性，使用起来非常方便。单相桥式整流电路的习惯画法如图 2-11 所示。

【例 2-1】　已知单相桥式整流电路中交流电压为 220V，负载电阻 $R_L = 50\Omega$，负载电压 $U_o = 100V$，试求变压器的变比和容量，并选择二极管。

解： 变压器二次侧电压有效值为

$$U_2' = \frac{U_o}{0.9} = \frac{100V}{0.9} = 111V$$

考虑到变压器二次绕组及二极管上的压降，变压器二次侧电压一般应高出 $5\% \sim 10\%$，即取 $U_2 = 111V \times 1.1 \approx 122V$，则变比 $K = \dfrac{220V}{122V} = 1.8$。

因此每个二极管承受的最高反向电压为

$$U_{\text{rm}} = \sqrt{2}U_2 = \sqrt{2} \times 122V \approx 172V$$

整流电流的平均值为

$$I_o = \frac{U_o}{R_L} = \frac{100V}{50\Omega} = 2A$$

流过每只二极管电流平均值为

$$I_{\text{VD}} = \frac{1}{2}I_o = \frac{1}{2} \times 2A = 1A$$

据此，整流二极管可选用 1N4004，因其最大整流电流为 1A，反向工作峰值电压为 400V，满足大于 V_{rm} 的要求。

变压器二次侧电流有效值取一定的裕量，$I = 1.1 I_o = 1.1 \times 2A = 2.2A$。

变压器容量为

$$S = UI = 122\text{V} \times 2.2\text{A} = 207.8\text{V} \cdot \text{A}$$

2.2 滤 波 电 路

交流电压经过整流电路变为脉动直流电压，但这样的直流电源不适合直接给电子设备供电，可能会使电子设备工作不正常。因此，脉动直流电压需要经过滤波电路变为更平直的直流波形。常用无源滤波电路一般由电阻和电容并联或由电阻和电感串联构成，利用储能元件电容两端的电压或通过电感中的电流不能突变的特性，滤掉整流电路输出电压中的交流成分，保留其直流成分，达到平滑输出电压波形的目的。

2.2.1 电容滤波电路

首先，以单相桥式电容滤波电路为例进行滤波原理分析，其电路如图 2-12 所示。电容滤波电路是利用了电容的储能作用来减小输出电压脉动的。

1. 工作原理

（1）当 R_L 未接入电路时（忽略整流电路内阻），负载 R_L 上的电压波形如图 2-13 所示。

（2）R_L 接入（且 $R_L C$ 较大）时（忽略整流电路内阻），电容通过 R_L 放电，在整流电路电压小于电容电压时，二极管截止，整流电路不为电容充电，u_o 会逐渐下降。负载 R_L 上的电压波形为图 2-14（b）中的实线所示。

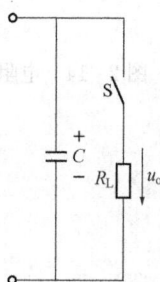

图 2-12 单相桥式电容滤波电路

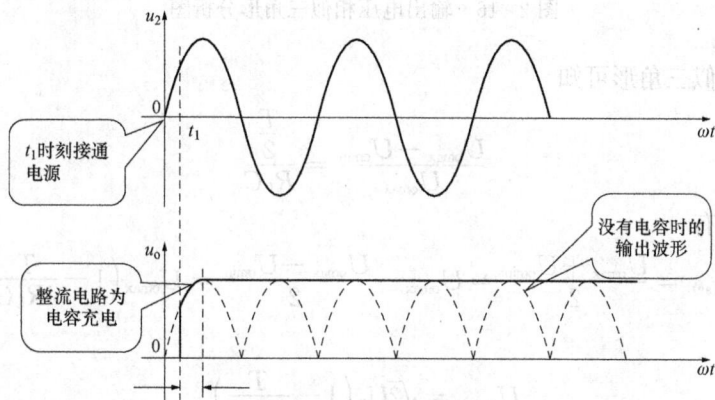

图 2-13 电阻未接入时的 u_o 波形

（3）R_L 接入（且 $R_L C$ 较大）时（考虑整流电路内阻），电容充电时，电容电压滞后于 u_2，$R_L C$ 越小，输出电压越低。负载 R_L 上的电压波形为图 2-15（b）的实线所示。

2. 参数计算

（1）计算输出电压平均值。输出电压相似三角形的分析如图 2-16 所示。由图 2-16 可得，输出电压的平均值为

$$U_{o(av)} = \frac{U_{omax} + U_{omin}}{2} \tag{2-16}$$

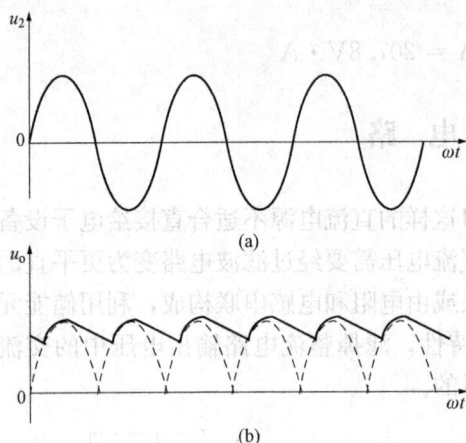

图 2-14　电阻接入时的 u_o 波形图

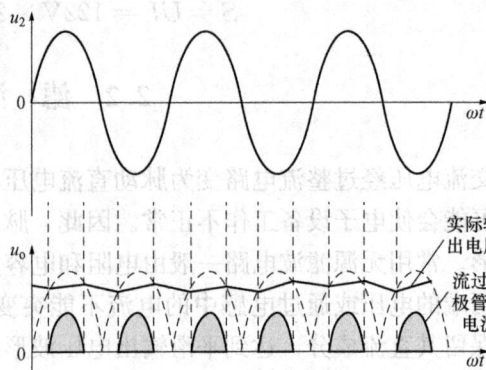

图 2-15　考虑整流内阻时的 u_o 波形图

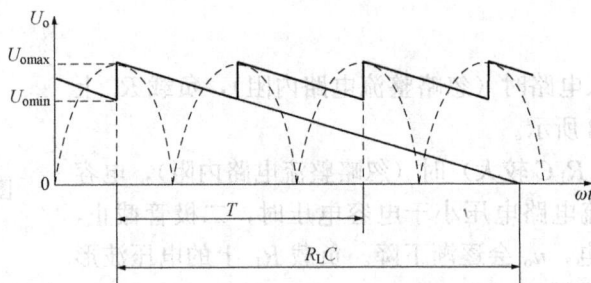

图 2-16　输出电压相似三角形分析图

根据相似三角形可知

$$\frac{U_{omax}-U_{omin}}{U_{omax}}=\frac{\dfrac{T}{2}}{R_LC} \tag{2-17}$$

因此进一步有

$$U_{o(av)}=\frac{U_{omax}+U_{omin}}{2}=U_{omax}-\frac{U_{omax}-U_{omin}}{2}=U_{omax}\left(1-\frac{T}{4R_LC}\right) \tag{2-18}$$

故

$$U_{o(av)}=\sqrt{2}U_2\left(1-\frac{T}{4R_LC}\right)$$

当 $R_L=\infty$ 时有

$$U_{o(av)}=\sqrt{2}U_2 \tag{2-19}$$

当 $R_LC=(3\sim5)T/2$ 时有

$$U_{o(av)}\approx1.2U_2 \tag{2-20}$$

（2）计算脉动系数。由式（2-17）$\dfrac{U_{omax}-U_{omin}}{U_{omax}}=\dfrac{T/2}{R_LC}$ 可得

$$\frac{U_{omax}-U_{omin}}{2}=\frac{T}{4R_LC}U_{omax} \tag{2-21}$$

而输出电压的基波峰值接近于 $\dfrac{U_{\text{omax}} - U_{\text{omin}}}{2}$，所以脉动系数 S 为

$$S = \frac{\dfrac{T}{4R_{\text{L}}C} U_{\text{omax}}}{U_{\text{omax}}\left(1 - \dfrac{T}{4R_{\text{L}}C}\right)} = \frac{T}{4R_{\text{L}}C - T} = \frac{1}{\dfrac{4R_{\text{L}}C}{T} - 1} \tag{2-22}$$

（3）电容滤波电路的输出特性和滤波特性如图 2-17 所示。

经以上分析绘出电容滤波电路的输出特性和滤波特性分别如图 2-17（a）、（b）所示。每条曲线都对应一个固定 $R_{\text{L}}C$ 值，可见 $R_{\text{L}}C$ 越大，输出电压平均值和脉动系数随着输出电流的变化波动越小，所以对于固定负载来说，若想提高滤波效果则可选用更大容量的电容器。电容滤波电路适用于输出电压较高、负载电流较小且负载变动不大的场合。

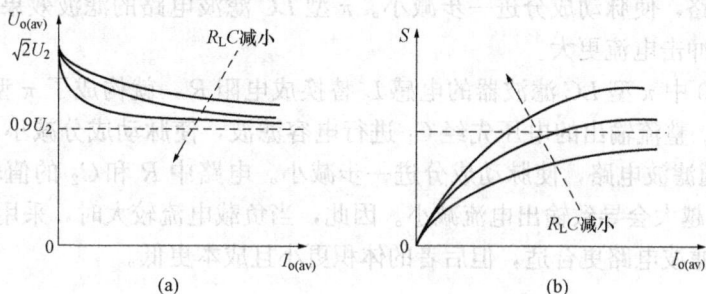

图 2-17 电容滤波电路的输出特性和滤波特性

(a) 输出特性；(b) 滤波特性

2.2.2 电感滤波电路

与负载电阻 R_{L} 串联一个电感线圈（电感为 L）就构成了电感滤波电路，如图 2-18 所示。电感滤波电路是利用电感的储能作用来减小输出电压脉动的。

为便于分析，将整流输出电压分解成直流分量 $U_{\text{VD(av)}}$ 和交流分量 u_{d}。

对于直流分量，$X_{\text{L}} = 0$，相当于短路，电压大部分降在 R_{L} 上；对于高频交流分量，频率越高，X_{L} 越大，电压大部分降在

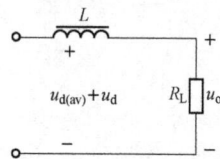

图 2-18 电感滤波电路

电感线圈上。因此，可在输出端得到比较平滑的直流电压。当忽略电感线圈的直流电阻 R 时，输出平均电压 $U_{\text{o}} = 0.9U_2$。电感滤波后的输出电压平均值 $U_{\text{o(av)}} = \dfrac{R_{\text{L}}}{R + R_{\text{L}}} U_{\text{VD(av)}} \approx$

$\dfrac{R_{\text{L}}}{R + R_{\text{L}}} 0.9U_2$，输出电压的交流分量 $u_{\text{o}} \approx \dfrac{R_{\text{L}}}{\sqrt{(\omega L)^2 + R_{\text{L}}^2}} u_{\text{d}} \approx \dfrac{R_{\text{L}}}{\omega L} u_{\text{d}}$。

与电容滤波电路相比，电感滤波电路的整流管导通时间长，峰值电流很小，输出特性比较平坦，适用于低电压大电流（R_{L} 较小）的场合；缺点是电感铁芯笨重，体积大，易产生电磁干扰。

2.2.3 电感电容滤波电路

与负载电阻 R_{L} 串联一个电感线圈（电感为 L）并且在负载两端并联电容器（电容为 C）就构成了电感电容滤波电路，通常也叫 LC 滤波器。其电路如图 2-19 所示。

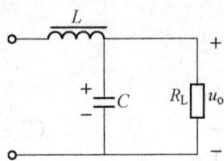

图 2-19　电感电容
滤波电路

当流过电感的电流发生变化时，线圈中产生自感电动势阻碍电流的变化，使负载电流和电压的脉动减小。对于直流分量，$X_L=0$，电感线圈相当于短路，电压大部分降在负载电阻 R_L 上；对于高频谐波分量，频率越高，X_L 越大，电压将大部分降在电感线圈上。因此，在负载上能得到比较平滑的直流电压。LC 滤波电路适合于电流较大、要求输出电压脉动较小的场合，用于高频时更为合适。

2.2.4　其他类型滤波电路

一个电容滤波电路和一个电感电容滤波电路级联起来，就构成了 π 型 LC 滤波电路，如图 2-20 所示。整流输出的电压先经 C_1 进行电容滤波，使脉动成分减小，然后再经过 LC 组成的低通滤波电路，使脉动成分进一步减小。π 型 LC 滤波电路的滤波效果比 LC 滤波电路好，但二极管的冲击电流更大。

若将图 2-20 中 π 型 LC 滤波器的电感 L 替换成电阻 R，就构成了 π 型 RC 滤波电路，如图 2-21 所示。整流输出的电压先经 C_1 进行电容滤波，使脉动成分减小，然后再经过 R 和 C_2 组成的低通滤波电路，使脉动成分进一步减小。电路中 R 和 C_2 的值较大时，滤波效果较好，但是 R 越大会导致输出电流减小。因此，当负载电流较大时，采用 π 型 LC 滤波电路要比 π 型 RC 滤波电路更合适，但后者的体积更小且成本更低。

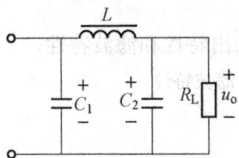

图 2-20　π 型 LC
滤波电路

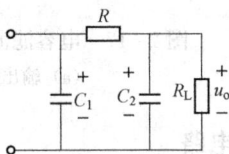

图 2-21　π 型 RC
滤波电路

2.3　稳　压　电　路

2.3.1　常见稳压电路

常见的稳压电路有稳压管稳压电路、串联型稳压电路和开关型稳压电路。稳压管稳压电路的电路构造最简单，但是带负载能力较差，一般只提供基准电压，不做电源使用；串联型稳压电路一般是线性稳压电路；开关型稳压电路效率较高，也是最常见的。

1. 稳压管稳压电路

稳压二极管英文名称为 Zener Diode，故音译又叫齐纳二极管。此二极管是一种直到临界反向击穿电压前都具有很高电阻的半导体器件。在这个临界击穿点 U_S 上，反向电阻降低到一个很小的数值，在这个低阻区中电流增加而电压则保持恒定，此特性称为稳压管的伏安特性，如图 2-22 所示。稳压二极管的特点就是击穿后，其两端的电压基本保持不变。这样，当把稳压管接入电路以后，若由于电源电压发生波动，或其他原因造成电路中各点电压变动时，负载两端的电压将基本保持不变。因为这种特性，稳压管可作为稳压器或电压基准元件使用。

稳定电压 U_S 就是稳压管 PN 结的击穿电压，它随工作电流和温度的不同而略有变化。对于同一型号的稳压管来说，稳压值有一定的离散性。稳定电流 I_S 是稳压管工作时的参考电流值，它通常有一定的范围。动态电阻 r_S 是稳压管两端电压变化与电流变化的比值，它随工作电流的不同而改变。通常工作电流 I_{VS} 越大，动态电阻越小，稳压性能越好，但 I_{VS} 不能超过稳压管允许的最大工作电流 I_{SM}，否则会损坏稳压管。

图 2-23 是一种由稳压管构成的稳压电路。由该电路可得

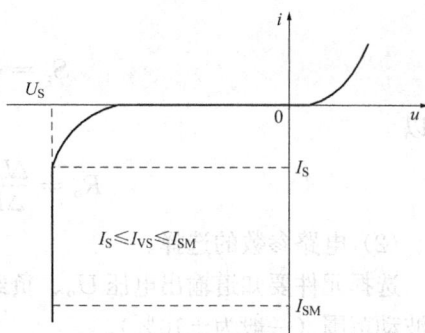

图 2-22　稳压管的伏安特性

$$I_R = I_o + I_{VS}, \quad U_i = U_R + U_o$$

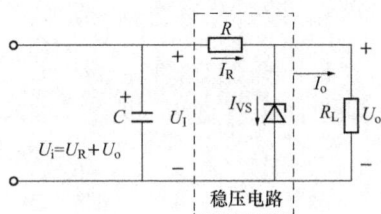

图 2-23　稳压管稳压电路

因此，当电网电压升高时，整流电路的输出电压（即稳压电路输入电压）U_i 也随之升高，引起负载电压 U_o 升高，I_o 变大；由于稳压管与负载 R_L 并联，U_o 只要有一点点增长，就会使流过稳压管的电流 I_{VS} 急剧增加，使得 I_R 也增大，限流电阻 R 上的电压降 U_R 增大，从而抵消了 U_i 的升高，保持负载电压 U_o 基本不变。反之，若电网电压降低，引起 U_i 下降，那将造成 U_o 下降一点点，则稳压管中的电流 I_{VS} 急剧减小，使得 I_R 减小，R 上的压降 U_R 也减小，从而抵消了 U_i 的下降，保持负载电压 U_o 基本不变。若 U_i 不变而负载电流 I_o 增加，则 R 上的电流 I_R 和压降 U_R 都增加，造成负载电压 U_o 下降。U_o 只要下降一点点，稳压管中的电流 I_{VS} 就迅速减小，使 R 上的电流 I_R 和压降 U_R 再减小下来，从而保持 R 上的压降 U_R 基本不变，使负载电压 U_o 得以维持稳定。

（1）稳压管稳压的性能指标。

1）稳压系数 S_r。稳压系数 S_r 反映电网电压波动时对稳压电路的影响。定义为当负载固定时，输出电压的相对变化量与输入电压的相对变化量之比，即

$$S_r = \frac{\dfrac{\Delta U_o}{U_o}}{\dfrac{\Delta U_i}{U_i}} \tag{2-23}$$

2）输出电阻 R_o。输出电阻 R_o 用来反映稳压电路受负载变化的影响。定义为当输入电压固定时，输出电压变化量与输出电流变化量之比。它实际上就是电源戴维南等效电路的内阻，即

$$R_o = \frac{\Delta U_o}{\Delta I_o}\bigg|_{U_i=\text{常数}} \tag{2-24}$$

稳压电路的交流等效电路如图 2-24 所示。因为 $R_L \gg r_S$，故有

$$\frac{\Delta U_o}{\Delta U_i} = \frac{r_S /\!/ R_L}{R + r_S /\!/ R_L} \approx \frac{r_S}{R + r_S} \tag{2-25}$$

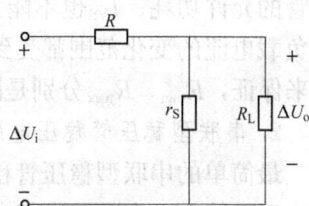

图 2-24　稳压电路的交流等效电路

且

$$S_r = \frac{\Delta U_o}{\Delta U_I} \frac{U_i}{U_o} \approx \frac{r_S}{R + r_S} \frac{U_i}{U_S} \qquad (2-26)$$

所以

$$R_o = \frac{\Delta U_o}{\Delta I_o}\bigg|_{U_i = 常数} = R // r_S \approx r_S \qquad (2-27)$$

(2) 电路参数的选择。

选择元件要知道输出电压 U_o、负载电流 I_L 的最小值 I_{Lmin} 和最大值 I_{Lmax}、输入电压 U_i 的波动范围(一般为 $\pm 10\%$)。

1)稳压电路输入电压 U_i 选择为

$$U_i = (2 \sim 3)U_o$$

2)稳压管参数的计算。二极管中的电流变化量 ΔI_{VS} 与负载中电流变化量 ΔI_L 大小相等方向相反,即

$$\Delta I_{VS} \approx - \Delta I_L$$
$$U_S = U_o$$
$$I_{SM} - I_S > I_{Lmax} - I_{Lmin}$$
$$I_{SM} > I_{Lmax} + I_S$$

3)选择限流电阻 R 的计算式为

$$I_S \leqslant I_{VS} \leqslant I_{SM}$$
$$I_R = \frac{U_i - U_S}{R}$$
$$I_S = I_R - I_L$$
$$\begin{cases} \dfrac{U_{imin} - U_S}{R} - I_{Lmax} \geqslant I_S \\ R_{max} = \dfrac{U_{imin} - U_S}{I_S + I_{Lmax}} \end{cases}$$
$$\begin{cases} \dfrac{U_{imax} - U_S}{R} - I_{Lmin} \leqslant I_{SM} \\ R_{min} = \dfrac{U_{imax} - U_S}{I_{SM} + I_{Lmin}} \end{cases}$$
$$R_{min} \leqslant R \leqslant R_{max}$$

选择稳压管时应注意:流过稳压管的电流 I_{VS} 不能过大,应使 $I_{VS} \leqslant I_{SM}$,否则会超过稳压管的允许功耗;I_{VS} 也不能太小,应使 $I_{VS} \geqslant I_S$,否则不能稳定输出电压。这样使输入电压和负载电流的变化范围都受到一定限制。流过稳压管的电流 I_{VS} 的大小范围可通过限流电阻 R 来保证,R_{min}、R_{max} 分别是限流电阻 R 可取的最小值和最大值。

2. 串联型稳压管稳压电路

最简单的串联型稳压管稳压电路如图 2-25 所示。

三极管 VT 在电路中起电压调整作用,故称作调整管。因电路中它与负载 R_L 是串联连接的,故称该电路为串联型稳压电路。图中 VS 与 R 组成硅稳压管稳压电路,给三极管 VT 基极提供一个稳定的电压,叫基准电压 U_S。R 又是三极管 VT 的偏流电阻,使三极管工作于合适的工作状态。从放大电路的角度来看,该电路实际上是一个射极输出器(R_L 与 VT

的发射极连接)，其输出电压 U_o 是跟随基极电压 $U_b = U_S$ 变化的，因 U_b 是一个稳定值，故 U_o 也是稳定的，基本上不受 U_i 与 I_L 变化的影响。具体由图 2-25 中电路可得

$$U_o = U_i - U_{ce}$$
$$U_{be} = U_b - U_e = U_S - U_o$$

图 2-25　串联型稳压管的稳压电路

该电路的稳压原理如下：当输入电压 U_i 增加或负载电流 I_L 减小，使输出电压 U_o 增大时，则三极管的 U_{be} 减小，从而使 I_b、I_c 都减小，U_{ce} 增加（相当于 R_{ce} 增大），结果使 U_o 基本不变。这一稳压过程可表示为

$$U_i \uparrow (或\ I_L \downarrow) \rightarrow U_o \uparrow \rightarrow U_{be} \downarrow \rightarrow I_b \downarrow \rightarrow I_c \downarrow \rightarrow U_{ce} \uparrow \rightarrow U_o \downarrow$$

同理，当 U_i 减小或 I_L 增大，使 U_o 减小时，通过与上述相反的调整过程，也可维持 U_o 基本不变。

该稳压电路的带负载的能力虽然比稳压管稳压电路强，但由于直接用输出电压的微小变化量去控制调整管 VT，其控制作用较小，所以，稳压效果不好。如果在电路中增加一级直流放大电路，把输出电压的微小变化加以放大，再去控制调整管，其稳压性能便可大大提高，这就是带放大环节的串联型稳压电路。

串联型稳压电路的调整管工作在线性放大区，当负载电流较大时，其电路损耗 ($P = U_{ce}I_L$) 较大，电源的效率 ($\eta = P_o/P_i = U_oI_L/U_iI_i$) 较低。

3. 具有放大环节的串联型稳压管稳压电路

具有放大环节的串联型稳压管稳压电路由基准电压、比较放大、取样电路和调整元件四部分组成，如图 2-26 所示。

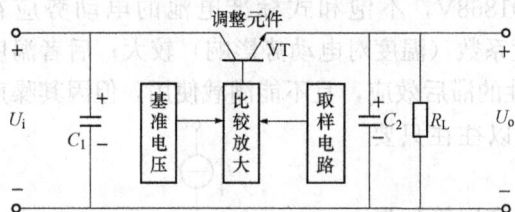

图 2-26　具有放大环节的串联型稳压管稳压电路

调整元件 VT 与负载串联，通过全部负载电流，可以是单个功率管、复合管或用多个功率管并联。

比较放大电路可以是单管放大电路、差动放大电路、集成运算放大电路。

基准电压电路可由稳压管稳压电路组成。

取样电路。输出电压 U_o 由取样电路按一定比例取样后与基准电压相比较并放大后去控制调整元件 VT 的 C-E 极之间的压降，从而达到稳定输出电压 U_o 的目的。

因电路的调整元件 VT 与负载接成射极输出器形式，该电路为深度电压串联负反馈电路，故又称之为串联反馈式稳压电路。值得注意的是，调整元件 VT 的调整作用是依靠比较放大输入的偏差来实现的，必须有电压偏差才能调整。如果 U_o 保持稳定不变，调整元件的 U_{ce} 也保持不变，那么该电路就不能起调整作用。而 U_o 不可能保持绝对不变，所以该电路只是一个闭环有差调整系统，且当反馈越深则调整作用越强，输出 U_o 也越稳定，电路的稳压系数和输出电阻也越小。

2.3.2　稳压电路的重要组成部分

1. 基准电压电路

基准电压电路是稳压电路的一个重要组成部分，直接影响到稳压电路的性能。要求基准

电压电路输出电阻小，温度稳定性好，噪声低。理想的基准电压电路应能提供不受电源和温度变化影响的稳定电压，"基准"这两个字也正说明了基准电压的数值应具有更高的精度和稳定性。

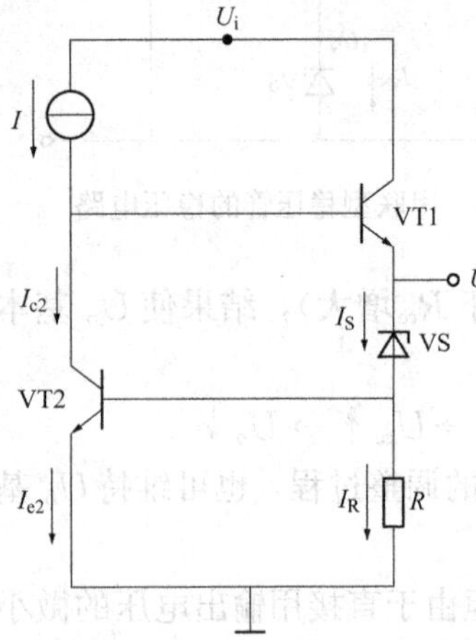

图 2-27 稳压管构成的基准电压电路

一般情况下，可用电阻分压作为基准电压，但它只能作为放大器的偏置电压或提供放大器的工作电流。这主要是由于其自身没有稳压作用，故输出电压的稳定性完全依赖于电源电压的稳定性。也可用二极管的正向压降作为基准电压，可克服上述电路的缺点，得到不依赖于电源电压的恒定基准电压，但其电压的稳定性并不高，且温度系数是负的，约为$-2mV/℃$。还可用硅稳压二极管的击穿电压作为基准电压，可克服二极管正向压降作为基准电压的一些缺点，但其温度系数是正的，约为$+2mV/℃$。传统基准电压电路是基于三极管或齐纳二极管制成的，其输出电压对温度变化较为敏感，如图 2-27 所示。以上几种均不适用于对基准电压要求高的场合。因此，高精度的基准电压源应运而生，从工作原理的角度来看，主要可分为标准电池、温度补偿基准稳压管和集成电路固体基准电压源（简称集成基准电压源）三类。

（1）标准电池。标准电池是一种化学电池，由于其电动势比较稳定、复现性好，长期以来在国际上用作电压标准。它是由美国化学家韦斯顿（Edward Weston）在 1893 年发明的，故又称韦斯顿电池。根据电池中硫酸镉溶液的状况，分饱和式和不饱和式两种。在 20℃时，饱和式标准电池的电动势应在 $1.01850\sim1.01868V$，不饱和式标准电池的电动势应在 $1.01860\sim1.01960V$。前者的电动势稳定、温度系数（温度对电动势影响）较大；后者温度系数较小，使用方便。这两种电池都有温度特性的滞后效应，且不能满载使用，但因其噪声低、电动势稳定、制造方便、造价便宜，因此以往在只要求短期稳定性的精密电源中有着广泛的应用。

（2）温度补偿基准稳压管。温度补偿基准稳压管的温度系数可低达 $5\mu V/℃$，且体积小、质量轻、结构简单便于集成，但存在噪声大、负荷能力弱、稳定性差、可调性较差以及基准电压较高等缺点。这种基准电压源一般不适用于便携式和电池供电的场合。

（3）集成基准电压源。运用半导体集成电路技术制成的基准电压源种类较多，如深埋层稳压管集成基准电压源、双极型三极管集成带隙基准电压源、CMOS 集成带隙基准电压源等。20 世纪 70 年代初，维德拉（Robert J. Widlar）首先设计出了能带间隙基准电压源，简称带隙（Bandgap）电压源，也有人简称其为能隙电压源，其简化电路如图 2-28 所示。所谓能带间隙是指硅半导体材料在 0℃温度下的带隙电压，其数值约为 $1.205V$。带隙基准电压源的基本原

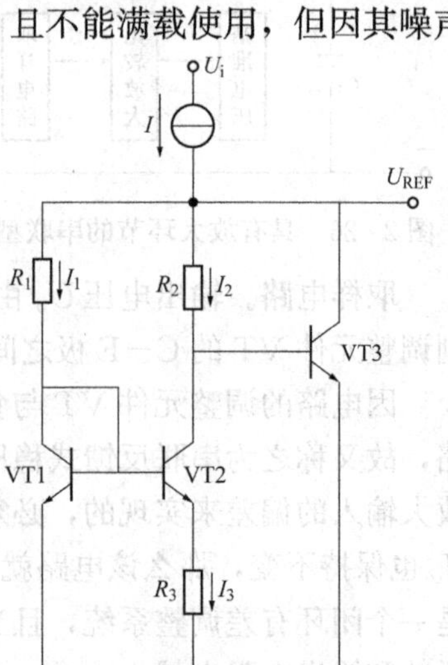

图 2-28 带隙基准电压源的简化电路

理是利用电阻压降的正温漂去补偿三极管发射结正向压降的负温漂,从而实现零温漂。由于它未采用工作在反向击穿状态下的稳压管,因此噪声电压极低。它的问世使基准电压源的指标得到了新的飞跃。由于带隙基准电压源具有高精度和低噪声的优点,因而广泛应用于电压比较器、A/D 和 D/A 数据转换器、集成传感器、放大器等,以及单独作为精密的具有超低温度系数的电压基准器件。

2. 过电流保护电路

为避免稳压电路在使用中因为某种原因输出短路或过负荷导致调整元件中流过很大的电流而使调整元件被烧坏,故需采用快速过电流保护电路。常见的过电流保护电路有限流型和截流型两类。

(1) 限流型过电流型保护电路。当该电路调整元件的电流超过额定值时,对调整元件的基极电流进行分流,使发射极电流不至于过大。

图 2-29 (a) 是一种限流型过电流保护电路的原理示意图。由图看出当输出电流 I_o 在额定值以内时,即 $I_\mathrm{o}R_\mathrm{o}$ 小于三极管 VT2 基极和发射极之间的阈值电压时,三极管 VT2 截止,这将不会影响稳压电路的正常工作。但当 I_o 超过额定值时,三极管 VT2 导通且其集电极电流将从三极管 VT1 的基极电流分流,从而使 I_o 受到限制。该保护电路的外特性如图 2-29 (b) 所示。

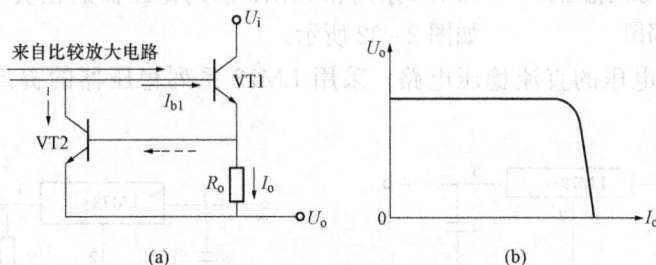

图 2-29 限流型过电流保护电路及其输出特性
(a) 限流型过电流保护电路;(b) 电路的输出特性

(2) 截流型过电流保护电路。当该电路调整元件的电流超过额定值时使调整元件截止或接近截止,以实现真正的安全保护。

图 2-30 (a) 是一种截流型过电流保护电路,由图看出当输出电流 I_o 在额定值以内时,U_be2 小于三极管 VT2 基极和发射极之间的阈值电压而使得 VT2 截止;三极管 VT1 正常导通工作。当输出电流 I_o 超出额定值时,该电路将产生正反馈过程,随着 I_o 的增加,U_R7 将变大,根据 $U_\mathrm{be2}=U_\mathrm{R6}+U_\mathrm{R7}-U_\mathrm{R5}$,$U_\mathrm{be2}$ 亦将变大,则 U_C2 将降低,进而 U_b1 将降低,三极管 VT1 逐渐截止,这样 U_o 将随之降低至零,I_o 也将随之减小,VT1 的功耗大为降低。该保护电路的外特性如图 2-30 (b) 所示。

3. 由集成线性稳压器构成的稳压电路

随着半导体工艺的发展,稳压电路常被集成到单一芯片中,成为被广泛使用的集成线性稳压器 (Linear Regulator),它们具有体积小、可靠性高、使用灵活、价格低廉等优点。最简单的集成线性稳压器只有输入、输出和公共引出端,常称之为三端集成稳压器,常见的有 LM78 系列、LM79 系列、LM317 系列等。以下给出了由集成线性稳压器构成的各种稳压

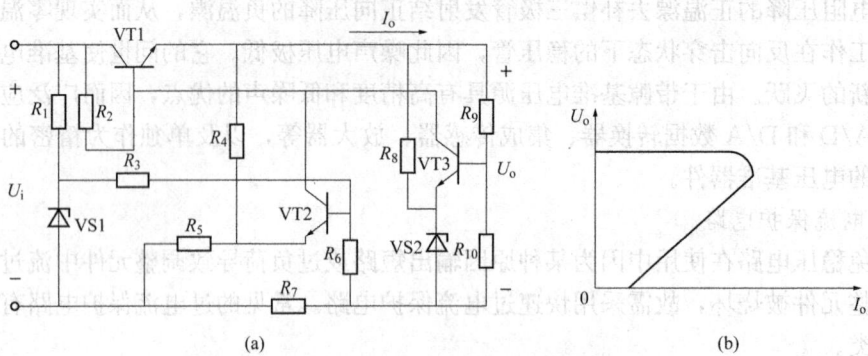

图 2-30　截流型过电流保护电路及其输出特性

（a）截流型过电流保护电路；（b）电路的输出特性

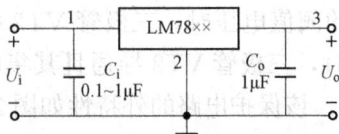

图 2-31　LM78 系列稳压器
基本电路图

电路。

（1）输出为固定电压的直流稳压单电源电路如图 2-31 所示。该电路为 LM78 系列稳压器基本电路。

（2）输出为固定电压的直流稳压双电源电路。采用 LM78 系列和 LM79 系列稳压器的正负电压同时输出电路如图 2-32 所示。

（3）提高输出电压的直流稳压电路。采用 LM78 系列稳压器的提高输出电压电路如图 2-33 所示。

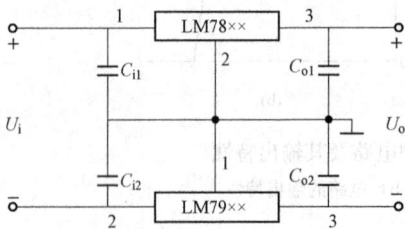

图 2-32　正负电压同时输出电路

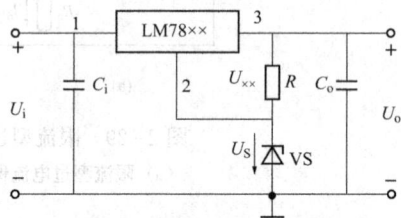

图 2-33　提高输出电压的电路

在图 2-33 所示电路中，$U_o = U_{××} + U_S$。$U_{××}$ 为 LM78×× 固定输出电压。

（4）输出电压可调式电路。用三端稳压器也可以实现输出电压可调。图 2-34 是用 LM317 组成的 1.25～37V 输出可调式稳压电路。在图 2-34 所示电路中，C_i 并不是调压电路所必需的，但是为了得到更稳定的直流电压需推荐使用，尤其是当 LM317 离输入电源的滤波电容比较远的时候，使用一个 0.1～1μF 的钽电容能提供一个足够的旁路起到较好输入滤波效果，特别是在 LM317 输出可调电压或其输出端并联了电容的情况下。而 C_o 能改善电源输出的瞬时响应，但是对改善该电路的稳定性没有作用。C_{adj} 被用于改善输出电压的纹波，当输出电压被调高时它能阻止纹波的增大。如果应用了 C_{adj}，那么电路中最好还要加一个保护二极管 VD2。如果输入端偶然错误地与地短路了，保护二极管能阻止电容向 LM317 释放能量。VD1 和 VD2 分别通过提供更低阻抗的放电通路给 C_o 和 C_{adj}，使电流更多地从 LM317 上分走，而使其得到保护。

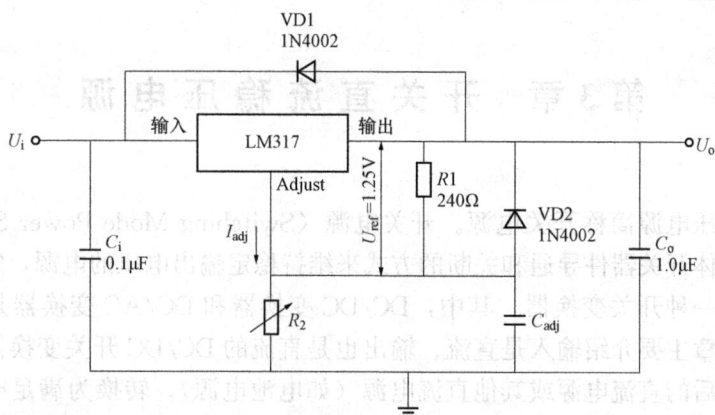

图 2 - 34 输出电压可调式稳压电路

可调输出电压 U_o 的计算公式为

$$U_o = U_{ref}(1 + R_2/R_1) + (I_{adj} \times R_2) \tag{2-28}$$

因为 I_{adj} 的典型值是 $50\mu A$，所以在计算输出电压 U_o 时，式（2 - 28）等号右边第二项通常可以忽略不计，在大多数应用下对输出电压的影响是微不足道的。根据 LM317 的产品手册可知，在保证正常工作的前提下，输入电压 U_i 与输出电压 U_o 之间的电压差可以在 3～40V 之间，且 U_i 必须始终大于 U_o，而输出电流最大不能超过 1.5A。

思考与复习

2-1 什么是直流稳压电源？它的分类有哪些？各自又有何特点？

2-2 整流电路的作用是什么？可从哪些角度进行分类？类别有哪些？

2-3 试分别画出单相半波整流电路、单相全波整流电路、单相桥式整流电路的基本电路工作原理图，并简单阐述电路工作原理。

2-4 为什么需要滤波电路？它的作用是什么？滤波的方式有哪些？

2-5 稳压二极管的工作特性是什么？有哪些性能指标？

2-6 过电流保护电路有哪些类型？其特点分别是什么？

2-7 在实际使用集成线性稳压器时需要注意哪些问题？

第 3 章 开关直流稳压电源

开关直流稳压电源简称开关电源。开关电源（Switching Mode Power Supply，SMPS）是通过控制半导体开关器件导通和关断的方式来维持稳定输出电压的电源，它也是在日常生活中最常见到的一种开关变换器。其中，DC/DC 变换器和 DC/AC 变换器是最常见的两种开关变换器。本章主要介绍输入是直流、输出也是直流的 DC/DC 开关变换器，其功能是将交流市电经整流后的直流电源或其他直流电源（如电池电源），转换为满足电子电气设备工作电压要求的稳定直流电压。如常用的计算机、电视机等的电源的核心就是 DC/DC 开关变换器。此类将交流市电转变成稳定直流电压输出的电源装置因其核心电路采用了 DC/DC 开关变换原理因而常被简称为开关电源。DC/DC 开关变换器一般由脉冲宽度调制（Pulse-Width Modulation，PWM）控制器芯片和 MOSFET 管（金属氧化物半导体场效应晶体管）构成，其基本变换结构有 Buck（降压型变换器）、Boost（升压型变换器）、Buck-Boost（升压—降压型变换器）三种，其他开关变换器均是由这几种基本结构衍变而来的。每种开关变换器都有它独自的特性，这些特性主要包括稳态电压转换比、输入输出电流的状态、输出电压的纹波特征以及占空比与输出电压间的传递函数的频率响应等。在开始介绍这三种基本变换器之前，首先来认识一下直流斩波器电路，如图 3-1 所示。

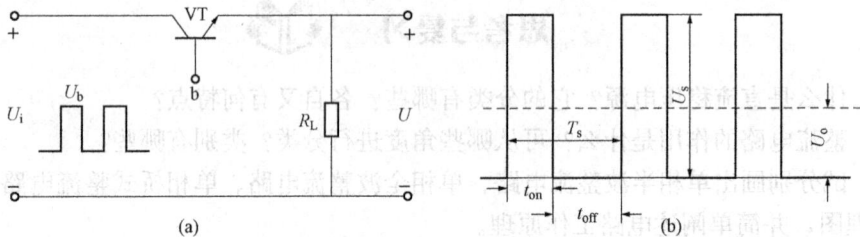

图 3-1 直流斩波器电路
(a) 直流斩波器电路；(b) 斩波器输出电压波形

在如图 3-1 (a) 所示电路中，如果忽略开关管 VT 上的压降，当 VT 导通时，U 等于 U_i；当 VT 不导通时，U 等于零。假设一个周期 T_s 内，VT 导通的时间为 t_{on}，VT 截止的时间为 t_{off}，当输入 U_i 是直流电压 U_s 时，U 输出的平均电压 U_o 为

$$U_o = \frac{1}{T_s}\int_0^{t_{on}} U_i dt = \frac{t_{on}}{T_s}U_s = D_1 U_s \tag{3-1}$$

$$T_s = t_{on} + t_{off} = 1/f$$

式中：f 代表 VT 的开关频率；D_1 代表 VT 导通时间的占空比，即 $D_1 = t_{on}/T_s$。

U 的输出波形如图 3-1 (b) 所示。如果在输出端加上电容或电感储能元件，可以使输出电压 U 稳定在某一电平左右小幅波动。根据对输出电压平均值进行调制的方式不同，斩波器电路可以有三种控制方式：

（1）保持开关周期 T_s 不变，调节开关导通时间 t_{on}，称为脉冲宽度调制；

（2）保持开关导通时间 t_{on} 不变，改变开关周期 T_s，称为频率调制或调频型；

（3）开关导通时间 t_{on} 和开关周期 T_s 都可调，即改变导通时间的占空比，称为混合型。

3.1 Buck 变 换 器

图 3-2 为 Buck 变换器的原理示意图，其中，VT 为全控型开关管，VD 为续流二极管，电感 L 和电容 C 构成 LC 滤波电路，电阻 R 为负载。此电路完成把直流电压 U_s 转变成直流电压 U_o 的功能，常称之为 Buck 变换器，或降压型变换器或串联开关稳压电源。

为获得开关变换器的基本工作特性，简化分析，假定的理想条件是：

（1）开关管 VT 和二极管 VD 从导通变为截止或从截止变为导通的过渡过程时间均为零。

（2）开关管 VT 处于导通状态时的电阻为零，电压降为零；处于截止状态时电阻为无限大，漏电流为零。

（3）电路中的电感和电容均为无损耗的理想储能元件。电感工作在线性区且未饱和，寄生电阻为零；电容的等效串联电阻为零。

图 3-2 Buck 变换器原理示意图

（4）线路阻抗为零。电源输出到变换器的功率等于变换器的输出功率，即有

$$U_s I_s = U_o I_o$$

3.1.1 工作过程

对变换器开关管 VT 加控制信号 U_G，开关周期为 T_s，且有 $t_{off} = T_s - t_{on} = (1 - D_1) T_s$。在图 3-2 中，当 U_G 大于零时，开关管 VT 导通，此时电流流向如图 3-3（a）所示。在时间 $0 \sim t_{on}$ 阶段，电感 L 开始储能，电容 C 开始充电，电感 L 左端为正，二极管 VD 由于承受反向电压而截止，负载 R 两端是上正下负。在开关管 VT 开始导通的瞬间有

$$U_o = U_s - U_L, \quad i_{VD} = 0, \quad i_L = i_s \tag{3-2}$$

当对开关管 VT 施加的控制信号 U_G 等于零时，开关管 VT 截止，如图 3-3（b）所示。由于电感 L 中的电流不能瞬变为零，由电磁感应产生的电动势反向，电感释放能量使二极管 VD 正向导通而起续流作用，同时也起到了钳位作用，使电感左端为负，负载 R 两端仍然是上正下负。在开关管 VT 变为截止状态的瞬间有

$$U_o = -U_L, \quad i_s = 0, \quad i_L = i_C + i_o \tag{3-3}$$

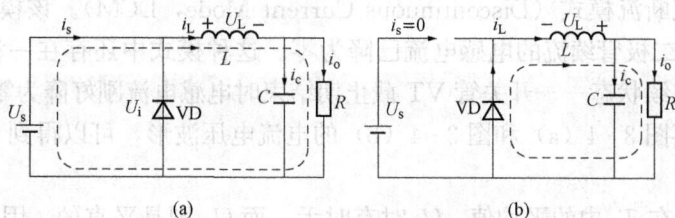

图 3-3 Buck 变换器的工作过程

(a) VT 导通时；(b) VT 截止时

当 $i_L < i_o$ 时，电容 C 处于放电状态，有利于维持 i_o、U_o 的不变。此时二极管 VD 承受正向偏压且为 i_L 构成通路，故 VD 常被称为续流二极管。在开关管 VT 的反复导通和关闭过程中，输入电流 i_s 是脉动的，但是输出电流 i_o 在 L、C 和 VD 的共同作用下却是连续、平稳的。由于该变换器输出电压 U_o 小于输入电源电压 U_s，故称它为降压变换器。

3.1.2　工作原理

根据电感 L 中的电流的情况，Buck 变换器有电感电流连续和电感电流断流两种可能的运行模式，波形如图 3-4 所示。

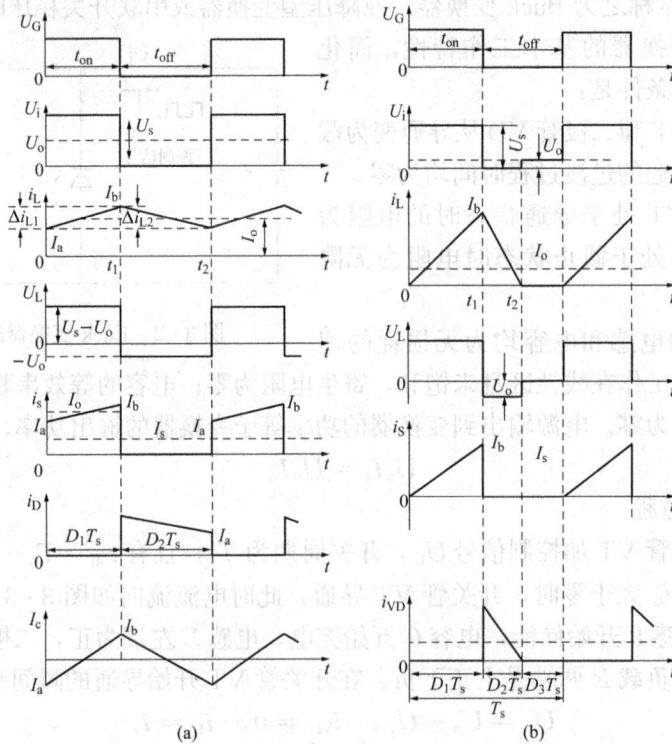

图 3-4　Buck 变换器的电流电压波形
(a) 连续模式下的电流电压波形；(b) 断流模式下的电流电压波形

(1) 电感电流连续模式（Continuous Current Mode，CCM）。该模式是指电感中的电流在整个开关周期中都不为零。

(2) 电感电流断流模式（Discontinuous Current Mode，DCM）。该模式是指在开关管 VT 截止期间，经二极管续流的电感电流已降为零。这种模式中还存在一种特殊工作状态，即电感电流临界连续状态——开关管 VT 截止期结束时电感电流刚好降为零。

通过仔细观察图 3-4（a）和图 3-4（b）的电流电压波形，可以得到 Buck 变换器以下一些性质特点。

(1) U_o 是 U_i 在 T_s 内的平均值，U_i 时有时无，而 U_o 则是平直的。因此，Buck 变换器可以简单地看成是一个有低通滤波器的电压斩波器。低通滤波器的作用就是滤去 U_i 中随时间而变化的交流分量。所以低通滤波器的截止频率 f_c 比开关频率 f_s 要低得多。由于 U_o 是 U_i 的平均值，而 U_i 的峰值为直流电源电压 U_s，所以 U_o 总是比 U_s 小。注意，U_i 的波形在两种不同工作模式下其形状是不同的。在电流连续工作模式下，在 t_1 期间，$U_i = U_s$；在 t_2 期间，$U_i = 0$，U_i 的平均值 U_o 是由 D_1 决定的，而且在理想情况下，在此电路中，U_o 与 R 无关。然而，在电流断流工作模式下，在开关管 VT 截止期间 t_{off} 内，只有前段时间 U_i 为 0，在紧接其后的一段时间存在 $U_i = U_o$。$U_i = U_o$ 所持续的时间由 R 决定，所以电流断流时，U_o 值由 R 和 D_1 决定。在电流断流工作模式下，t_{off} 中存在 $U_i = U_o$ 的台阶，所以，若两种状态中的 U_s 和 D_1 这两个参数相同，电流断流状态中的平均输出电压 U_o 要较电流连续状态中的大。

（2）输入电流 i_s 是脉动的，与 Buck 变换器的工作模式无关。这个脉动电流，在实际应用中应受到限制，以免影响其他电器正常工作。通常，在电源 U_s 和 Buck 变换器的输入端之间会加上一些输入滤波器。这种滤波器必须在开关变换器设计的早期阶段就要考虑，否则在开关变换器与输入滤波器连接时，可能会引起意外的自激振荡。

（3）U_o 和 R 两个参数值决定了 i_s 的平均值 I_s。对没有功率损耗的理想 Buck 变换器中，电源变换效率为 100%，因此有 $U_s I_s = U_o^2/R$。这说明 I_s 与 U_s 这两个参数值的乘积与 R 成反比。

（4）瞬时值 i_s 的上升部分与 i_L 的变化值相同。当 U_s 变化时，应使 D_1 变化，以使 U_o 保持恒定值。

（5）i_s 的幅值是变化的，但其最大幅值 I_b 在 U_s 一定时则不变。在一定的输入功率下，如变换器工作在电流断流工作模式下时，I_b 是很大的。这意味着 Buck 变换器的开关管和续流二极管 VD 必须能承受较高的峰值电压和电流。由于这个原因以及其他一些原因，在需要大功率输出的应用中，Buck 变换器应避免工作在断流工作模式（即有可能因此造成电感较大和成本增加）。在负载变动较大的场合，可使用变值扼流器，它的电感数值随着通过它本身的电流而变化（即当小电流通过时，电感值大，但随电流增大，电感值却逐渐变小）。这一方法非常有用，但这一个"变值"电感将由于开关变换器附加滤波器的截止频率 f_c 变动，又使设计问题复杂化，即往往使得实现闭环控制的稳定性变得很困难。

（6）直流输出电压中含有各次谐波电压，在 Buck 变换器的输出端与负载之间也要加滤波器。譬如可以接上一个合适的 LC 滤波电路，以减少负载上的谐波电压。滤波电感的作用是对交流高频电压电流呈高阻抗，对直流电流呈低阻抗，滤除高频谐波信号。滤波电容的作用是对直流电流阻抗为无穷大，对交流电流阻抗很小，通过旁路吸收高频谐波可以稳定加在负载上的电压。需要指出的是，LC 滤波电路中电感和电容的选择需要综合考虑其质量、尺寸、成本和输出纹波电压的大小。电源滤波器的具体设计方法可参考其他相关书籍。

接下来分析开关管 VT 截止和导通过程与输出电压 U_o 的关系。首先看电感电流始终处于连续的工作模式，其波形如图 3-4（a）（i_L 的波形图）所示。设开关管 VT 的开关周期 $T_s = t_{on} + t_{off}$。在每个周期中开关管 VT 导通时间 $t_{on} = D_1 T_s$，其截止时间 $t_{off} = D_2 T_s$。常称 D_1 为导通时间占空比，表示开关管导通时间占开关周期时间的比例；常称 D_2 为截止时间的占空比，表示开关管截止时间占开关周期时间的比例。根据法拉第定律 $U/L = \Delta i/\Delta t = r$，当开关管导通时，电感 L 中的电流 i_L 以斜率 $(U_s - U_o)/L$ 线性上升，因此在输入输出不变的前提下，电感中电流上升的增量为

$$\Delta i_{L1} = \int_0^{t_1} \frac{U_s - U_o}{L} dt = \frac{U_s - U_o}{L} t_1 = \frac{U_s - U_o}{L} D_1 T_s \qquad (3-4)$$

而当开关管 VT 截止时，电感 L 中的电流 i_L 以斜率 U_o/L 线性下降。因此，在输入输出不变的前提下，电感中电流上升的增量为

$$\Delta i_{L2} = -\int_{t_1}^{t_2} \frac{U_o}{L}\mathrm{d}t = -\frac{U_o}{L}(t_2 - t_1) = -\frac{U_o}{L}D_2 T_s \tag{3-5}$$

由于该电路处于稳态时这两个电流变化量相等，即 $\Delta i_{L1} = -\Delta i_{L2}$，又因为 $D_1 + D_2 = 1$，所以有

$$\frac{U_s - U_o}{L}D_1 T_s = \frac{U_o}{L}D_2 T_s = \frac{U_o}{L}(1 - D_1)T_s \tag{3-6}$$

故可整理得

$$U_o = D_1 U_s \tag{3-7}$$

式（3-7）表明，输出电压 U_o 随占空比 D_1 改变而变化，由于 $D_1 < 1$，故 $U_o < U_s$，用 M 表示电压增益，即有

$$M = U_o/U_s = D_1 \tag{3-8}$$

如图 3-5 所示，电压增益 M 由开关管 VT 接通时的占空比 D_1 决定，与负载电流大小无关，即通过改变开关管 VT 的导通时间变换器可实现对输出电压 U_o 进行很好的控制，Buck 变换器电路具有很好的外特性。

另一方面，若电感 L 较小，或负载电阻较大，或 T_s 中导通时间占空比偏小时，将出现电感 L 中的电流已下降到零，但新的周期却尚未开始的情况。当新的周期到来时，电感中的电流 i_L 从零开始线性增加。若电路始终处于这种工作状态，则称其处于电感电流断流的模式，其工作波形如图 3-4（b）（i_L 的波形图）所示。如图 3-4（b）（i_D 的波形图）所示，$t_{on} = t_1 = D_1 T_s$，$t_{off} = D_2 T_s + D_3 T_s$，$D_1$、$D_2$、$D_3$ 应为非负实数，且 $D_1 + D_2 + D_3 = 1$。根据法拉第定律 $U/L = \Delta i/\Delta t = r$，当开关管导通时，电感 L 中的电流 i_L 以斜率 $(U_s - U_o)/L$ 线性上升，因此在输入输出不变的前提下，电感中电流上升的增量为

$$\Delta i_{L1} = \int_0^{t_1} \frac{U_s - U_o}{L}\mathrm{d}t = \frac{U_s - U_o}{L}t_1 = \frac{U_s - U_o}{L}D_1 T_s \tag{3-9}$$

而当开关管 VT 截止时，电感 L 中的电流 i_L 以斜率 U_o/L 线性下降。因此，在输入输出不变的前提下，电感中电流上升的增量为

$$\Delta i_{L2} = -\int_{t_1}^{t_2} \frac{U_o}{L}\mathrm{d}t = -\frac{U_o}{L}(t_2 - t_1) = -\frac{U_o}{L}D_2 T_s \tag{3-10}$$

由于 $\Delta i_{L1} = -\Delta i_{L2}$，所以有

$$\frac{U_s - U_o}{L}D_1 T_s = \frac{U_o}{L}D_2 T_s \tag{3-11}$$

整理得

$$U_o = U_s D_1/(D_1 + D_2) \tag{3-12}$$

注意此时 $D_1 + D_2 \neq 1$，则有电压增益 $M = D_1/(D_1 + D_2)$。

由图 3-4（b）中 i_L 的波形图可知，稳态负载电流 I_o 是 i_L 三角形面积在 T_s 时间内的平均值，而且等于 U_o/R，即

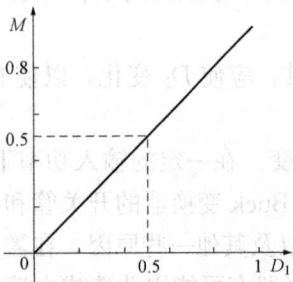

图 3-5　Buck 变换器中
$M = f(D_1)$ 关系图

$$I_\mathrm{o} = \frac{1}{T_\mathrm{s}} \left[\frac{1}{2}(D_1+D_2)T_\mathrm{s}\,\frac{U_\mathrm{s}-U_\mathrm{o}}{L}D_1 T_\mathrm{s} \right] = \frac{U_\mathrm{o}}{R} \qquad (3-13)$$

可得

$$\frac{1}{M} - 1 = \frac{2\tau_\mathrm{L}}{D_1(D_1+D_2)} = \frac{2\tau_\mathrm{L}}{D_1(D_1+D_2)} \qquad (3-14)$$

式中：τ_L 是储能电感 L 与负载电阻 R 和时间 T_s 乘积的比值，即 $\tau_\mathrm{L}=L/RT_\mathrm{s}$，它是无量纲参数，反映了变换器的特性。

由式（3-14）可得

$$M = \frac{D_1}{D_1 + \dfrac{2\tau_\mathrm{L}}{D_1+D_2}} \qquad (3-15)$$

另外，因为 $M=D_1/(D_1+D_2)$，所以有

$$D_2 = \frac{D_1}{2}\left(\sqrt{1+\frac{8\tau_\mathrm{L}}{D_2^2}} - 1 \right) \qquad (3-16)$$

将式（3-16）代入式（3-14）可得断流模式下 Buck 变换器的电压增益 M，即

$$M = \frac{U_\mathrm{o}}{U_\mathrm{s}} = \frac{2}{\sqrt{1+\dfrac{8\tau_\mathrm{L}}{D_1^2}}} \qquad (3-17)$$

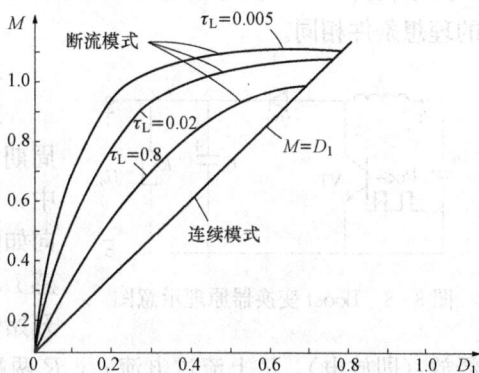

图 3-6 两种工作模式下 Buck 变换器电压增益 M 与占空比 D_1 的关系

从式（3-17）即可得到占空比变化下的电压增益值。在连续模式和断流模式下的占空比 D_1 与电压增益值 M 的关系分别如图 3-6 所示。

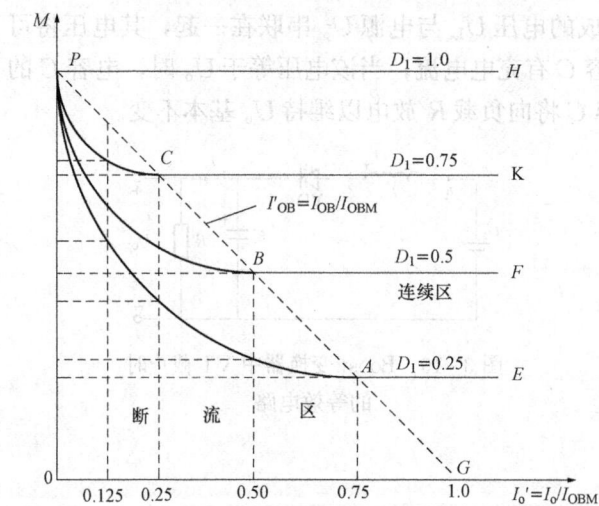

图 3-7 外特性曲线

依据式（3-15）~式（3-17）也可以得到从电压增益 M 计算出占空比的计算式，即

$$D_1 = M\sqrt{\frac{2\tau_\mathrm{L}}{1-M}} \qquad (3-18)$$

$$D_2 = \sqrt{2\tau_\mathrm{L}(1-M)} \qquad (3-19)$$

变换器的电压增益与占空比和负载电流的函数关系称为外特性。电感电流连续时，电压增益等于占空比，输出电压与负载电流无关，控制特性是线性的。在电感电流断流的情况下，控制特性是非线性的。外特性从线形到非线形的转折点由临界负载电流确定。在占空比 D_1 一定时，电压增益 M 与占空比 D_1 和负载电流标幺值 I_o' 之间的函数关系曲线如图 3-7 所示。图中从 P 至 G 的斜虚线右上角区域对应的是连续区，左下角区域是断流区。

3.2 Boost 变 换 器

Boost 变换器的原理示意图如图 3-8 所示。其中，VT 为全控型开关管，VD 为续流二极管，加上电感 L 和电容 C 完成升高电压的功能，电阻 R 为负载。此电路完成把直流电压 U_s 转变成直流电压 U_o 的功能，常被称为 Boost 变换器或升压型变换器或并联开关稳压电源。为了获得开关变换器的基本工作特性，简化分析，假定的理想条件和 Buck 变换器的假定的理想条件相同。

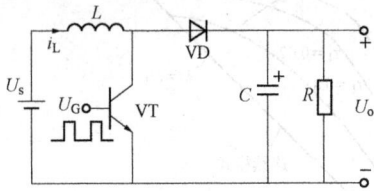

图 3-8 Boost 变换器原理示意图

3.2.1 工作过程

对 Boost 变换器开关管 VT 加控制信号 U_G，开关周期为 T_s，且有 $t_{off}=T_s-t_{on}=(1-D_1)T_s$。在图 3-8 中，当 U_G 大于零时，开关管 VT 导通，此时电流流向如图 3-9 所示。在时间 $0\sim t_{on}$ 阶段，电流 i_L 流过电感 L，在电感线圈未饱和前，电流线性增加，电感 L 开始储能。此时，上个 T_s 周期电容 C 存储的电荷开始释放（即放电），R 上流过电流 i_o，R 两端为输出电压 U_o，极性为上正下负。由于开关管 VT 导通，二极管 VD 阳极接 U_s 负极，二极管 VD 承受反向电压而截止，因而电容不能通过开关管 VT 放电。

在图 3-8 中，当 U_G 小于零时，开关管 VT 截止，此时电流流向如图 3-10 所示。由于电感 L 中的电流 i_L 要保持不变，产生的电磁感应将改变电感线圈 L 两端的电压极性为左负右正。因此，由电感线圈 L 的磁能转化而成的电压 U_L 与电源 U_s 串联在一起，其电压将可能高过电压 U_o。当该电压高于 U_o 时，电容 C 有充电电流；当该电压等于 U_o 时，电容 C 的充电电流为零；当该电压低于 U_o 时，电容 C 将向负载 R 放电以维持 U_o 基本不变。

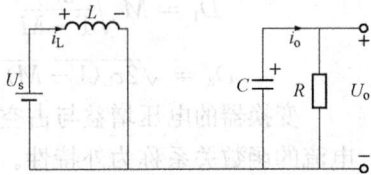

图 3-9 Boost 变换器中 VT 导通时的等效电路

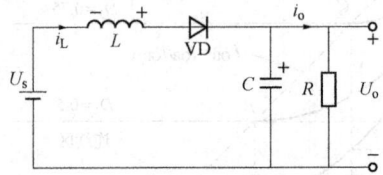

图 3-10 Boost 变换器中 VT 截止时的等效电路

3.2.2 工作原理

根据在周期初始时电感中电流 i_L 是否是从零开始，Boost 变换器也有电感电流连续（CCM）和电感电流断流（DCM）两种运行模式。若电感线圈的电感值 L 小于某一临界值时，电流 i_L 将下降过快，即在电感中储存的能量全部释放完后，尚未达到周期 T_s 中开关管 VT 重新导通的时刻，因此能量得不到及时的补充，这样就出现了电感电流断流的情况，这种工况即为电感电流断流工作模式（DCM）。反之，当电感线圈的电感值 L 大于这一临界值时，当达到周期 T_s 中开关管 VT 重新导通的时刻时电感中储存的能量尚未释放完就又进入到了下一个周期 T_s，如此周而复始运行 i_L 始终不会下降到零，这种工况即为电感电流连续工作模式（CCM）。在电流连续工作模式下，输入的电流不是脉动的，纹波电流随着电感线圈的电感值 L 的增大而减小。开关管输出电流不管是在连续还是断流工作模式下总是脉动的。而在电流断流工作模式下，输入电流 i_L 是脉动的，而且峰值电流比较大。另外，在断流出现后的 $D_3 T_s$ 的时间内，L 从输出端脱离，此时只有电容 C 向负载 R 提供能量。因此，电容 C 的容量要比较大才能满足使输出电压和电流的纹波较小的要求。在要求相同功率输出时，此时开关管和二极管的最大瞬时电流比连续状态下要大，同时输出直流电压的波纹也相对变大了。

接下来分析开关管 VT 截止和导通过程与输出电压 U_o 的关系。设开关管 VT 的开关周期为 $T_s = t_{on} + t_{off}$。在每个周期中开关管 VT 导通时间为 $t_{on} = D_1 T_s$，其截止时间为 $t_{off} = D_2 T_s$。常称 D_1 为导通时间占空比，表示开关管导通时间占开关周期时间的比例；常称 D_2 为截止时间的占空比，表示开关管截止时间占开关周期时间的比例。

首先看 Boost 变换器始终处于连续的工作模式，其电压电流波形如图 3-11（a）所示。很明显，$t_{on} = t_1 = D_1 T_s$，$t_{off} = t_2 - t_1 = D_2 T_s$，$D_1$、$D_2$ 应为非负实数，且 $D_1 + D_2 = 1$。根据法拉第定律 $U/L = \Delta i/\Delta t = r$，当开关管 VT 导通时，电感 L 中的电流 i_L 以斜率 U_s/L 线性上升，因此在输入输出不变的前提下，电感中电流上升的增量为

$$\Delta i_{L1} = \int_0^{t_1} \frac{U_s}{L} dt = \frac{U_s}{L} t_1 = \frac{U_s}{L} D_1 T_s \qquad (3-20)$$

而当开关管截止时，电感 L 中的电流 i_L 以斜率 $(U_o - U_s)/L$ 线性下降。因此，在输入输出不变的前提下，电感电流上升的增量为

$$\Delta i_{L2} = -\int_{t_1}^{t_2} \frac{U_o - U_s}{L} dt = -\frac{U_o - U_s}{L}(t_2 - t_1) = \frac{U_s - U_o}{L} D_2 T_s \qquad (3-21)$$

由于该电路处于稳态时这两个电流变化量相等，即 $\Delta i_{L1} = -\Delta i_{L2}$，所以有

$$\frac{U_s}{L} D_1 T_s = \frac{U_o - U_s}{L} D_2 T_s \qquad (3-22)$$

又因为 $D_1 + D_2 = 1$，则有

$$M = \frac{U_o}{U_s} = \frac{1}{D_2} = \frac{1}{1 - D_1} \qquad (3-23)$$

若此电路在转换中没有能量损耗，则有 $\frac{U_o}{U_s} = \frac{I_s}{I_o} = M$，进一步可得

$$I_s = \frac{I_o}{1 - D_1} \qquad (3-24)$$

另一方面，当 Boost 变换器处于断流工作模式时，即电感 L 较小或 T_s 中导通时间占空比偏小时，当新的周期到来时，电感中的电流 i_L 从 0 开始线性增加。其工作波形如图 3-11（b）所示 i_L 的波形图。很明显，$t_{on} = t_1 = D_1 T_s$，$t_{off} = D_2 T_s + D_3 T_s$，$D_1$、$D_2$、$D_3$ 应为非负实数，且 $D_1 + D_2 + D_3 = 1$。根据法拉第定律 $U/L = \Delta i/\Delta t = r$，当开关管导通时，电感 L 中的电流 i_L 以斜率 U_s/L 线性上升，因此在输入输出不变的前提下，电感中电流上升的增量为

$$\Delta i_{L1} = \int_0^{t_1} \frac{U_s}{L} dt = \frac{U_s}{L} t_1 = \frac{U_s}{L} D_1 T_s \qquad (3-25)$$

而当开关管 VT 截止时，在此后的 $t_2 - t_1$ 期间，电感 L 中的电流 i_L 以斜率 $(U_o - U_s)/L$ 线性下降到零。因此，在输入输出不变的前提下，电感电流上升的增量为

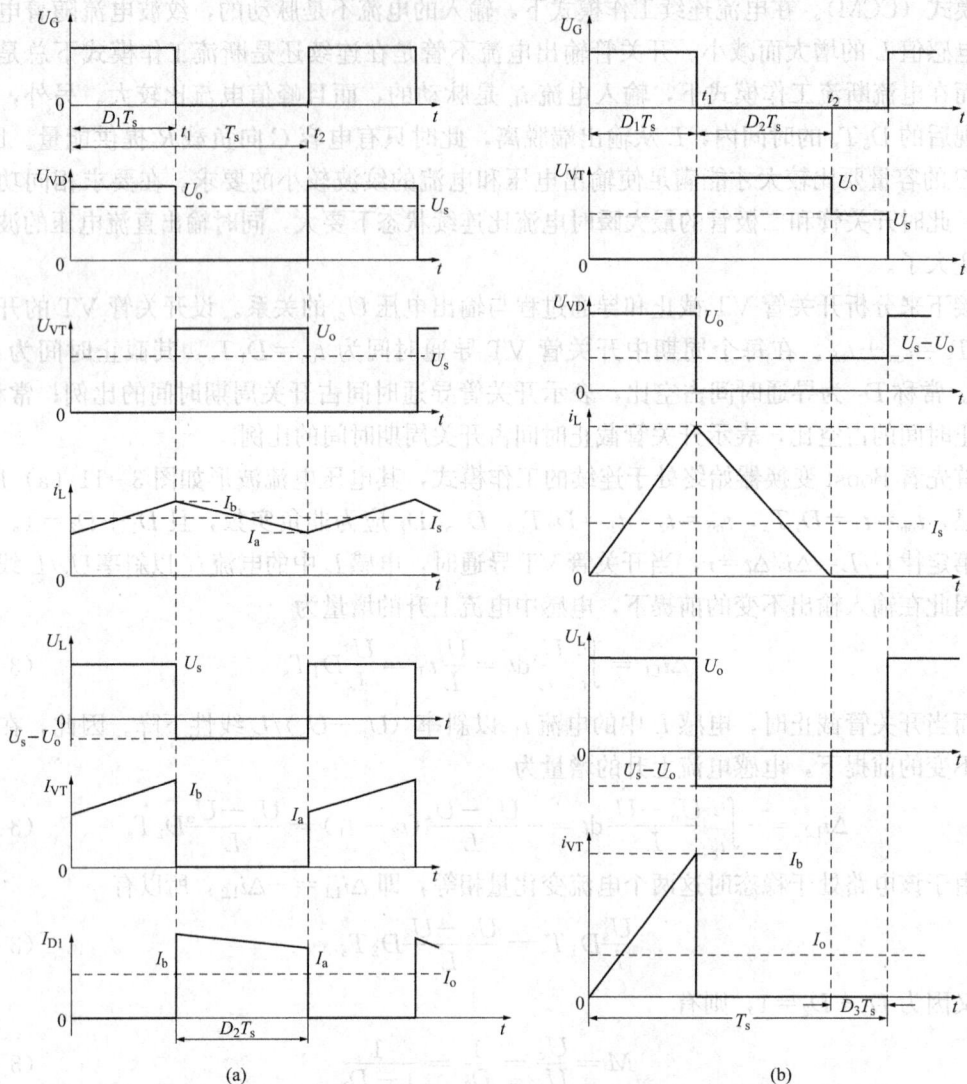

图 3-11 Boost 变换器电压电流波形
(a) 连续模式下的电压电流波形；(b) 断流模式下的电压电流波形

$$\Delta i_{L2} = -\int_{t_1}^{t_2} \frac{U_o - U_s}{L}dt = -\frac{U_o - U_s}{L}(t_2 - t_1) = \frac{U_s - U_o}{L}D_2 T_s \quad (3-26)$$

由于 $\Delta i_{L1} = -\Delta i_{L2}$，所以有

$$U_o = U_s(D_1 + D_2)/D_2 \quad (3-27)$$

注意此时 $D_1 + D_2 \neq 1$，则电压增益为

$$M = U_o/U_s = (D_1 + D_2)/D_2 \quad (3-28)$$

在此后的 $D_3 T_s$ 期间，电感电流 I_L 为零，相当于电感 L 与电容 C、电阻 R 脱离。

式 (3-28) 表明 M 不但与 D_1 有关，而且与 D_2 有关，D_2 是由电路参数决定的。在图 3-11 (b) 中可见 i_L 的波形为三角波，其与横坐标轴围成的面积在 T_s 时间内的平均值即为 I_s，I_s 可表示为

$$I_s = \frac{1}{2T_s}D_1 T_s \frac{U_s}{L}D_1 T_s + \frac{1}{2T_s}D_2 T_s \frac{U_s}{L}D_1 T_s = \frac{U_s}{2L}(D_1 + D_2)D_1 T_s \qquad (3-29)$$

另外考虑到 $\frac{U_o}{U_s} = \frac{I_s}{I_o} = M$，同时假设 i_L 是储能电感 L 与负载电阻 R 和周期时间 T_s 乘积的比值 $\tau_L = L/RT_s$，因此有

$$M^2 = \frac{(D_1 + D_2)D_1}{2\tau_L} \qquad (3-30)$$

通过式（3-28）和式（3-30）联立可求得

$$D_2 = \frac{\tau_L}{D_1}\left(1 + \sqrt{1 + \frac{2D_1^2}{\tau_L}}\right) \qquad (3-31)$$

和

$$M = \frac{1}{2}\left(1 + \sqrt{1 + 2D_1^2/\tau_L}\right) \qquad (3-32)$$

根据式（3-32）可绘出 $M = f(D_1)$ 的关系曲线，如图 3-12 所示。图 3-12 中的两条虚线段对应 τ_L 取不同数值。这种线性关系，使设计在断流模式下的 Boost 变换器变得更加容易，并易于将其调整到稳定工作状态。另外，由图 3-12 可以清楚地看到，$M = f(D_1)$ 的关系曲线上的点的纵坐标始终大于 1，也即总是有电压增益 $M > 1$，也就是说输出电压值总是大于输入电压值，这也是 Boost 变换器也叫升压型变换器的原因。

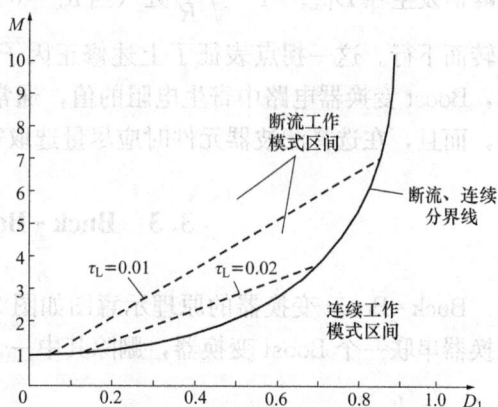

图 3-12 Boost 变换器中 $M = f(D_1)$ 关系曲线

由式（3-23）容易看出，在连续工作模式下电压增益 M 与关断占空比 D_2 成反比。实验证明，当导通占空比 D_1 大于 0.8（关断占空比 D_2 小于 0.2）之后，M 迅速增加。但 M 的增加是有限度的，在 D_1 继续增加到一定值后 M 反会下降。究其原因，是因为在实际电路中需要考虑电感有寄生电阻 R_L，电容有寄生电阻 R_C 时，电压增益 M 与关断占空比 D_2 的关系应该进行一定的修正，即

$$M = \frac{1}{D_2}\left[\frac{D_2^2 R}{R'}\right] \qquad (3-33)$$

式中：$\frac{1}{D_2}$ 为理想的升压变压器电压增益的函数；$\left[\frac{D_2^2 R}{R'}\right]$ 为修正因子，其值是由开关变换器的寄生电阻决定的，其中

$$R' = R_L + (R//R_C)D_2 + \frac{R^2(D_1)^2}{R+R_C}$$

根据式（3-33）并设 $R_L = R_C = 0.01R$，可以画出 $M = f(D_1)$ 曲线，如图 3-13 所示。

在图 3-13 中，实线为理想状态（即 $R_L = R_C = 0$）时的 $M = f(D_1)$ 曲线，虚线为考虑元件存在寄生电阻值为负载电阻值 1% 时的 $M = f(D_1)$ 曲线。由图可见，当 $M \leq 3$ 时，实际的和理想的差别很小；当 $M > 3$ 时，则实线迅速上升，虚线上升缓慢。根据计算可确定虚线

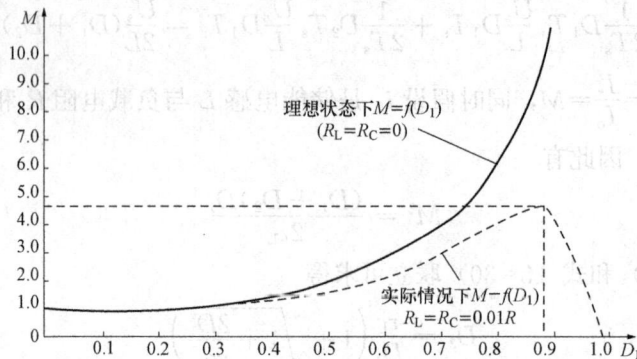

图 3-13　理想状态和实际情况下 Boost 变换器 $M=f(D_1)$ 关系曲线对比图

的峰值发生在 $D_{1max}=1-\sqrt{\dfrac{R_L}{R}}$ 处（当 $R_C=0$ 时），此时峰值 $M_{max}=\dfrac{1}{2}\sqrt{\dfrac{R}{R_L}}$。到达峰值后，虚线转而下行。这一拐点表征了上述修正因子值的影响作用。因此，为了获得较高的转换效率，Boost 变换器电路中寄生电阻的值，通常应比该变换器输出所接负载电阻值的 1‰ 还要小，而且，在选择滤波器元件时应尽量选取寄生电阻小的元件。

3.3　Buck-Boost 变换器

Buck-Boost 变换器的原理示意图如图 3-14 所示。Buck-Boost 变换器是由一个 Buck 变换器串联一个 Boost 变换器，删除其中一个电容，并将两个电感合并为一个大电感，最终组成。其中，VT 为全控型开关管，VD 为开关二极管，另外配上电感 L 和电容 C，电阻 R 为负载。此电路完成把直流电压 U_s 转变成直流电压 U_o 的功能，常被称为 Buck-Boost 变换器或升压—降压型变换器或反号变换器。另外，也可以将 Boost 变换器与 Buck 变换器进行串联，即将 Buck-Boost 变换器进行对偶变换，可以得到 Boost-Buck 变换器。这种变换

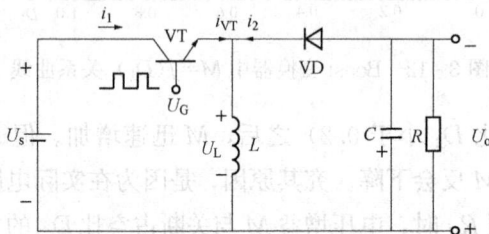

图 3-14　Buck-Boost 变换器原理示意图

电路首先由美国加州理工学院 Slobodan Cuk 进行了深入的研究，因此 Boost-Buck 变换器也常被称为 Cuk 变换器。Buck-Boost 变换器和 Cuk 变换器都是由基本的 Buck 变换器和 Boost 变换器衍变出来的。本书只简单介绍下 Buck-Boost 变换器的基本原理，其他形式的变换器可以参考开关电源相关专业书籍。

3.3.1　工作过程

为了获得开关变换器的基本工作特性，简化分析，假定的理想条件与 Buck 变换器假定理想条件相同。对变换器开关管 VT 加控制信号 U_G，开关周期为 T_s，且有 $t_{off}=T_s-t_{on}=(1-D_1)T_s$。在图 3-14 中，当 U_G 大于零时，开关管 VT 导通，此时电流流向如图 3-15（a）所示。在时间 $0\sim t_{on}$ 阶段，电流 i_1 流过电感 L，在电感线圈未饱和前，电流线性增加，电感 L 开始储能。由于开关管 VT 导通，二极管阳极接 U_s 正极，二极管 VD 承受反向电压

而截止，因而电容不能通过开关管 VT 放电。

在图 3-14 中，当 U_G 小于零时，开关管 VT 截止，此时电流流向如图 3-15（b）所示。由于电感 L 中的电流 i_L 要保持不变，产生的电磁感应将改变电感线圈上的电感 L 两端的电压极性为上负下正。因此，二极管 VD 开始导通，由电感线圈上的电感 L 的磁能转化而成的电压 U_L 向负载 R 供电，同时给电容 C 充电储能，以备开关管 VT 再次导通时电容 C 将向负载 R 放电以维持 U_o 基本不变。可见，负载电压极性为上负下正，与电源电压极性相反，故该 Buck-Boost 变换器也被称为反号变换器。电路中的电流 i_L、i_1、i_2 都是脉动的，通过电容 C 的钳位和滤波作用，使得输出 U_o 接近于直流电压且保持 i_o 是连续的。

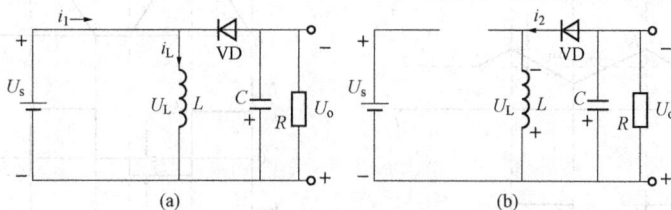

图 3-15 Buck-Boost 变换器的工作过程
(a) VT 导通时；(b) VT 截止时

3.3.2 工作原理

设开关管 VT 的开关周期 $T_s = t_{on} + t_{off}$，在每个周期中开关管 VT 导通时间为 $t_{on} = D_1 T_s$，其截止时间为 $t_{off} = D_2 T_s$。根据在周期初始时电感中电流 i_L 是否是从零开始，Buck-Boost 变换器也有电感电流连续（CCM）和电感电流断流（DCM）这两种可能的运行模式。首先看电感电流始终处于连续的工作模式，其电压电流波形如图 3-16（a）所示。

稳态时，无论电感 L 中的电流是否是连续的，一个周期内电感 L 两端电压 U_L 对时间的积分都应该为零，即有 $\int_0^{T_s} U_L dt = 0$。当开关 VT 导通时，$U_L = U_s$；当开关管处于截止期时，$U_L = -U_o$。于是有：$U_s D_1 T_s = U_o D_2 T_s$。所以电压增益为

$$M = U_o/U_s = D_1/D_2 \tag{3-34}$$

通过改变占空比 D_1，可以控制 Buck-Boost 变换器的电压增益 M，即输出电压 U_o 既可以比电源电压 U_s 高也可以比电源电压低。当占空比小于 50% 时为降压，当占空比大于 50% 时为升压，因此将该变换器也称作升压—降压变换器。Buck-Boost 变换器输出增益可调范围很广，即可以大于 1，也可以小于 1，这使其实际电路变得更复杂。

若此电路在转换中没有能量损耗，即 $U_o I_o = U_s I_s$，则有

$$\frac{U_o}{U_s} = \frac{I_s}{I_o} = M \tag{3-35}$$

若该电路中电感 L 电流始终处于连续状态，$D_1 + D_2 = 1$，则有

$$\frac{I_o}{I_s} = \frac{1 - D_1}{D_1} \tag{3-36}$$

另外，在连续工作模式下，外部控制信号 U_G 的占空比决定了 D_1 和 D_2 的值。如图 3-16（b）所示，在断流工作模式下，$D_1 T_s$ 为开关管 VT 导通的时间，$D_2 T_s$ 二极管 VD 导通的时间，余下的时间 $T_s - D_1 T_s - D_2 T_s = D_3 T_s$ 为开关管和二极管都处于截止状态的时

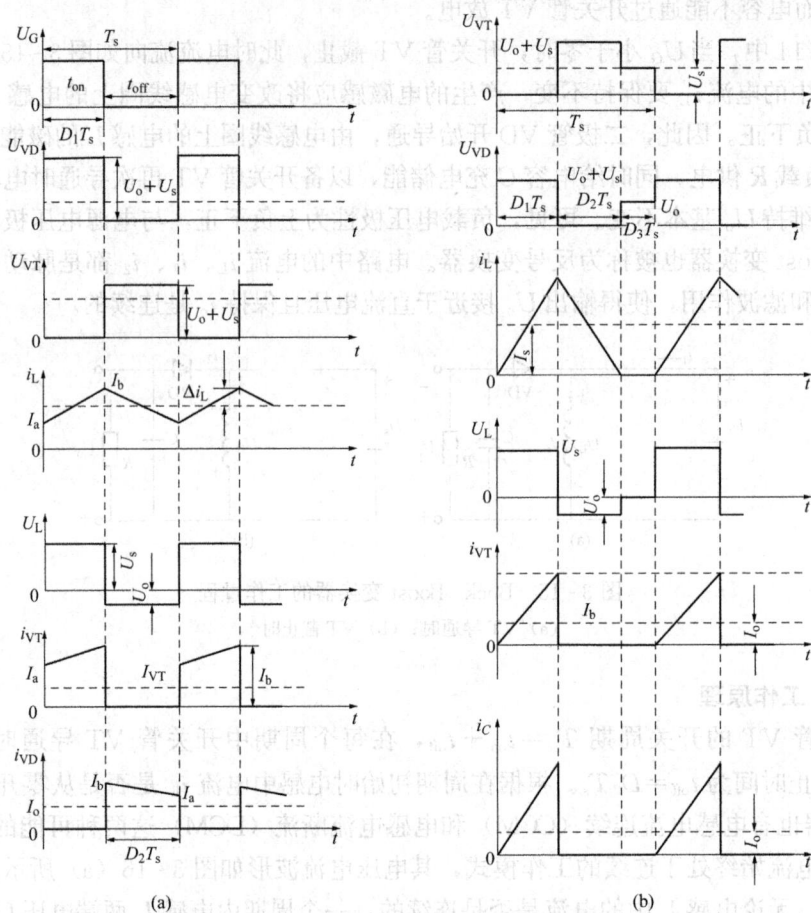

图 3-16　Buck-Boost 变换器的电压电流波形
(a) 连续模式下的电压电流波形；(b) 断流模式下的电压电流波形

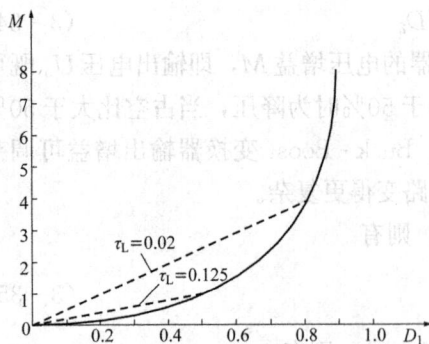

图 3-17　Buck-Boost 变换器中
$M=f(D_1)$ 关系曲线

间，而其中 D_2 的值则取决于电路参数

$$D_2^2 = 2L/RT_s = 2\tau_L \qquad (3-37)$$

由式（3-34）和式（3-37）可得

$$M = U_o/U_s = D_1/\sqrt{2\tau_L} \qquad (3-38)$$

将式（3-38）中 τ_L 作为参变量，可得到 $M=f(D_1)$ 关系曲线如图 3-17 所示。

另外，由式（3-37）和 $D_1+D_2=1$ 可得连续工作模式和断流工作模式之间的临界条件为

$$\tau_L = D_2^2/2 = (1-D_1)^2/2 \qquad (3-39)$$

进而有

$$\tau_L = \frac{1}{2(1+M)^2} \qquad (3-40)$$

3.4　DC/DC 开关变换器分类简述

DC/DC 开关变换器按输入与输出之间是否有电气隔离可以分为两类：一类是有隔离的，称为隔离式 DC/DC 变换器；另一类是没有隔离的，称为非隔离式 DC/DC 变换器。3.1～3.3 介绍的三种基本变换器都是非隔离式的，也就是说，输入的电源和输出的电源是共地的。

隔离式 DC/DC 变换器可以按有源功率器件的个数来分类，分为单管、双管和四管三类。单管 DC/DC 变换器有正激式（Forward）和反激式（Flyback）两种。双管 DC/DC 变换器有双管正激式（Double Transistor Forward Converter）、双管反激式（Double Transistor Flyback Converter）、推挽式（Push - Pull Converter）和半桥式（Half - Bridge Converter）四种。四管 DC/DC 变换器就是全桥 DC/DC 变换器（Full - Bridge Converter）。

非隔离式 DC/DC 变换器，按有源功率器件的个数分类，也可以分为单管、双管和四管三类。单管 DC/DC 变换器共有 Buck 变换器、Boost 变换器、Buck - Boost 变换器、Cuk 变换器、Zeta 变换器和 SEPIC 变换器六种。在这六种单管 DC/DC 变换器中，Buck、Boost 变换器是最基本的变换器，Buck - Boost、Cuk、Zeta、SEPIC 式 DC/DC 变换器都是由这两种衍生出来的。双管 DC/DC 变换器有双管串接的 Buck - Boost 变换器。四管 DC/DC 变换器常用的是全桥 DC/DC 变换器（Full - Bridge Converter）。

隔离式 DC/DC 变换器，通常采用变压器实现输出与输入电气隔离，由于变压器具有变压的功能，有利于扩大变换器的输出应用范围，也便于实现不同电压的多路输出，或相同电压的多种输出。

在功率开关管的电压和电流定额相同时，变换器的输出功率通常与所用开关管的数量成正比，开关管数量越多，DC/DC 变换器的输出功率越大，四管式比两管式输出功率大一倍，单管式输出功率只有四管式的 1/4。非隔离式变换器与隔离式变换器的组合，可以得到单个变换器所不具备的一些特性。

DC/DC 变换器按功率的传输方向来分，有单向传输和双向传输两种。具有双向传输功能的 DC/DC 变换器，既可以从电源侧向负载侧传输功率，也可以从负载侧向电源侧传输功率。

DC/DC 变换器也可以分为自励式和他励式。变换器借助本身的正反馈信号实现开关管周期性开关的变换器，叫做自励式变换器，如 Royer 变换器就是一种典型的推挽自励式变换器。而它励式 DC/DC 变换器中的开关器件控制信号是由外部专门的控制电路产生的。

DC/DC 变换器按照开关管的开关条件，又可以分为硬开关（Hard Switching）和软开关（Soft Switching）两种。硬开关 DC/DC 变换器的开关器件是在承受电压或流过电流的情况下开通或关断电路的，因此在开通或关断过程中将会产生较大的交叠损耗，即所谓的开关损耗（Switching Loss）。当变换器的工作状态一定时开关损耗也是一定的，而且开关频率越高，开关损耗越大，同时在开关过程中还会激起电路分布电感和寄生电容的振荡，带来附加损耗，因此，硬开关 DC/DC 变换器的开关频率不能太高。软开关 DC/DC 变换器的开关管，在开通或关断过程中，加于其上的电压为零，即零电压开关（Zero Voltage Switching，ZVS）；通过开关管的电流为零，即零电流开关（Zero Current Switching，ZCS）。这种软开关方式可以显著地降低开关损耗，以及开关过程中激起的振荡，使开关频率可以大幅度提高，为变换器的小型化和模块化创造了条件，可以根据不同的开关管类型进行选择。如功率有较高的开关速度，但同时也有较大的寄生电容。它关断时，在外电压的作用下，其寄生电容充满电，如果在其开通前不将这一部分电荷放掉，则将消耗于器件内部，这就是容性开通损耗。为了减小或消除这种损耗，功率场效应管宜采用零电压（ZVS）开通方式。绝缘栅双极性晶体管（Insulated Gate Bipolar Transistor，IGBT）是一种复合开关器件，关断时的电流拖尾会导致较大的关断损耗，如果在关断前使流过它的电流降到零，则可以显著地降低开关损耗，因此 IGBT 宜采用零电流开关（ZCS）关断方式。IGBT 在零电压条件下关断，同样也能降低关断损耗，但是 MOSFET 在零电流条件下开通时，并不能降低容性开通损耗。

DC/DC 开关变换器适用于全电压范围，输入输出不需要存在电压差，可以采用不同的电路拓扑实现不同的输出要求，而且电源转换效率高（一般在 90% 以上），还省掉了大体积的变压器，因此发热量小，电源的整体体积也小。变换器的调整管在饱和与截止状态之间反复切换，因此开关稳压电源输出的直流上面会叠加较大的纹波，在输出端并接稳压二极管可以改善；另外由于开关管的开关动作还会产生很大的尖峰脉冲干扰，也需要在电路中增加滤波电路加以改善。因此开关稳压电源电路因需要元器件多而显得较为复杂。相对而言，线性稳压电源（LDO）就没有以上缺陷，其输出电压调整率好，纹波也可以做得很小（5mV 以下），需要的外围元器件比较少，电路比较简单，成本低，可靠性高，易做成多路输出连续可调的电源，因此线性稳压电源常用于低压直流供电场合。线性稳压电源是通过改变晶体管的导通程度来改变和控制其输出的电压和电流，在线性稳压电源中晶体管相当于一个可变电阻，串接在供电回路中。由于可变电阻与负载流过相同的电流，因此要消耗掉大量的能量并导致升温，电压转换效率低，且输入电压要高过输出电压一定范围。线性稳压电源与开关稳压电源最本质的区别就在于它的功率器件调整管工作在线性区，靠调整管极间的电压降来稳定输出。由于调整管静态损耗大，因此通常需要安装一个大散热器给它散热。另外，由于线性稳压电源的变压器工作在工频 50Hz，需要大体积的工频变压器，当要制作多组电压输出时变压器会更庞大。因此，对电源效率和安装体积有要求的地方以使用开关稳压电源为佳。对电磁干扰和电源稳定性有要求的地方多选用线性稳压电源。另外当电路中需要隔离时，多数情况下都是使用 DC/DC 变换器来对隔离部分供电。

思考与复习

3-1　分析说明 DC/DC 开关基本变换器电路时的假设条件有哪些？

3-2　斩波器电路有哪几种常见的控制方式？

3-3　思考如何在两种基本变换器基础上衍变出 Boost-Buck 变换器？

3-4　简要说明"开关电源"名称的由来，并简述其主要类别。

3-5　对比说明开关稳压电源和线性稳压电源各有什么特点？开关稳压电源与线性稳压电源的本质区别是什么？

第 4 章　逆　变　电　源

　　将直流电转变成交流电，这种相对于整流的逆向过程即称为逆变。逆变电源，也称电源逆变器（Power Inverter），是把直流电转变成交流电的装置，它输出的交流电可用于各类常用设备或供给电网，能最大限度地满足移动供电场所或无电地区用户对交流电源的需要。譬如，当使用干电池、蓄电池、太阳能电池等直流电源向只能使用市电的用电设备供电时，就需要使用逆变电源将低压的直流电源转变成 220V 工频交流电源；此外，光伏发电并网、UPS 不间断电源、交流电动机调速用的变频器等电力电子装置的核心部分也都是逆变电路。逆变电源作为一种把直流电转变成交流电的装置，由于一般情况下并没有公用的直流电源，所以实际上经常需要整流器与逆变器配合使用。而且，在很多情况下整流和逆变也有着密切的联系，如三相全控式电路有时既能做整流电路，又能做逆变电路。

　　下面以单相桥式逆变电路为例讲述逆变电路的基本原理。如图 4-1（a）所示，S1～S4 是桥式电路的 4 个桥臂，假设均为理想开关器件。当 S1、S4 闭合，S2、S3 断开时，负载 R_L 两端电压 u_o 为正；当 S1、S4 断开，S2、S3 闭合时，u_o 为负，如此即把直流电变成了交流电。改变两组开关切换频率，可以改变输出交流电频率。当负载 R_L 为纯阻性负载时，负载电流 i_o 和 u_o 的波形相同，相位也相同。但若负载 R_L 为感性负载时，i_o 相位滞后于 u_o，波形也不同，波形将可能变成如图 4-1（b）所示。假设 t_1 时刻前 S1、S4 导通，u_o 和 i_o 均为正；在 t_1 时刻断开 S1、S4，同时合上 S2、S3，则 u_o 变负，但因为负载具有感性，i_o 不能立刻反向而会继续维持原方向一段时间；此时 i_o 相当于从电源负极流出，经 S2、R_L 和 S3 流回正极，负载中存储的能量向直流电源反馈，且 i_o 逐渐减小，到 t_2 时刻方降为零，之后 i_o 才反向并增大。接着，S1、S4 闭合，S2、S3 断开时又将重复上述过程。通过某些电路设计方法或开关控制方式，还可以把输出电压 u_o 变成接近标准正弦的波形。

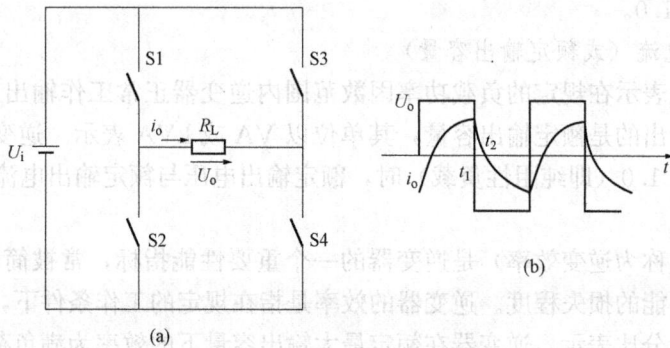

图 4-1　单相桥式逆变电路及其波形
（a）单相桥式逆变电路；（b）该电路的输出电压的波形

4.1　逆变器的类型和性能指标

逆变器的种类很多，可按照不同的方法进行分类。按照逆变器输出电能的去向来分类，可分为有源逆变器和无源逆变器：将输出的电能向交流电网输送的逆变器，称为有源逆变器；将输出的电能向某种交流用电负载输送的逆变器称为无源逆变器。若根据直流电源的特性来分类，可分为电压型逆变器和电流型逆变器。若根据逆变器主电路结构来分类，可分为单端逆变器、半桥逆变器、全桥逆变器和推挽逆变器。若根据逆变器输出相数来分类，可分为单相逆变器、三相逆变器、多相逆变器。若根据逆变器的输出波形来分类，还可分为方形逆变器、阶梯波逆变器、正弦逆变器。此外，还有一些其他分类方法，在此未能全部罗列。

根据实际应用需求，逆变器的主要技术性能指标介绍如下。

1. 额定输出电压

在规定的输入直流电压允许的波动范围内，它表示逆变器应能输出的额定电压值。对输出额定电压值的稳定准确度一般有如下规定：①在稳态运行时，输出电压应该在一定的偏差范围内波动，如偏差不超过额定值的±3%或±5%；②在负载突变（如从额定负载的0跳变至50%再跳变至100%）或有其他干扰因素影响的动态情况下，逆变器的输出电压偏差不应超过其额定值的±8%或±10%。

2. 输出电压的波形失真度

当逆变器输出电压为正弦波时，应规定其允许的最大波形失真度（或谐波含量）。通常以输出电压的总波形失真度来代表该项性能指标，其值不应超过5%（单相输出允许10%）。

3. 额定输出频率

逆变器输出交流电压的频率应是一个相对稳定的值，通常为工频50Hz，但有些逆变电路也被设计成输出其他频率的交流波形。正常工作条件下其输出频率偏差应在±1%以内。

4. 负载功率因数

负载功率因数表征逆变器带感性负载或容性负载的能力。在正弦波条件下，负载功率因数推荐值为0.7~1.0。

5. 额定输出电流（或额定输出容量）

额定输出电流表示在规定的负载功率因数范围内逆变器正常工作输出的最大稳定电流。有些逆变器产品给出的是额定输出容量，其单位以VA或kVA表示。逆变器的额定容量是当输出功率因数为1.0（即纯阻性负载）时，额定输出电压与额定输出电流的乘积。

6. 转换效率

转换效率（或称为逆变效率）是逆变器的一个重要性能指标，常被简称为"效率"，它衡量逆变过程中电能的损失程度。逆变器的效率是指在规定的工作条件下，其输出功率对输入功率之比，以百分比表示。逆变器在额定最大输出容量下的效率为满负荷效率。

7. 保护

逆变器应有短路保护、欠电压保护、过电压保护、过电流保护、过热保护及缺相保护等保护措施。①过电压保护。对于没有电压稳定措施的逆变器，应有输出过电压防护措施，以使负载免受输出过电压的损害；②过电流保护。逆变器的过电流保护，应能保证在负载发生短路或电流超过允许值时及时动作，使其免受浪涌电流的损伤。

8. 噪声

电力电子设备中的变压器、电感、电磁机械开关及风扇等部件均会产生噪声。逆变器在正常工作时,其噪声应不超过 80dB,小型逆变器的噪声应不超过 65dB。

逆变器的主要性能指标除了以上所列指标外,还应包括使用环境条件、可靠性指标、逆变器输入直流电流中交流分量的数值和脉动频率、电磁干扰(EMI)及电磁兼容性(EMC)等。

4.2 逆变电路换流方式

换流是指电流从一个支路向另外一个支路转移的过程,也常被称为换相。如在图 4 - 1 所示的逆变电路中,在 t_1 时刻电流出现从 S1 到 S2,以及从 S4 到 S3 的转移过程即为换流。若电流不是从一个支路向另外一个支路转移,而是在支路内部终止流通而变为零,则称为熄灭。在换流过程中,有的支路要从通态转为断态,有的支路则要从断态转为通态。研究换流方式主要是研究如何控制开关器件来实现支路实现通态和断态之间的相互转换。各种开关器件的导通控制方式都基本相同,而不同的器件关断方式则可能并不相同,如全控型器件可通过门极的控制而直接关断,而半控型器件如晶闸管(Thyristor)则必须利用外部条件才能关断,即需在晶闸管电流过零后施加一定时间反向电压才能关断。因此,可进一步说,研究换流方式主要就是研究如何使开关器件关断。常见的换流方式主要有以下 4 种。

(1)器件换流(Device Commutation)。器件换流一般是指利用全控型器件的自关断能力进行换流。在采用门极可关断晶闸管(GTO)、电力晶体管(GTR)、金属氧化物半导体场效应晶体管(MOSFET)、绝缘栅双极晶体管(IGBT)等全控型器件的逆变电路中,其换流方式即为器件换流。器件换流只适用于全控型器件,而其他三种换流方式主要是应用半控型晶闸管。

(2)强迫换流(Forced Commutation)。设置附加的换流电路,给欲关断的晶闸管强迫施加反向电压或反向电流的换流方式称为强迫换流。通常可利用附加电容上所存储的能量产生的一个短暂的换流脉冲,使原来导通的晶闸管电流下降到零,再使它承受一段时间的反向电压,便可关断晶闸管以实现强迫换流,因此这种换流方式也可称作电容换流。另外,还常把由电容直接提供换流电压的方式称为直接耦合式强迫换流,把通过电容和电感的耦合来提供换流电压或换流电流的方式称为电感耦合式强迫换流。

直接耦合式强迫换流方式中是由换流电路内的电容提供换流电压。在图 4 - 2 的示例电路中,负载 R_L 的电阻值远小于 R,起初晶闸管 VT1 处于导通状态,先给电容 C 充电,充电一段时间后,电容 C 的极性为左正右负,其状态如图 4 - 2(a)所示。换流时,VT2 变为导通状态,那么 VT1 立刻承受反向电压而迅速关断,电容 C 经过电源 U_d 及 VT2 向负载 R_L 放电,直到 u_c 电压为零。接着,电源 U_d 通过 VT2 和负载 R_L 对电容进行反向充电,电容 C 的极性变为左负右正,其状态如图 4 - 2(b)所示。此后,如果再控制晶闸管 VT1 变成导通状态,则电容 C 的电压 u_c 将反向施加到 VT2 上使其关断,进入到了 VT1 稳定导通的下一个周期。像这种由于施加反向电压而使晶闸管关断的换流方式叫电压换流。

电感耦合式强迫换流(如图 4 - 3 所示)有以下两种:①如图 4 - 3(a)中所示,晶闸管在 LC 振荡第一个半周期内关断;②图 4 - 3(b)中所示,晶闸管在 LC 振荡第二个半周期内

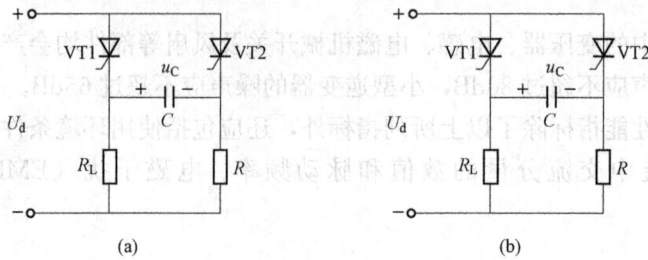

图 4-2　直接耦合式强迫换流示意图
(a) VT1 处于导通状态；(b) VT2 处于导通状态

关断。即在晶闸管导通期间，图 4-3 (a)、(b) 这两幅图中电容两端电压极性是不同的。在这两种情况下，电流时晶闸管都是在正向电流降至零且二极管开始流过电流时关断。二极管的管压降就是加在晶闸管上的反向电压。像这种先使晶闸管电流减为零，然后通过反向并联二极管使其加上反向电压的换流方式叫电流换流。

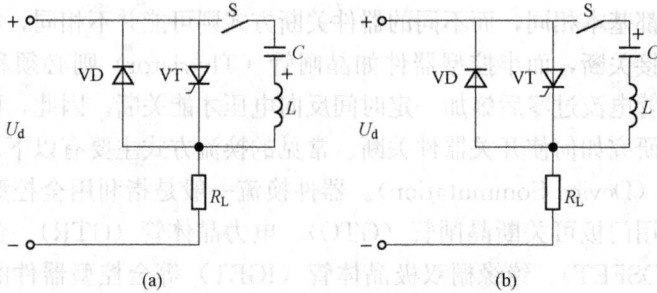

图 4-3　电感耦合式强迫换流示意图
(a) 电容 C 下端为正极；(b) 电容 C 上端为正极

(3) 电网换流 (Line Commutation)。由电网提供换流电压称为电网换流。由于电网电压会自动过零并变负，在换流时只要把负的电网电压加在欲换流的器件上即可，也就是说只有当电源电压高于电网电压时才能实现电能的输出，实现换流。这种换流方式不需要器件就具有门极可关断能力，也不需要为换流附加任何换流回路，可用于整流器、有源逆变和交流—交流变换器中，但是不适合没有交流电网的无源逆变器和直流—直流变换器。

(4) 负载换流 (Load Commutation)。由负载提供换流电压称为负载换流。凡是负载为电容性负载即负载电流超前于负载电压时就可以实现负载换流。如图 4-4 (a) 所示，该电路四个桥臂器件均是晶闸管，负载为电阻电感串联后再与电容并联，假设该负载工作在并联谐振状态而略显容性。其实，负载中的电容也正是为了改善负载功率因素使其略呈容性而加入的。另外，在直流侧串入一个大电感 L_d 进行稳流使得 i_d 基本上没有脉动。该电路工作波形如图 4-4 (b) 所示。由于直流电流基本保持不变，4 个桥臂的切换仅使电流路径改变，负载电流基本呈矩形波；负载电路工作在谐振的状态，对基波阻抗很大，对谐波阻抗很小，u_o 波形接近于正弦。设在 t_1 时刻前：VT1、VT4 处于导通状态，VT2、VT3 处于关断状态，u_o、i_o 均为正，VT2、VT3 电压即为 u_o；在 t_1 时刻，控制 VT2、VT3 导通，u_o 加到 VT1、VT4 上使其承受反向电压而关断，电流从 VT1、VT4 换到 VT2、VT3；t_1 这一时刻的控制非常关键，它必须发生在 u_o 反向跌落到零电平之前并留有足够时间裕量，才能使换流顺利完成。接着从 VT2、VT3 导通切换到 VT1、VT4 导通的换流过程和上述过程完全相同。

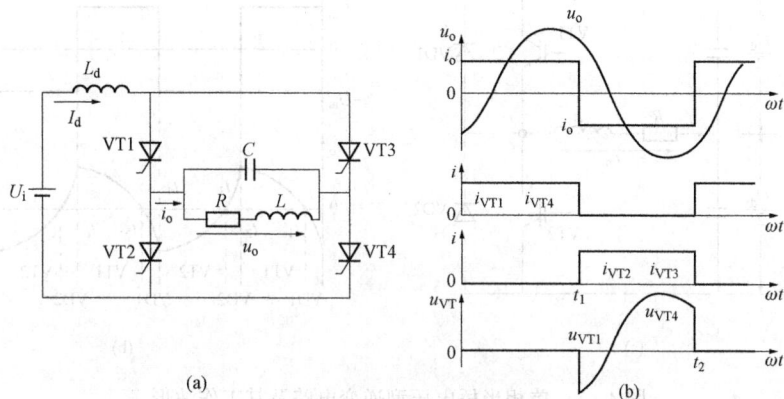

图 4-4　负载换流电路及其工作波形

(a) 负载换流电路；(b) 该电路的工作波形

在上述四种换流方式中，器件换流方式只能使用全控型开关器件，其他三种方式则主要是使用晶闸管。器件换流和强迫换流属于自换流，不依靠外部手段即可实现换流；而电网换流和负载换流则需要借助外部手段（电网电压或负载电压）来实现换流，属于外部换流。

4.3　电压型逆变电路

逆变器根据直流侧电源性质的不同，可以分为电压型逆变器（Voltage Source Type Inverter，VSTI）和电流型逆变器（Current Source Type Inverter，CSTI）。逆变电路直流侧电源是电压源的称为电压型逆变电路。逆变电路中直流侧电源为电流源的称为电流型逆变电路。需要指出的是，在以整流器作为输入直流电源的逆变器中，由于整流器的输出一般接有很大的滤波电容，从逆变电路向直流电源看过去可以将其视作内阻很小的电压源。下面将分别介绍单相和三相电压型逆变电路的工作原理。

4.3.1　单相逆变电路原理

1. 单相半桥逆变电路

单相半桥逆变电路原理图如 4-5 (a) 所示，它有两个桥臂，每个桥臂由一个开关器件和一个二极管并联组成。且在直流侧接有两个相互串联的足够大的电容，两个电容的连接点便成为直流电源的中点。负载连接在直流电源中点和两个桥臂连接点之间。

设开关器件 VT1 和 VT2 的栅极信号在一个周期内各有半周正偏，半周反偏，且二者互补。输出电压 u_o 为矩形波，幅值为 $U_m=U_d/2$；i_o 波形随负载而异，图 4-5 (a) 中 R 为阻感性负载时，其输出电压、电流的波形如图 4-5 (b) 所示。设 t_2 时刻之前 VT1 为导通状态，VT2 为关断状态。t_2 时刻给 VT1 关断信号，同时给 VT2 导通信号，则 VT1 关断，但阻感性负载中电流 i_o 不能立即改变方向，于是 VD2 正向续流。当 t_3 时刻 i_o 降为零时，VT2 导通，VD2 反向截止，i_o 开始反向。同理，在 t_4 时刻给 VT2 关断信号，给 VT1 导通信号后，VD1 先是正向续流，然后在 t_5 时刻 VT1 才开始导通。各段时间内对应导通器件的名称标于图 4-5（b）的底部。

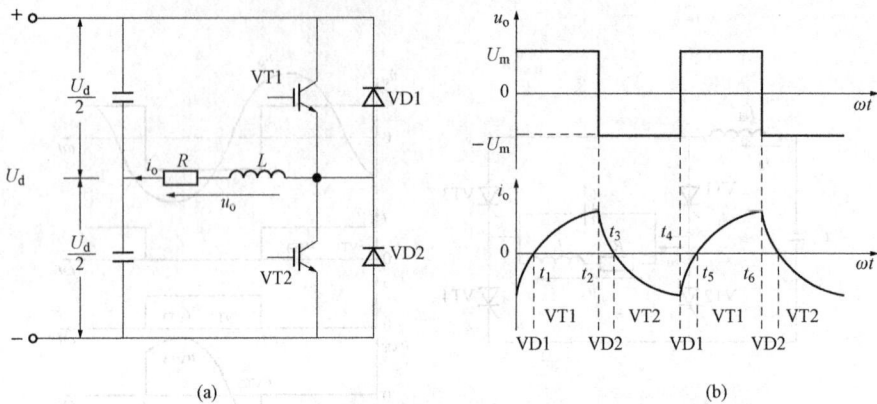

图 4-5　单相半桥电压型逆变电路及其工作波形
(a) 单相半桥电压型逆变电路；(b) 该电路的工作波形

当 VT1 或 VT2 导通时，负载电流和电压同方向，直流侧向负载提供能量；VD1 或 VD2 正向导通时，负载电流和电压反向，电感中的储能向直流侧反馈，即负载电感将其之前吸收的无功能量反馈回直流侧。反馈回的能量又将暂存在直流侧电容中，直流侧电容即以这种方式起着缓冲这种无功能量的作用。因为二极管 VD1、VD2 是负载向直流侧反馈能量的通道，故称为反馈二极管；又因为 VD1、VD2 同时起着使负载电流连续的作用，因此也称为续流二极管。

下面对单相半桥逆变电路中的输出电压波形做定量分析。其输出电压 u_o 可展开成傅里叶级数得

$$u_o = \frac{2U_d}{\pi}\left(\sin\omega t + \frac{1}{3}\sin3\omega t + \frac{1}{5}\sin5\omega t + \cdots\right) \tag{4-1}$$

基波幅值和基波的有效值分别为

$$U_{olm} = \frac{2U_d}{\pi} \approx 0.637U_d \tag{4-2}$$

$$U_{ol} = \frac{\sqrt{2}U_d}{\pi} \approx 0.45U_d \tag{4-3}$$

若单相半桥电压型逆变电路中的开关器件全是晶闸管，则必须附加强迫换流回路，该电路才能正常工作。半桥逆变电路的优点是结构简单、使用器件少。其缺点是输出交流电压的幅值仅为 $U_d/2$；直流侧需有两个串联的电容器，在工作中还需要使它们的电压均衡；为了使负载电压接近于正弦波通常要在输出端接上 LC 滤波电路以滤除逆变电路输出电压中的高次谐波。半桥逆变电路常用于几千瓦以下的小功率逆变电源。

2. 单相全桥逆变电路

全桥逆变电路是单相逆变电路中应用最多的逆变电路。全桥逆变电路可以看作是两个半桥逆变电路的组合，其结构图如 4-6（a）所示。全桥逆变电路共有 4 个桥臂，把桥臂 1 和 4 作为一对，桥臂 2 和 3 作为一对，两对桥臂交替各导通 180°。其输出电压 u_o 的波形 [如图 4-6（b）上图所示] 和图 4-5（b）中的半桥电路输出波形形状相同，也是矩形波，但

其幅值增加了一倍，即 $U_m = U_d$。在直流电压和负载都相同的情况下，其输出电流波形［如图 4 - 6（b）所示］也与图 4 - 5（b）中输出电流的波形相同，幅值也增加一倍。图 4 - 5（b）中 VD1、VT1 的导通区间分别对应于图 4 - 6（b）中 VD1 和 VD4、VT1 和 VT4 的导通区间，而图 4 - 5 中 VD2、VT2 的导通区间分别对于图 4 - 6 中 VD2 和 VD3、VT2 和 VT3 的导通区间。前面半桥逆变电路分析中关于无功能量的交换的分析也完全适用于单相全桥逆变电路。

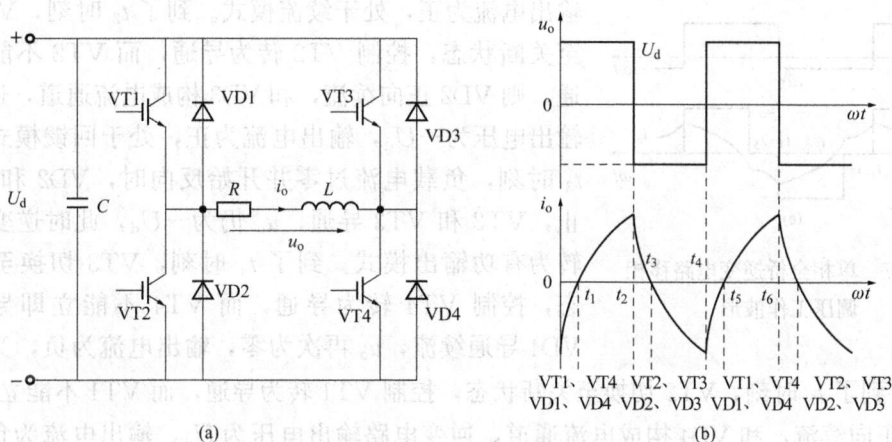

图 4 - 6 单相全桥逆变电路结构及其工作波形
(a) 单相全桥逆变电路结构；(b) 该电路结构的工作波形

下面对单相全桥逆变电路中的输出电压波形做定量分析。把幅值为 U_d 的矩形波 u_o 展开成傅里叶级数得

$$u_o = \frac{4U_d}{\pi}\left(\sin\omega t + \frac{1}{3}\sin3\omega t + \frac{1}{5}\sin5\omega t + \cdots\right) \tag{4 - 4}$$

基波幅值和基波的有效值分别为

$$U_{olm} = \frac{4U_d}{\pi} \approx 1.27U_d \tag{4 - 5}$$

$$U_{ol} = \frac{2\sqrt{2}U_d}{\pi} \approx 0.9U_d \tag{4 - 6}$$

上面分析的是 u_o 正负电压各为 180°的情况。在这种情况下，改变输出交流电压的有效值只能通过改变直流电压 U_d 来实现。当输出端连接的是如图 4 - 6（a）中的阻感负载时，还可以通过移相的方式来调节逆变电路的输出电压，这种方式称为移相调压。移相调压实际上就是调节输出电压脉冲的宽度，接下来将对调压原理进行说明。在图 4 - 6（a）中，若可控器件 VT1、VT2、VT3、VT4 都选用绝缘栅双极型晶体管 IGBT 器件，它们的栅极信号都各自交替正偏 180°后再反偏 180°，并且 VT1 和 VT2 的栅极信号互补，VT3 和 VT4 的栅极信号互补。但 VT3 的栅极信号并不是比 VT1 落后 180°，而是只落后 θ（$0 < \theta < 180°$），也就是说，VT3、VT4 的栅极信号并不是分别与 VT2、VT1 的栅极信号同相位，而是前移了（$180° - \theta$），四个 IGBT 器件的栅极信号 $u_{G1} \sim u_{G4}$ 如图 4 - 7 中（a）、（b）、（c）、（d）所示。据此分析，输出电压 u_o 将不再是正负各为 180°的脉冲，而是正负各为 θ 的脉冲，输出电压 u_o、输出电流 i_o 的波形如图 4 - 7（e）所示。

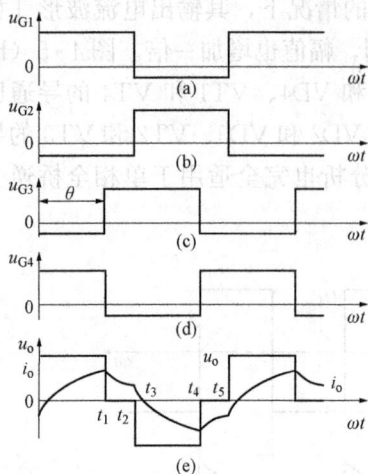

图 4-7 单相全桥逆变电路移相
调压工作波形

设在 t_1 时刻前，VT1 和 VT4 导通，VT2 和 VT3 关断，输出电压 u_o 为 U_d，此时逆变电路输出电压与输出电流均为正，处于有功输出模式。到了 t_1 时刻，VT4 切换至关断状态，控制 VT3 转为导通，因负载电感中的电流 i_o 不能突变，VT3 不能立即导通，则 VD3 正向续流；因为 VT1 和 VD3 同时导通，所以逆变电路输出电压为零，输出电流为正，处于续流模式。到了 t_2 时刻，VT1 切换至关断状态，控制 VT2 转为导通，而 VT2 不能立即导通，则 VD2 正向续流，和 VD3 构成电流通道，逆变电路输出电压为 $-U_d$，输出电流为正，处于回馈模式。到了 t_3 时刻，负载电流过零并开始反向时，VD2 和 VD3 截止，VT2 和 VT3 导通，u_o 仍为 $-U_d$，此时逆变电路又转为有功输出模式。到了 t_4 时刻，VT3 切换至关断状态，控制 VT4 转为导通，而 VT4 不能立即导通，则 VD4 导通续流，u_o 再次为零，输出电流为负，又处于续流模式。到了 t_5 时刻，VT2 切换至关断状态，控制 VT1 转为导通，而 VT1 不能立即导通，则 VD1 正向续流，和 VD4 构成电流通道，逆变电路输出电压为 U_d，输出电流为负，又处于回馈模式。后续的过程将重复上述过程继续进行。这样，输出电压的正负脉冲宽度就各为 θ。改变 θ，就可以调节输出电压。实际上，这种情况下把输出电压 u_o 展开成傅里叶级数得

$$u_o = \frac{4U_d}{\pi} \sum_{n=1,3,5,\cdots} \frac{(-1)^{\frac{n-1}{2}}}{n} \sin\frac{n\theta}{2} \sin n\omega t \qquad (4-7)$$

基波幅值和基波的有效值分别为

$$U_{o1m} = \frac{4U_d}{\pi} \sin\frac{\theta}{2} \qquad (4-8)$$

$$U_{o1} = \frac{2\sqrt{2}U_d}{\pi} \sin\frac{\theta}{2} \qquad (4-9)$$

以上分析了输出端连接阻感性负载的情况，而当输出端连接的是纯电阻负载时，采用上述移相方法也可以得到调节输出电压的效果，只是在逆变电路工作时 VD1、VD2、VD3、VD4 这四个二极管均不会导通，不再起续流作用。在 u_o 为零期间，四个桥臂均不导通，负载中也没有电流。

另外，需要指出的是，由于绝大多数实际应用中，输出端所连接并非纯阻性负载，因此上述移相调压方式并不适用于半桥逆变电路。但是当负载是纯阻性时，亦可通过调整正负脉冲宽度的方法来改变半桥逆变电路的输出电压的有效值。

4.3.2 三相电压型逆变电路原理

三相交流负载需要三相逆变电源为其供电，三相电压型逆变器有两种主要电路结构。一种三相电压型逆变器是由三个单相逆变器组成，每个单相逆变器可以是前述的半桥式或是全桥式电压型逆变电路，三个单相逆变器各自独立控制使其保持输出电压幅值大小相等并相位互差 180°。另外一种是应用更广泛的三相桥式逆变电路，它可以看作是三个单相半桥式逆变电路的组合，其原理示意如图 4-8 所示。

图 4-8 中电路的直流侧通常只需要一个电容器就可以，但是为了便于阐释原理，将其看作串联的两个电容器 C_1 和 C_2，可将其连接点 N' 视为直流电源的假想中点。为了简化原理分析，假设逆变电路输出端负载为三相对称负载。三相电压型逆变电路的基本工作方式与单相半桥、全桥逆变电路一致，也是轮流 180° 循环导电方式，即每个桥臂的导电角度皆为 180°，同一桥臂中上下两个桥臂交替导电（例如：桥臂 1 和桥臂 4，桥臂 2 和

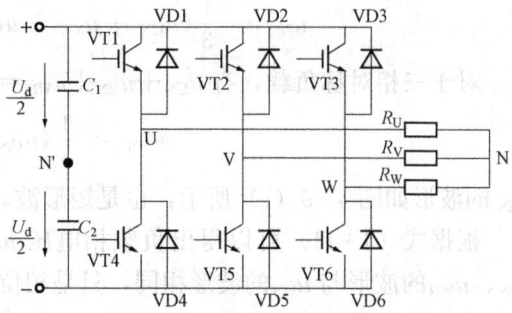

图 4-8 三相桥式逆变电路原理示意图

桥臂 5，桥臂 3 和桥臂 6，桥臂编号与开关器件编号一致），各相开始导电的角度依次相差 120°。因此，在任一瞬间将有三个桥臂同时导通。可能是上面一个桥臂和下面两个桥臂同时导通，也可能是上面两个桥臂和下面一个桥臂同时导通。需要指出的是，为了防止同一相的上下两个桥臂同时导通而引起直流侧电源的短路，要采取"先断后通"的方法，即先给应该关断的器件关断信号，待其关断后留一定的延迟时间，然后再给应该导通的器件导通信号，必须要保证关断与导通这两个操作之间存在一定的"互锁"时隙。其长短要视开关器件的开关速度而定，开关速度越快，所留的"互锁"时隙就可以越短。这种"先断后通"的方法在其他各种交替通断互补电路中都有应用，如在前面介绍的单相半桥和全桥逆变电路中也必须采用这种方法以防止直流侧短路的发生。

接下来分析三相电压型桥式逆变电路的工作波形。对于 U 相输出端来说，桥臂 1 导通时 $u_{UN'} = U_d/2$，当桥臂 4 导通时，$u_{UN'} = -U_d/2$。因此，$u_{UN'}$ 的波形是幅值为 $U_d/2$ 的矩形波。V、W 两相的情况与 U 相类似，$u_{VN'}$、$u_{WN'}$ 的波形与 $u_{UN'}$ 相同，只是相位依次相差 120°。$u_{UN'}$、$u_{VN'}$、$u_{WN'}$ 的波形分别如图 4-9（a）、（b）、（c）所示。

负载的线电压 u_{UV}, u_{VW}、u_{WU} 为

$$\left. \begin{array}{l} u_{UV} = u_{UN'} - u_{VN'} \\ u_{VW} = u_{VN'} - u_{WN'} \\ u_{WU} = u_{WN'} - u_{UN'} \end{array} \right\} \quad (4-10)$$

负载的各相相电压 u_{UN}、u_{VN}、u_{WN} 为

$$\left. \begin{array}{l} u_{UN} = u_{UN'} - u_{NN'} \\ u_{VN} = u_{VN'} - u_{NN'} \\ u_{WN} = u_{WN'} - u_{NN'} \end{array} \right\} \quad (4-11)$$

由式（4-11）可得负载中点和电源中点间电压 $u_{NN'}$ 为

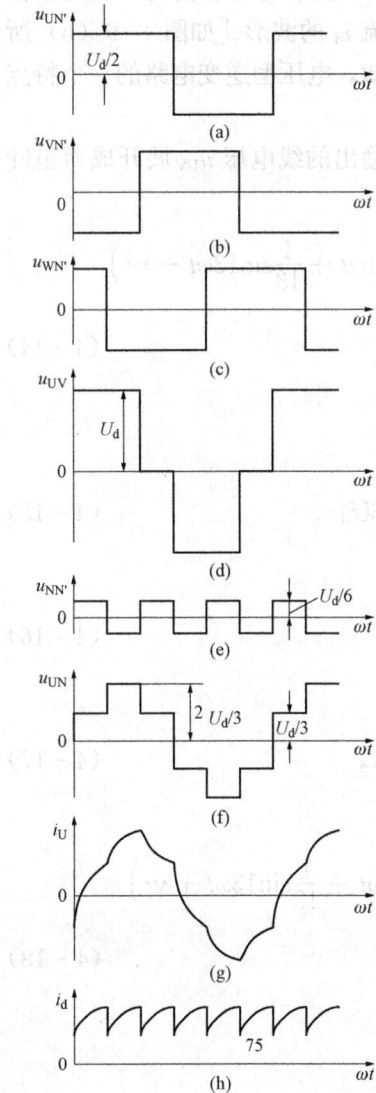

图 4-9 三相电压型逆变电路的工作波形

$$u_{\text{NN}'} = \frac{1}{3}(u_{\text{UN}'} + u_{\text{VN}'} + u_{\text{WN}'}) - \frac{1}{3}(u_{\text{UN}} + u_{\text{VN}} + u_{\text{WN}}) \tag{4-12}$$

对于三相对称负载，有 $u_{\text{UN}} + u_{\text{VN}} + u_{\text{WN}} = 0$，故可得

$$u_{\text{NN}'} = \frac{1}{3}(u_{\text{UN}'} + u_{\text{VN}'} + u_{\text{WN}'}) \tag{4-13}$$

$u_{\text{NN}'}$ 的波形如图 4-9（e）所示，也是矩形波，但其频率为 $u_{\text{NN}'}$ 频率的 3 倍，幅值为其 1/3。

根据式（4-11）可以得出负载相电压 u_{UN} 的波形图如图 4-9（f）所示。负载相电压 u_{VN}、u_{WN} 的波形与 u_{UN} 的波形相同，只是相位依次相差 120°，在此不再画出。

当负载参数已知时，即可由 u_{UN}、u_{VN}、u_{WN} 的波形得到 U、V、W 相的相电流。各相电流的波形形状和相位都会随负载阻抗角的不同而有所不同。图 4-9（g）绘出的是 U 相为阻感负载且其阻抗角小于 60°时 i_{U} 的波形示例图。i_{V}、i_{W} 的波形与 i_{U} 的波形相同，只是相位依次相差 120°。把桥臂 1、2、3 的电流相加可得到直流侧电流 i_d 的波形［如图 4-9（h）所示］，i_d 每 60°脉动一次，而直流侧电压基本无脉动。由此可知，电压型逆变电路的一个特点是：逆变器从交流侧向直流侧传送的功率是脉动的。

下面再对三相桥式逆变电路的输出电压做定量分析。把输出的线电压 u_{UV} 展开成傅里叶级数可得

$$\begin{aligned} u_{\text{UV}} &= \frac{2\sqrt{3}U_d}{\pi}\left(\sin\omega t - \frac{1}{5}\sin5\omega t - \frac{1}{7}\sin7\omega t + \frac{1}{11}\sin11\omega t + \frac{1}{13}\sin13\omega t - \cdots\right) \\ &= \frac{2\sqrt{3}U_d}{\pi}\left[\sin\omega t + \sum_{n=6k\pm1}\frac{1}{n}(-1)^k\sin n\omega t\right] \end{aligned} \tag{4-14}$$

式中：k 为自然数。

输出线电压 u_{UV} 的有效值 U_{UV} 为

$$U_{\text{UV}} = \sqrt{\frac{1}{2\pi}\int_0^{2\pi}u_{\text{UV}}^2\text{d}(\omega t)} \approx 0.816U_d \tag{4-15}$$

u_{UV} 的基波幅值 U_{UV1m} 为

$$U_{\text{UV1m}} = \frac{2\sqrt{3}U_d}{\pi} \approx 1.1U_d \tag{4-16}$$

u_{UV} 的基波有效值 U_{UV1} 为

$$U_{\text{UV1}} = \frac{U_{\text{UV1m}}}{\sqrt{2}} = \frac{\sqrt{6}}{\pi}U_d \approx 0.78U_d \tag{4-17}$$

同样把负载相电压 u_{UN} 展开成傅里叶级数可得

$$\begin{aligned} u_{\text{UN}} &= \frac{2U_d}{\pi}\left(\sin\omega t + \frac{1}{5}\sin5\omega t + \frac{1}{7}\sin7\omega t + \frac{1}{11}\sin11\omega t + \frac{1}{13}\sin13\omega t + \cdots\right) \\ &= \frac{2U_d}{\pi}\left(\sin\omega t + \sum_{n=6k\pm1}\frac{1}{n}\sin n\omega t\right) \end{aligned} \tag{4-18}$$

式中：k 为自然数。

负载相电压 u_{UN} 的有效值为

$$U_{\text{UN}} = \sqrt{\frac{1}{2\pi}\int_0^{2\pi}u_{\text{UN}}^2\text{d}(\omega t)} \approx 0.471U_d \tag{4-19}$$

u_{UN} 的基波幅值为

$$U_{\text{UN1m}} = \frac{2U_d}{\pi} \approx 0.637U_d \qquad (4-20)$$

u_{UN}的基波有效值为

$$U_{\text{UN1}} = \frac{U_{\text{UN1m}}}{\sqrt{2}} \frac{\sqrt{2}U_d}{\pi} \approx 0.45U_d \qquad (4-21)$$

4.3.3 电压型逆变电路的特点

从前面的分析可以看出，电压型逆变电路主要具有以下特点。

(1) 由于直流电压源的钳位作用，交流侧输出电压波形为矩形波，并且与负载阻抗角无关。而交流侧输出电流波形和相位因负载阻抗情况的不同而不同。

(2) 直流侧为电压源或并联大电容，相当于电压源，直流回路呈现低阻抗，且直流侧电压基本无脉动，因此输出电压平均值极性也不能转变，导致逆变输入端功率平均值恒大于零，即电能只能由直流侧经逆变电路输向负载而不能沿相反方向由负载反馈回电网，且直流侧向交流侧传送的功率是脉动的。

(3) 当交流侧为阻感负载时，逆变电路需提供无功功率，直流侧电容起缓冲无功能量的作用，但这样容易出现故障电流难以克制的问题。这是因为逆变输入端并联有大电容，当逆变侧短路时，大电容中电能将释放出来，将会形成浪涌短路电流。为了给交流侧向直流侧反馈无功能量提供通道，逆变桥各桥臂都要反向并联反馈二极管。

(4) 改变直流侧的电压可以改变输出交流电的电压幅值和有效值。通过改变开关器件同时导通和关断的时间可以改变输出交流电的频率。改变开关器件的导通顺序可以改变输出交流电的相序。

电压型逆变电路的典型应用领域有：①笼式交流电动机变频调速系统，由于逆变电路只具有单方向传递电能的功能，故比较适用于稳态运行、无需频繁起制动和加、减速的场合；②不间断电源，该电源在逆变输入端并接蓄电池，类似于电压源。

4.4 电流型逆变电路

直流电源为电流源的逆变电路称为电流型逆变电路。因为理想的直流电流源在实际逆变电路中并不常见，一般是在逆变电路直流侧串联一个大电感，由于大电感中的电流脉动很小，故可近似看作是直流电流源。电流型逆变器的特征是直流中间环节用电感作为储能元件，由于有大电感抑制电流，短路的危险性也比电压型逆变器小得多。电路对晶闸管关断时间的要求比电压型低，电路相对电压型也较简单，造价略低。电流型逆变器能量的再生运行非常方便，因此在大容量的逆变器中，电流型逆变器仍然占有一定市场。

接下来仍分为单相逆变电路和三相逆变电路来分别介绍逆变电源原理。与前述电压型逆变电路不同的是，前面所述的各种电压型逆变电路都采用全控型开关器件，换流方式为器件换流。而电流型逆变电路中，采用半控型器件晶闸管的电路仍比较常见，其换流方式采用负载换流或强迫换流。

4.4.1 单相电流型逆变电路

图 4-10 是一种单相桥式电流型逆变电路的原理图。逆变电路由四个桥臂组成，直流侧串联有大电感 L_d，因为大电感中的电流脉动很小，因而可以近似看作是直流电流源，从而

构成电流源逆变器。由于电流源的强制作用，电路中的电流不能反向流动，故其开关器件上并不需要反向并联二极管。其负载是由电感 L、电阻 R 和电容 C 构成的并联谐振电路，并联的电容 C 用于在换流时为感性负载电流提供通路和吸收负载电感的存储的能量，避免产生过电压损坏开关器件。因为是电流型逆变电路，故其输出的交流电流波形接近于矩形波，但其中还包含基波和各奇次谐波，且谐波幅值远小于基波。因 i_o 基波频率接近负载电路谐振频率，故负载电路对基波呈现高阻抗，而对谐波呈现低阻抗。谐波在负载电路上产生的压降很小，因此负载电压 u_o 的波形接近正弦波形。

接下来分析该单相桥式电流型（并联谐振式）逆变电路的工作原理，其工作波形如图 4-11 所示。在交流电流的一个周期内，有两个稳定导通阶段。当 VT2 和 VT3 关断且 VT1 和 VT4 处于稳定导通阶段时，负载电流 i_o 流通方向为从左至右，$i_o = I_d$，且几乎恒定不变。然后，VT1 和 VT4 关断，VT2 和 VT3 开始导通，负载电流 i_o 流通方向变为从右至左，$i_o = -I_d$，且几乎恒定不变。因此，输出电流 i_o 为与 I_d 同相位的矩形波。开关器件 VT1、VT4 和 VT2、VT3 都是在 u_o 的过零点进行开关转换的，所以开关的导通损耗和关断损耗都比较小。这种零电压开关（Zero Voltage Switch，ZVS）和零电流开关（Zero Current Switch，ZCS）方式非常适用于高频率的开关转换，它们对提高电源装置的效率和容量、降低其体积和成本都是非常有利的。

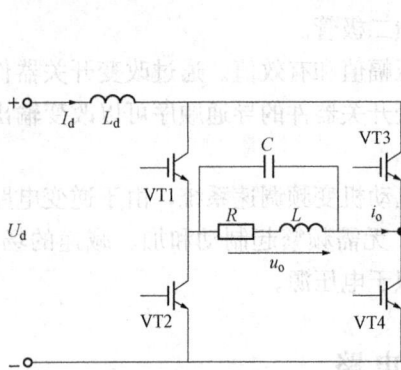

图 4-10 单相桥式电流型逆变电路　图 4-11 单相桥式电流型逆变电路工作波形

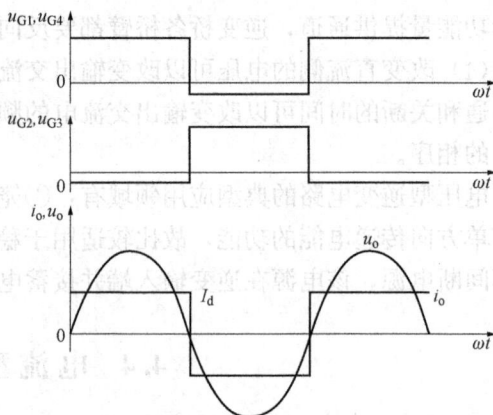

若忽略换流过程，i_o 可近似看作是矩形波，将其展开成傅里叶级数为

$$i_o = \frac{4I_d}{\pi}\left(\sin\omega t + \frac{1}{3}\sin3\omega t + \frac{1}{5}\sin5\omega t + \cdots\right) \qquad (4-22)$$

其基波幅值为

$$I_{o1m} = \frac{4I_d}{\pi} \approx 1.27I_d \qquad (4-23)$$

其基波电流有效值为

$$I_{o1} = \frac{4I_d}{\sqrt{2}\pi} \approx 0.9I_d \qquad (4-24)$$

若忽略 L_d 的损耗和晶闸管压降，负载电压有效值 U_o 和直流电源电压 U_d 的关系为

$$U_o = \frac{\pi U_d}{2\sqrt{2}\cos\varphi} \approx 1.11\frac{U_d}{\cos\varphi} \qquad (4-25)$$

式中：φ 表示负载的功率因数角。

为了保证电路正常工作，必须使工作频率能适应负载变换而自动调整。这种控制方式称为自励方式，即逆变电路的触发信号取自负载端，其工作频率受负载谐振频率的控制但需比后者高出一定的值。与自励方式相对应的，固定工作频率的控制方式称为他励方式。自励方式存在着启动的问题，因为在逆变电路尚未运行或刚开始运行时，负载端还没有产生输出，故无法取出信号。为了解决这一问题，一种方法是先采取他励方式，待逆变电路开始工作后再转入自励方式。另一种方法是附加预充电启动电路，即预先给电容器充电，启动时将电容能量释放到负载上，形成衰减振荡，检测出振荡信号后即可实现自励方式。并联谐振时，u_o 与 i_o 同相位，晶闸管 VT1 和 VT4、VT2 和 VT3 在 u_o 的零电压点进行导通与关断的切换，则开关器件产生的损耗最小，这对提高装置的效率有利。逆变器可以通过调节逆变频率使其略偏离谐振频率来控制其输出功率，还可以通过调节直流电流来控制其输出功率。

4.4.2 三相电流型逆变电路

如图 4-12 中所示的三相桥式逆变电路即为电流型逆变电路的一个典型例子。图中的可关断门控晶闸管（GTO）使用的是反向阻断型器件。该图中交流侧配置的三个电容是为了吸收换流时感性负载中存储的能量。其基本工作方式也是轮流 180° 循环导电方式。每个桥臂在一个桥周期内导电 120°，每一时刻上下桥臂组都各只有一个桥臂导通。换流时，是在上桥臂组 1、2、3 或下桥臂组 4、5、6 的组内依次换流，譬如这种方式也称为横向换流。该逆变电路的三相输出交流电流波形及线电压 u_{UV} 的波形如图 4-13 所示。逆变电路输出电流波形和负载性质无关，其波形应为正负脉冲各 120° 的矩形波，如图 4-13（a）、（b）、（c）所示。而输出的线电压波形和负载性质有关，图 4-13（d）中 u_{UV} 的波形大体为正弦波，但是叠加了一些由逆变器换流而产生的脉冲信号。

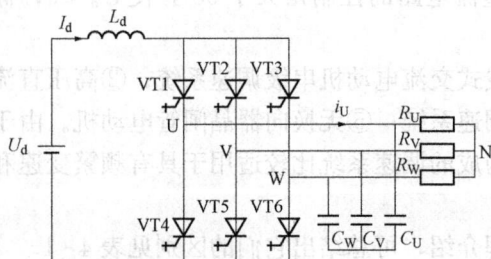

图 4-12　电流型三相桥式逆变电路　　　　图 4-13　电流型三相桥式逆变电路输出波形

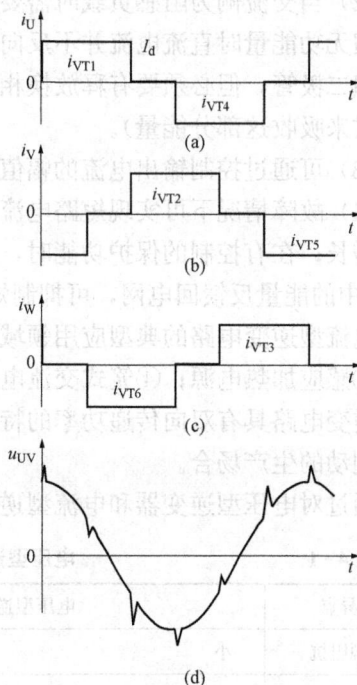

下面同样对电流三相桥式逆变电路的输出电流做定量分析。把输出的线电流 i_U 展开成傅里叶级数可得

$$i_U = \frac{2\sqrt{3}I_d}{\pi}\left(\sin\omega t - \frac{1}{5}\sin 5\omega t - \frac{1}{7}\sin 7\omega t + \frac{1}{11}\sin 11\omega t + \frac{1}{13}\sin 13\omega t - \cdots\right)$$

$$= \frac{2\sqrt{3}I_d}{\pi}\left[\sin\omega t + \sum_{n=6k\pm1}\frac{1}{n}(-1)^k\sin n\omega t\right] \tag{4-26}$$

式中：k 为自然数。

输出线电压 i_U 的有效值 I_U 为

$$I_U = \sqrt{\frac{1}{2\pi}\int_0^{2\pi}i_U^2\,d(\omega t)} \approx 0.816I_d \tag{4-27}$$

I_U 的基波幅值为

$$I_{U1m} = \frac{2\sqrt{3}I_d}{\pi} \approx 1.1I_d \tag{4-28}$$

I_U 的基波有效值为

$$I_{U1} = \frac{I_{U1m}}{\sqrt{2}} = \frac{\sqrt{6}}{\pi}I_d \approx 0.78I_d \tag{4-29}$$

4.4.3　电流型逆变电路的特点

从前面的分析可以看出，电流型逆变电路主要具有以下特点。

（1）电路中开关器件的作用仅是改变直流电流的流通路径，因此当负载功率因数变化时，交流侧输出电流的波形不变，即交流输出电流的波形与负载无关。而交流侧输出电压波形和相位则因负载阻抗情况的不同而不同，换相是在两个相邻相之间进行的。

（2）当交流侧为阻感负载时需要提供无功功率，直流侧电感起缓冲无功能量的作用。因为反馈无功能量时直流电流并不反向，因此不必像电压型逆变电路那样要给开关器件反向并联反馈二极管，但必须要有释放换相时存储在负载电感中能量的电路（通常采用并联电容器的方式来吸收这部分能量）。

（3）可通过控制输出电流的幅值和波形来控制其输出电流。

（4）故障情况下可实现短路电流抑制。由于 L_d 的存在，当逆变电路短路时可抑制 i_d 的迅速增长；在有控制的保护功能时，还可以使整流电路的控制角大于 90°，使 $U_d<0$，储存在 L_d 中的能量反馈回电网，可抑制短路电流。

电流型逆变电路的典型应用领域有：①绕线式交流电动机串级调速系统；②高压直流输电；③感应加热电源；④笼式交流电动机变频调速系统；⑤无换向器晶闸管电动机。由于电流型逆变电路具有双向传递功率的特点，由它构成的调速系统比较适用于具有频繁变速和启动、制动的生产场合。

通过对电压型逆变器和电流型逆变器的原理介绍，可总结出它们的区别见表 4-1。

表 4-1　　　　　　　　电压型逆变器与电流型逆变器的区别

差异点	电压型逆变器	电流型逆变器
电源阻抗	小	大
电源滤波方式	大电容滤波	大电感滤波

差异点	电压型逆变器	电流型逆变器
输出电压波形	矩形	由负载阻抗决定，一般接近正弦
输出电流波形	由负载阻抗决定，含高次谐波	矩形
负载无功功率	通过反馈二极管返回，由滤波电容提供缓冲	无须二极管，由滤波电感提供缓冲
再生运行	难，除非另一套逆变器	易，不需附加设备
适用场合	常作为稳频稳压电源，适合给不可逆电力拖动系统供电和多台电机协同调速且快速性要求不高的场合	适合给频繁加、减速，经常正反转的单机拖动系统供电

4.5　正弦脉冲宽度调制逆变电路

前面介绍的逆变电路输出的电压或电流的波形比较接近于矩形，其中含有大量的谐波成分。谐波（Harmonic Wave）从严格的意义来讲是指电压或电流的波形中所含有的频率为基波的整数倍的电量信号，一般是指对周期性的非正弦电量进行傅里叶级数分解，其余大于基波频率的电流产生的电量。从广义上讲，由于交流电网有效分量为工频单一频率，因此任何与工频频率不同的成分都可以称之为谐波。谐波对公用电力系统和用电设备的危害十分严重，它会使电能的生产、传输和利用的效率降低，使电气设备过热、产生振动和噪声，并使绝缘老化、使用寿命缩短，甚至发生故障或烧毁。谐波可引起电力系统局部并联谐振或串联谐振，使谐波含量放大，造成电容器等设备烧毁。谐波还会引起继电保护和自动装置误动作，使电能计量出现混乱。对于电力系统外部，谐波对其他通信设备和电子设备会产生严重干扰。因此，逆变器的输出电压一般希望为正弦波，谐波的含量越少越好，采用脉冲宽度调制（Pulse-Width Modulation，PWM）控制方式可以方便地达到这一目的。脉冲宽度调制技术是通过对输出电压或输出电流的一系列脉冲的宽度进行调制，使输出的电压或电流的大小和形状满足预定需求。脉冲宽度调制技术不仅大量应用在逆变电路中，而且广泛应用于开关型变换器等各种电力电子电路中。其实，在第 3 章中，通过保持开关周期 T_{S} 不变而调节开关导通时间 t_{on} 来改变输出平均电压的斩波器电路控制方式即为一种脉冲宽度调制方式。

首先来分析脉冲宽度调制控制技术的理论基础。根据采样控制理论中的一个重要结论：冲量（窄脉冲的面积）相等而形状不同的窄脉冲加在具有惯性的环节上时，其效果基本相同。效果基本相同是指环节的输出响应波形基本相同。如果输出波形用傅里叶变换进行分析，则可看出它们在低频段非常接近，仅在高频段略有差异。

如在图 4-14 中，（a）、（b）、（c）分别表示矩形窄脉冲、三角形窄脉冲、正弦窄脉冲，且它们的面积（冲量）都等于 1。当它们分别加在具有惯性的一阶惯性环节（如 $R-L$ 电路）上时，其输出响应应该基本相同。当窄脉冲变为 4-14（d）所示单位脉冲函数 $\delta(t)$ 时，其输出响应为该环节的脉冲传递函数。如图 4-15（a）所示，将图 4-14 中（a）、（b）、（c）、（d）表示的这几种电压窄脉冲分别加在 $e(t)$ 上，其输出电流 $i(t)$ 对不同窄脉冲时的响应波形如图 4-15（b）所示。从波形可以看出，在 $i(t)$ 的上升阶段，$i(t)$ 的形状也略有不同，但其下降阶段则几乎完全相同。脉冲越窄，各 $i(t)$ 响应波形的差异也越小。如果周期性地施加上述脉冲，则响应 $i(t)$ 也是周期性的。用傅里叶级数分解后将可看出，各 $i(t)$ 在低频段的特性将非常接近，仅在高频段有所不同。上述原理即为面积等效原理，它是脉冲宽度调制控制技术的重要理论基础。

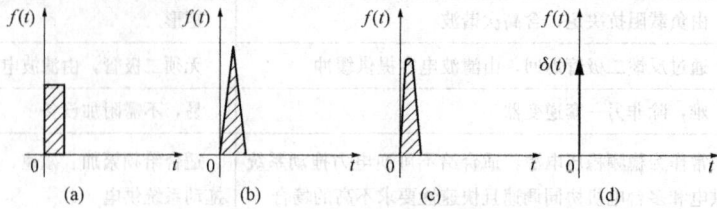

图 4-14　形状不同而冲量相同的四种窄脉冲
（a）矩形窄脉冲；（b）三角形窄脉冲；（c）正弦窄脉冲；（d）单位脉冲函数 $\delta(t)$

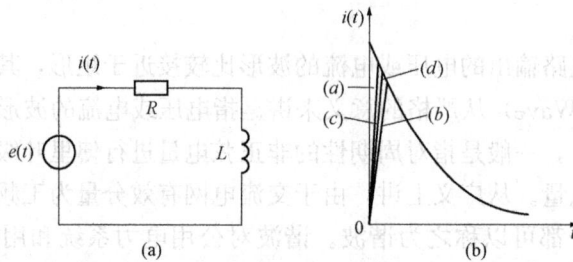

图 4-15　R-L 电路及窄脉冲加在其上的响应波形
（a）R-L 电路；（b）窄脉冲加在 R-L 电路上的响应波形

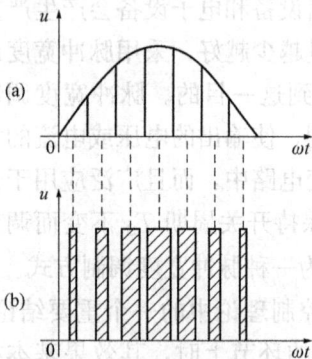

图 4-16　用 PWM 波代替
正弦波的正半周的示意图
（a）正半周上的正弦波；
（b）矩形脉冲序列

基于面积等效原理，可以用一系列等幅值不等宽的脉冲来代替一个正弦波形的正半周。将图 4-16（a）中的正半周正弦电压波分为 N 等分，假设 N 足够大，那么就可以把正弦波的正半周波形看成是 N 个相连的脉冲序列所组成的波形。这些脉冲宽度相等（都为 π/N），但幅值不等，可见其顶部并非水平直线，在各点上的幅值按正弦规律变化。根据面积等效原理，完全可以用等幅但不等宽的矩形脉冲逐一来代替上述脉冲序列，使相应的矩形脉冲和正弦波部分面积（冲量）相等，并使两者中点逐一对应重合，如此即可得到图 4-16（b）中所示的矩形脉冲序列，这就是 PWM 电压波形。可以看出，这些矩形脉冲幅值相等，但宽度是按正弦规律变化的。同理，对于正弦波的负半周波形也可以由 PWM 波形进行等效。像这种矩形脉冲序列宽度按正弦规律变化并和正弦波等效的特定 PWM 波形常被称为 SPWM（Sinusoidal PWM）波

形。要改变输出等效正弦波的幅值，只需要按同一比例改变上述矩形脉冲序列的宽度即可。需要指出的是，除了 SPWM 波形，PWM 波形还可以等效生成其他所需的非正弦交流波形。另外，除了 PWM 电压波，还有 PWM 电流波，如若对电流型逆变电路中直流侧进行脉宽调制，所得到的 PWM 波就是 PWM 电流波。对开关器件的通、断状态进行实时、适时地控

制，使矩形脉冲序列的电压宽度按正弦规律变化，通过傅里叶分析可以得知，输出电压中除基波外仅含有与开关频率倍数相对应的某些高次谐波而消除了许多低次谐波，即开关频率越高，脉冲序列越多，使逆变电路的输出电压更接近于期望的连续正弦波形，也就是能消除更多的低次谐波。但是随着开关频率的提高，开关损耗和换流损耗会随之增加，开关瞬间电压或电流的急剧变化也会形成很强电磁干扰，可能会在线路和器件的分布电容和电感上引起冲击电流和尖峰电压。

实际上，PWM 波形常可分为等幅 PWM 波和非等幅 PWM 波两种。由直流电源产生的 PWM 波一般是等幅 PWM 波，因为直流电源的电压幅值基本上保持不变。DC/DC 开关型变换器和本章介绍的逆变器电路产生的都是等幅 PWM 波。下章中介绍的开关型交流调压电路产生的是非等幅 PWM 波。然而，不管是等幅 PWM 波还是非等幅 PWM 波，其都是用基本面积等效原理来进行控制的，因此其本质上并没有差别。

除了谐波分量很少之外，SPWM 逆变器还具有很多其他优点。SPWM 逆变器既可以分别调频、调压，也可以同时调频和调压，两种不同功能都由逆变器统一完成，从而简化了主电路和控制电路的结构，使逆变器装置的体积质量和成本降低，可靠性增高。SPWM 逆变器的输入直流电源可由二极管整流获得，交流电网的输入功率因数可以接近 1 且与逆变器输出电压的大小和频率无关，多台逆变器的输入直流电源可由同一台不可控整流器的输出作为直流公共母线供电。而且，SPWM 逆变器的输出频率和电压都在逆变器内部控制和调节，其响应速度只取决于控制回路，所以动态性能很好，能方便地实现调节过程中频率和电压的同步配合。

4.6 有源逆变电路

本章前面几节主要介绍了无源逆变电路，接下来再对有源逆变电路进行简单介绍。有源逆变电路的拓扑结构实际上与整流电路完全相同，只是当同时满足以下两个条件时整流电路的功率传递方向发生了变化，相当于实现了逆变功能。①有一个极性与晶闸管导通方向一致的直流电压作为直流侧向交流电网侧传递电能的源泉，它可以是直流电机的电枢电动势，也可以是蓄电池提供的电压，其电压值应大于直流侧输出的直流平均电压；②要求晶闸管的控制触发角 $\alpha > \pi/2$，这样才能使直流侧输出一个负的平均电压，以实现直流侧的电能向交流电网侧的传递。

以图 4-17 单相桥式全控整流电路供电的卷扬机系统为例进行有源逆变原理分析。三相桥式全控整流电路逆变实现直流侧电能向三相交流电网侧传递的原理与之类似，只是分析起来更加复杂，本章不做分析。另外，需要注意的是，有续流二极管的电路或桥式半控整流电路因它们的整流电压 U_d 不能出现负值，也不允许直流侧出现负极性的电动势，所以不能实现有源逆变，只有采用全控电路才能实现。

当晶闸管控制角 α 在 $(0, \pi/2)$ 之间的某个角度触发晶闸管时，图 4-17 所示电路输出的直流平均电压为 $U_d = U_{d0}\cos\alpha$，因为此时 α 均小于 $\pi/2$，故 U_d 为正值。在该电压作用下，直流电机转动，卷扬机将重物提升起来，直流电机转动产生的反电动势为 E_D，且 E_D 略小于输出直流平均电压 U_d，此时电枢回路的电流为 $I_d = (U_d - E_D)/R_a$。

当卷扬机将重物提升到指定位置并停住时，这时只要将控制角 α 调到等于 $\pi/2$ 的位置，

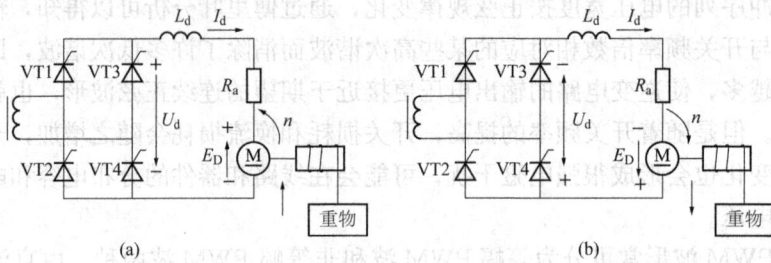

图 4-17 电动卷扬机系统
(a) 提升过程；(b) 下放过程

变流器输出电压波形中，其正、负面积相等，电压平均值 U_d 为零，电动机停转（实际上采用电磁抱闸断电制动），反电动势 E_D 也同时为零。注意，此时电路处于动态平衡状态，即虽然 U_d 为零，但电路中仍有微小的直流电流存在。

当重物放下时，由于重力对重物的作用，必将牵动电机反向转动（与重物上升时相反的方向），电机产生的反电动势 E_D 的极性也将随之反相。如果变流器仍工作在 $\alpha < \pi/2$ 的整流状态，此时将发生电源间类似短路的情况。为此，只能让变流器工作在 $\alpha > \pi/2$ 的状态，因为当 $\alpha > \pi/2$ 时，其输出直流平均电压 U_d 为负，此时如果能满足 $E_D > U_d$，则回路中的电流为 $I_d = (E_D - U_d)/R_a$，电流的方向是从 E_D 的正极流出，从电压 U_d 的正极流入，电流方向未变。显然，此时电动机为发电状态运行，对外输出电能，变流器则吸收上述能量并回馈到交流电网去，此时的电路进入到有源逆变工作状态。

有源逆变电路常用于变频调速系统中。在变频调速系统中，电动机的减速和停止都是通过逐渐减小运行频率来实现的。在变频器频率减小的瞬间，电动机的同步转速随之下降，而由于机械惯性的原因，电动机转子的实际转速往往并不能立刻下降，它的转速变化具有一定的时间滞后性，这时会出现实际转速大于给定转速，从而产生电动机反电动势高于变频器直流端电压的情况，这时电动机就变成发电机。在这种情况下，电动机非但不消耗电网的电能，反而可以通过变频器中的能量回馈单元向电网回馈电能，这样既有良好的减速效果，又将动能转化为电能，向电网回馈电能而能达到能量回收的节能效果。交流电动机和直流电动机在制动过程中也会转为发电状态而使直流母线电压上升，其回馈制动系统采用有源逆变技术将能量回馈给交流电网，以代替传统的电阻能耗制动，这种回馈制动方法既节约了电能，又提高了安全性。

此外，有源逆变电路还常用于新能源发电领域和直流输电。随着煤和石油等不可再生资源的大量消耗，以及利用它们发电过程中产生的大量有害气体和温室效应所造成的能源和环境危机日趋严重，迫使人类开始探索利用各种可再生能源和研发新的发电技术，其中不少发电方式——太阳能光伏发电、燃料电池发电等产生的电能都是直流电，这些直流电往往需要通过有源逆变电路转变为交流电然后并入交流输配电网络以供使用。另一方面，高压直流输电技术业已成熟并进入到了实用阶段，无论是僻远地区的风力发电或太阳能发电等所生产出的各种清洁电能，还是煤区就地燃煤发电所生产出的电能，都可以通过远距离高压直流输电线路送到有用电需求的地区，这种直流电往往也需要通过有源逆变电路转变为交流电并最终并入交流电网。

思考与复习

4-1 逆变电路常见的四种换流方式各有什么特点？

4-2 什么是电压型逆变电路？它有什么特点？

4-3 电压型逆变电路中的反馈二极管的作用是什么？

4-4 什么是电流型逆变电路？它有什么特点？

4-5 串联二极管式电流型逆变电路中的二极管的作用是什么？

4-6 SPWM 逆变器的开关频率是不是越高越好？

第 5 章　交流—交流变换电源

交流—交流变换电源是把一种形式的交流电变换成另外一种形式的交流电的电路，主要是对交流电的电压和频率进行变换，也可以改变其电流或相数（相比前两者并不常见，本章不做介绍）。在马路边常能见到的杆上变压器或箱式变压器就是一种对电压进行变换的交流—交流变换电源，它们可以将 10kV 交流电变成 220V 交流电供路灯和其他公用设施使用。实际上，交流—交流变换有"交流—直流—交流"这样的间接变换方式和"交流—交流"这样的直接变换方式。"交流—直流—交流"间接变换方式可以看作是由"交流—直流"和"直流—交流"这两种变换电路的组合，由于本书前面章节已对整流和逆变电路原理做过相应介绍，故本章将只讨论交流—交流直接变换电路。交流—交流变换电源按其对电能变换的功能，主要可分为交流调压电源和交流—交流变频电源。前者不改变交流电的频率，只改变其电压的有效值；后者则可将一种频率的交流电（通常是工频市电）变为另一种频率的交流电，一般还可以同时改变电压。交流调压电源（包括交流稳压电源）、交流—交流变频器都是最常见的交流—交流变换电源，接下来将对它们分别进行介绍。

5.1　交流调压电源

随着社会飞速前进，用电设备与日俱增，大量用电设备中可能存在设计不良的问题，这些用电设备可能输出大量谐波或冲击电压，这将对电网电压稳定性造成很大的干扰。另一方面，由于电力输配设施的老化和发展滞后，或存在线路过长、供电不足等问题，经常会造成末端用户电压过低，而紧邻配电设备的用户则经常电压偏高。这种不稳定的交流供电电压会给用电设备造成很多问题，直接影响到用电设备的正常工作、使用寿命和自身安全等诸多方面，严重者甚至发生安全事故，造成不可估量的损失。为了降低电网电压的各种瞬时波动对用电设备的影响，或者为了满足精密仪器设备对高品质交流电源的需要，通常使用交流稳压器将电网电源进行处理后再供给终端用电设备使用。交流稳压器从原理上来说即为一种交流调压电源，它能将在一定电压范围内波动的交流电源调整到固定电压范围内的交流电源后再提供给负载，国内使用的交流稳压电源输出的通常是 220V 或 380V 这两种交流电压。

常用的交流稳压电源有：①铁磁谐振式交流稳压器。它由饱和扼流圈与相应的电容器组成，具有恒压伏安特性。②磁放大器式交流稳压器。它是由磁放大器和自耦变压器串联而成的，利用电子线路改变磁放大器的阻抗以稳定输出电压。③滑动接触式交流稳压器。它是通过改变变压器滑动触点位置来稳定输出电压的。④感应式交流稳压器。这依靠改变变压器一次、二次电压的相位差，使输出交流电压稳定。⑤晶闸管开关型交流稳压器。它使用晶闸管作为功率调整元件，具有稳定度高、反应快且无噪声等优点。但它对市电的波形会造成一定的影响，可能会对通信设备和电子设备造成干扰。图 5-1 给出了一种市场上常见的交流稳压电源的外观图和内部结构图，它由电压调节装置——接触式调压器［如图 5-1（b）所示］及自动控制电路［其原理框图见 5-2（b）］组成。自动控制电路对输入电压信号进行采样，并根据采样值与设定值的偏差来控制伺服电机带动转臂及电刷［如图 5-1（b）中的右图所示］按所需方向转动，使输出电压调整到额定值而达到稳压目的，接触式调压器的基本工作原理是通过改变电刷位置来调整变压器一次绕组和二次绕组的匝数比［原理如图 5-2（a）所示，注意这里为了便于理解方便并没有按实物画成环形变压器］，以此来调整输出电压。

图 5-1 一种滑动接触式交流稳压电源
（a）交流稳压电源外观图；（b）交流稳压电源内部的接触式调压装置

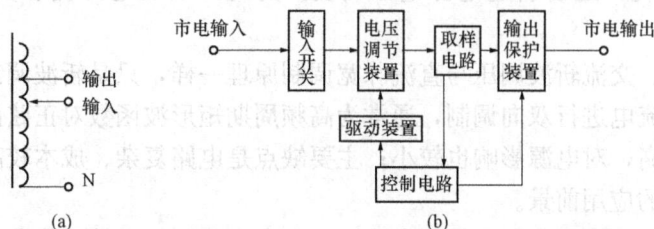

图 5-2 交流稳压电源调压原理示意图及自动控制电路的原理框图
（a）接触式调压器调压原理示意图；（b）自动控制电路的原理框图

　　这种交流稳压器具有结构简单、价格低廉的优点，但可靠性较差，因为它是靠电刷的移动（滑动或滚动）来稳压的，由于是机械运动，所以对电压动态变化的响应速度慢，这将可能会导致瞬间电压的突升与突降并损坏后级所接的用电设备。另外，电刷在不断的移动中会慢慢变薄直至损坏，在湿度很大的情况下寿命缩短会更快。

　　利用类似变压器调压原理制造而成的一种常见交流调压器（即接触式自耦调压器）如图 5-3 所示。这种接触式自耦调压器实质上是只有一个绕组的变压器，当作为降压调压器使用时，从绕组中抽出一部分线匝作为二次绕组；当作为升压调压器使用时，外施电压只加在绕组的一部分线匝上，通过手动控制电刷的移动来调节绕组中抽出线匝的匝数。通常把同时属于一次和二次的那部分绕组称为公共绕组，其余部分称为串联绕组。同容量的自耦调压器与普通变压器相比，不但尺寸小，而且效率高，并且变压器容量越大，电压越高，这个优点就更加突出。尽管如此，此类调压器的容量全部由这个输出电压可变的自耦变压器来承担，由于它的制

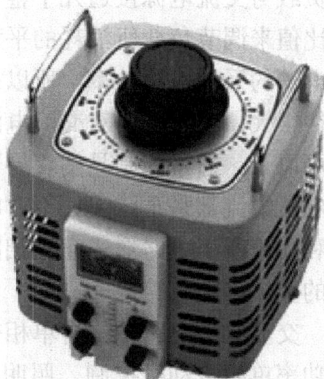

图 5-3 接触式自耦调压器

造工艺、体积和质量等方面的限制，其功率不能做得很大，且磁路部件需要大量铜铁材料而导致其成本较高，所以此类调压变压器一般只适用于小功率的场合。

通过把先进的高频开关控制技术引入到交流调压电源中，形成了一类开关型交流调压电源，它不仅能适应于大功率的应用场合，还取得了减小体积质量、节省铜铁材料、大大加快调节速率、提高能量转换效率的效果。与接触式自耦调压器相比，这类交流调压电源具有更广阔的应用场合，本章将重点介绍其电路原理。若不做特别说明，本章接下来内容中所述交流调压皆是指开关型交流调压。开关型交流调压的控制方式主要有通断控制、相位控制和斩波控制这三种。

（1）通断控制，即用晶闸管作为开关，将负载与交流电源接通几个周期，然后再断开一定周期，通过改变通断时间比值达到调压的目的。这种控制方式电路简单，功率因数高，适用于较大时间常数的负载，如负载热时间常数较大的电热控制系统。缺点是输出电压或功率调节不平滑，开关的通断引起对电网的冲击，从而引起电网电压闪变。

（2）相位控制，即控制晶闸管在电源电压每个周期某一选定的时刻将负载和电源接通，通过改变选定的导通时刻就可以达到调压的目的。相位控制调压适用于电动机速度控制或电热控制。其主要缺点是输出电压包含较多的谐波分量，当负载是电动机时，会使它产生脉动转矩和附加谐波损耗，还会引起电源电压畸变。为此，须在电源侧和负载侧分别加滤波网络。

（3）斩波控制。交流斩波调压与直流脉宽调制原理一样，只是斩波调制对象不同，电路结构上要求能对交流电进行双向调制，通常为高频周期矩形波函数对正弦函数的调制。其电路输出电压质量较高，对电源影响也较小；主要缺点是电路复杂、成本较高，在中小功率的应用场合具有较好的应用前景。

交流调压电路主要具有交流开关、交流调功和交流调压这三种功能类型。交流开关和交流调功主要采用通断控制，而交流调压通常采用相位控制。交流开关最好理解，即将两个晶闸管反向并联后（或直接采用双向晶闸管）串联到交流电路中，通过对晶闸管的控制就可以控制交流电路的通断，因此被称为交流开关。它与电磁机械开关相比，具有响应速率快、寿命长、无火花或电弧等优点，由于晶闸管总是在电流过零时关断因而不会因负载或线路电感储存能量而造成暂态过电压和电磁干扰（EMI）。而交流调功则是以交流电的周期为单位控制晶闸管的通断，但不是在每个交流电源周期都通过相位控制角对输出波形进行控制，而是将负载与交流电源接通几个整周期，再断开几个整周期，通过改变接通周期数和断开周期数的比值来调节负载所消耗的平均功率。这种电路常用于电炉温度控制，因此其直接调节对象是电炉的平均输出功率，所以被称为交流调功电路。像电炉温度这种控制对象，其时间常数往往很大，没有必要对交流电源的每个周期进行频繁的控制，只要以周期数为单位进行控制就可以了。通常控制晶闸管导通的时刻都是在电源电压为零的时刻，在交流电源接通期间负载电压电流都是正弦波，不对电网电压电流造成通常意义的谐波污染。实际上，交流调功电路和交流调压电路形式完全相同，只是控制方式不同。本章接下来主要介绍采用相位控制方式的交流调压电路。

交流调压电路结构有单相交流调压电路和三相交流调压电路两种。单相调压电路常用于小功率单相电动机控制、照明和电加热控制，三相调压电路的输出是三相恒频变压交流电源，给三相交流异步电动机供电，实现异步电动机的变压调速或作为异步电动机的启动器使用。单相调压电路是三相调压电路的基础，也是本节的重点内容，本节先从单相调压电路的原理开始介绍。另外，交流调压电路的工作情况和负载的性质有很大的关联，因此接下来在介绍调压电路原理时将分不同性质的负载分别予以介绍。

5.1.1　相位控制的单相交流调压电路

1. 纯阻性负载时的工作情况

如图 5-4 所示，图中有两个反向并联的晶闸管 VT1、VT2，它们也可以用一个双向晶闸管替代。α 为控制晶闸管导通的延迟角，在交流电源 u_1 的正半周，晶闸管 VT1 承受正向电压，晶闸管 VT2 承受反向电压，当 $\omega t = \alpha$ 时，将触发 VT1 导通，导通角 $\theta = \pi - \alpha$；在交流电源 u_1 负半周，晶闸管 VT1 承受反向电压，晶闸管 VT2 承受正向电压，当 $\omega t = \pi + \alpha$ 时，触发导通 VT2，导通角 $\theta = \pi - \alpha$。这种正负半周分别导通的结构如同一个无触点的开关，允许频繁的开关操作，不会产生切换电弧，因此器件工作寿命特别长。其实，交流调压器的触发电路完全可以套用晶闸管可控整流和有源逆变电路的移相触发电路，但是脉冲的输出必须通过脉冲变压器，且两个二次绕组之间要有良好的绝缘性。在分析该电路的交流调压原理前，先建立以下假设条件：①交流电源为恒频、恒压的正弦波电压波形；②晶闸管具有理想的特性；③电路的引线电感可以完全忽略；④电路工作已经达到稳态。这时，负载电压 u_o 和负载电流 i_o 为正弦波的一部分。假设电源电流有效值为 I_s，负载电阻电流有效值 I_o、晶闸管电流有效值 I_T 和负载电压的有效值 U_o 分别为

$$I_o = I_s = U_o/R \qquad (5-1)$$

$$I_T = I_o/\sqrt{2} = I_o/\sqrt{2}R \qquad (5-2)$$

$$U_o = \sqrt{\frac{1}{\pi}\int_\alpha^\pi (\sqrt{2}U_i\sin\omega t)^2 \, d(\omega t)} = U_i\sqrt{\frac{1}{2\pi}\sin2\alpha + \frac{\pi-\alpha}{\pi}} \qquad (5-3)$$

该交流调压器的功率因数为有功功率与视在功率之比，即

$$\lambda = P/S = U_oI_o/U_iI_o = \sqrt{\frac{1}{2\pi}\sin2\alpha + \frac{\pi-\alpha}{\pi}} \qquad (5-4)$$

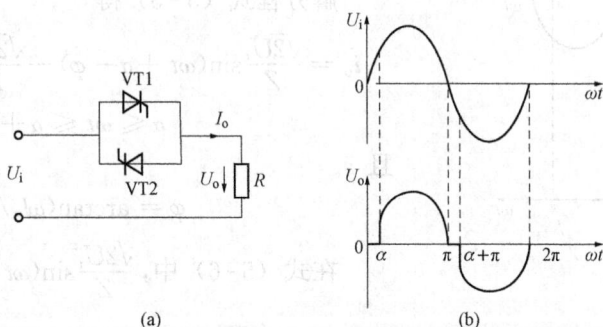

图 5-4　电阻负载单相交流调压电路及其波形
(a) 电阻负载单相交流调压电路；(b) 该电路的波形

图 5-4 给出了单相交流调压器接纯阻性负载时电路的电压波形，从图 5-4 以及式 (5-3)、式 (5-4) 可以看出：当 $\alpha = 0$ 时，晶闸管一直导通，此时输出电压 U_o 为最大，$U_o = U_i$，功率因数 $\lambda = 1$，随着 α 的增大，输出电压 U_o 逐渐降低，且输入电流滞后于电压且发生畸变，功率因数 λ 也逐渐降低。直到 $\alpha = \pi$ 时，$U_o = 0$。由此可得，对于纯阻性负载，单

相交流调压器输出电压的可调范围为 $0 \sim U_i$，控制角 α 的移相范围为 $0 \leqslant \alpha \leqslant \pi$。需要指出的是，图 5-4 中调压电路输出电压 U_o 和电流 I_o 虽是交流，但不是正弦波，因此只适用于能容忍一定电压波形畸变的应用场合，如常用于加热温度调节和灯光亮度的调节。

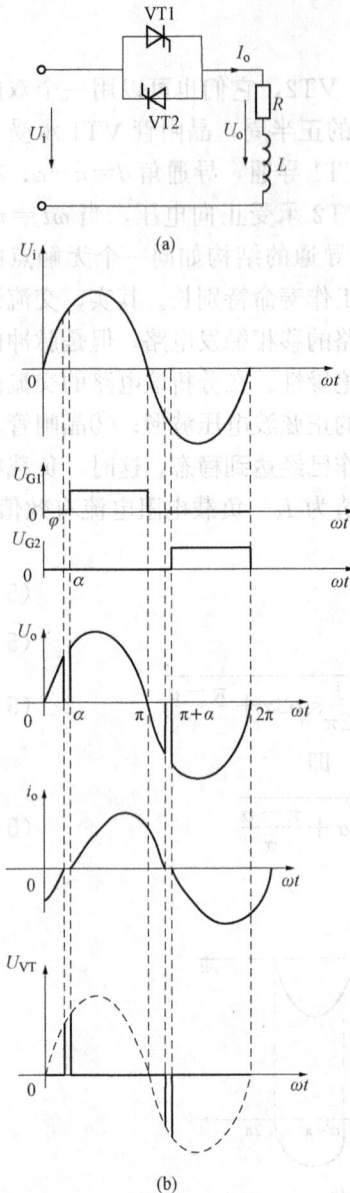

图 5-5　阻感性负载时单相交流
调压电路及其波形
(a) 电路图；(b) 波形图

2. 阻感性负载时的工作情况

阻感性负载是交流调压器最常见的负载。由于感性负载中存在电流变化滞后于电压的变化，因此调压器在连接阻感性负载时与纯阻性负载相比就会显现出一些不同的特征。在图 5-5 中，调压器负载是由电阻和电感串联组成的，U_{G1}、U_{G2} 分别为 VT1 和 VT2 的控制信号。当输入电压 U_i 由正半周期过零后反向时，由于负载电感中产生的感应电动势会阻碍电流的变化，电流若尚未减小到零，则晶闸管关不断，还将继续导通到接下来的负半周期。晶闸管的导通角 θ 的大小不但与控制角 α 有关，而且也与负载功率因数角（也叫负载阻抗角）φ 有关，$\varphi = \arctan(\omega L / R)$。在对晶闸管进行控制时，由于只能通过相位控制角 α 推迟晶闸管的导通时刻，所以晶闸管的触发脉冲应在电流过零之后，使负载电流更为滞后，而无法使其超前。显然，当负载为阻感负载时，该电路稳态时控制角 α 的移相范围为 $\varphi \leqslant \alpha \leqslant \pi$。

当在 $\omega t = \alpha$ 时刻控制晶闸管 VT1 导通，负载电流应满足如下微分方程，即

$$L \frac{\mathrm{d}i_o}{\mathrm{d}t} + R i_o = \sqrt{2} U_i \sin(\omega t + \alpha) \qquad (5-5)$$

解方程式 (5-5) 得

$$i_o = \frac{\sqrt{2} U_i}{Z} \sin(\omega t + \alpha - \varphi) - \frac{\sqrt{2} U_i}{Z} \sin(\alpha - \varphi) \mathrm{e}^{\frac{-\omega t}{\tan\varphi}},$$
$$\alpha \leqslant \omega t \leqslant \alpha + \theta \qquad (5-6)$$

且

$$\varphi = \arctan(\omega L / R) \qquad (5-7)$$

在式 (5-6) 中，$\dfrac{\sqrt{2} U_i}{Z} \sin(\omega t + \alpha - \varphi)$ 是 i_o 的稳态分量，$-\dfrac{\sqrt{2} U_i}{Z} \sin(\alpha - \varphi) \mathrm{e}^{\frac{-\omega t}{\tan\varphi}}$ 是其自由分量，$Z = \sqrt{R^2 + (\omega L)^2}$，$\theta$ 是晶闸管导通角。在 $\omega t = 0$ 时触发晶闸管，$\omega t = \theta$ 时关断晶闸管，将 $\omega t = \theta$ 这个关系代入式 (5-6)，可得

$$\sin(\alpha + \theta - \varphi) = \sin(\alpha - \varphi) \mathrm{e}^{\frac{-\theta}{\tan\varphi}} \qquad (5-8)$$

VT2 导通时，上述关系完全相同，只是负载电流 i_o 的极性相反，且相位差为 $180°$。

根据式（5-8），以 φ 为参变量，即当负载功率因数角 φ 取不同值时，可以把控制角 α 和晶闸管导通角 θ 的关系用图 5-6 中的一簇曲线来表示。由该图可见，α 越小，则 θ 越大。且当 $\alpha>\varphi$ 时，$\theta<180°$；当 $\alpha=\varphi$ 时，$\theta=180°$；当 $\alpha<\varphi$ 时，θ 仍维持在 $180°$。

其实，由式（5-6）表达的输出电流 i_o 由控制角 α 和负载的阻感特性决定，可以有以下三种情况。

（1）当 $\alpha>\varphi$ 时，晶闸管的导通角 $\theta<180°$，电路工作在周期性的过渡过程状态。晶闸管每导通一次，就出现一次过渡过程，并依次循环。这种情况是电路的稳定工作状态，输出电压 U_o 可通过改变 α 进行连续调节，但电流波形并非正弦也非连续。

（2）当 $\alpha=\varphi$ 时，式（5-6）等式右边的自由分量变为零，电流直接进入稳态值。这时晶闸管导通角 $\theta=180°$，相当于晶闸管被短路（忽略晶闸管的压降），交流电源直接加在负载上，输出电压达到最大值，其波形变成了连续的正弦波。此时负载电流波形要比电压波形滞后 φ 角度。

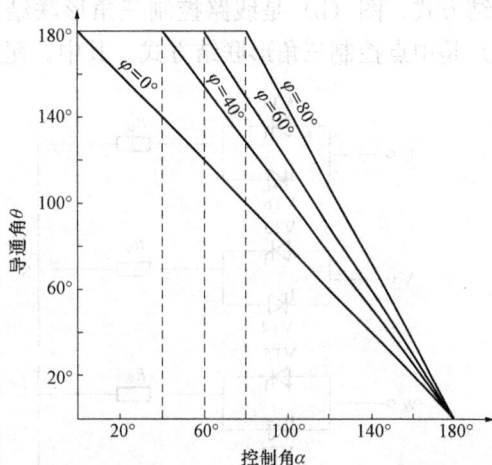

图 5-6　单相交流调压电路以 α 为参变量的 $\theta=f(\alpha)$ 关系曲线

（3）当 $\alpha<\varphi$ 时，在某一时刻若用一窄脉冲触发 VT1 导通，则 VT1 导通角将超过 π，即 $\theta>180°$。到 $\omega t=\pi+\alpha$ 时刻触发 VT2 时，负载电流 i_o 尚未过零，VT1 仍在导通，VT2 不会导通。直到负载电流 i_o 下降到零以后，如果 VT2 的触发脉冲仍有足够的宽度（如图 5-7 所示），VT2 可以在 VT1 后接着导通。因为 $\alpha<\varphi$，VT1 提前开通，负载 L 被过充电，其放电时间也将延长，使得 VT1 结束导通角大于 $\pi+\alpha$，并使得 VT2 推迟导通，VT2 导通角自然也就小于 $180°$。在这种情况下，式（5-5）也是适用的，只不过 ωt 的适用范围将扩展到 $\alpha\leqslant\omega t\leqslant\infty$。

总之，单相交流调压电路的负载为阻感负载时，最小控制角为 φ，所以 α 的移相范围应为 $\varphi\leqslant\alpha\leqslant\pi$（负载为纯阻性负载时 α 的移相范围应为 $0\leqslant\alpha\leqslant\pi$）。另外，该调压电路不能使用窄脉冲列触发，否则当 $\alpha<\varphi$ 时，会出现其中一个晶闸管始终不导通的现象，并产生很大的直流电流分量，这将可能会烧毁晶闸管。但是当控制角 α 小于负载功率因数角 φ 时，电路并非不能工作，此时应当使用宽脉冲列触发，这样虽然在刚开始触发晶闸管的几个周期内，两个晶闸管的电流波形是不对称的，但当负载电流 i_o 中的自由分量逐渐衰减后，两个晶闸管的导通角都趋近于 $180°$，其稳态的工作情况和 $\alpha=\varphi$ 时完全相同，该过程如图 5-7 所示。

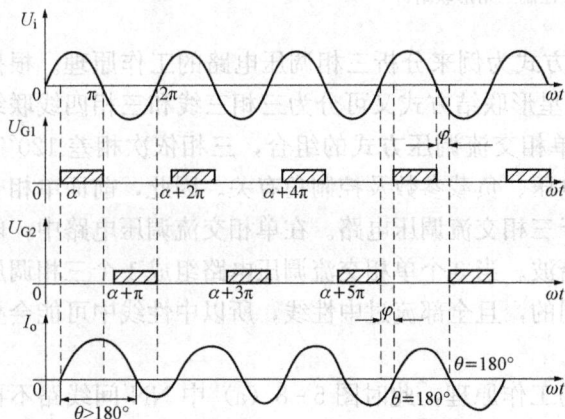

图 5-7　$\alpha<\varphi$ 时宽脉冲触发的工作波形

5.1.2 相位控制的三相交流调压电路

三相交流调压电路是由三个基本的
单相交流调压电路按某种形式联结而成的，常见的几种形式如图 5-8 所示。图（a）是星形
联结方式，图（b）是线路控制三角形联结方式，图（c）是支路控制三角形联结方式，图
（d）是中点控制三角形联结方式。其中，星形联结方式和支路控制三角形联结方式最常见。

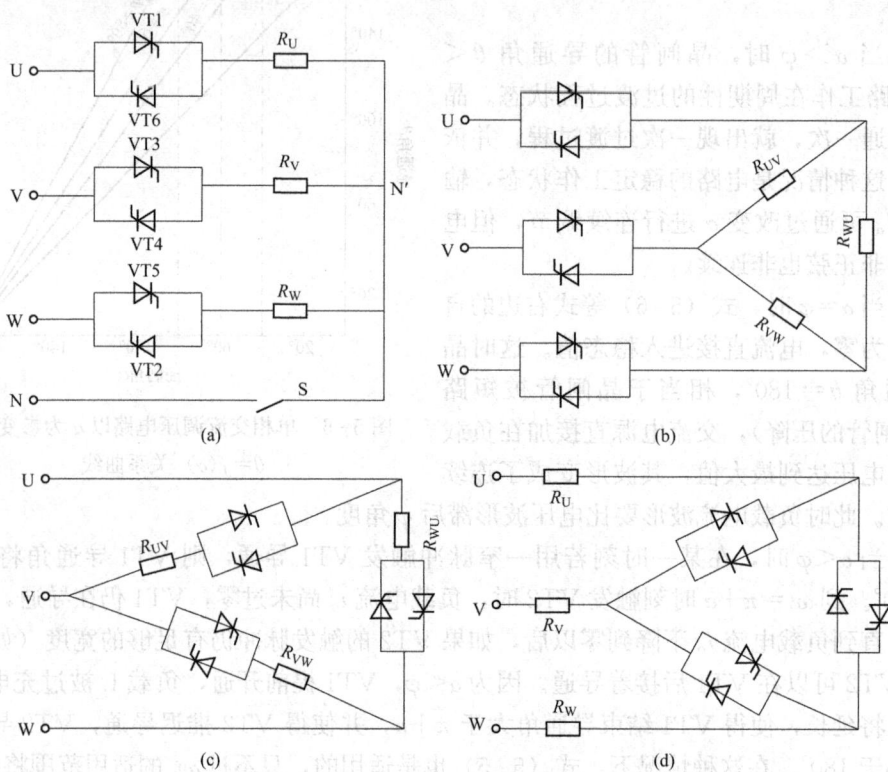

图 5-8 三相交流调压电路的几种联结方式

(a) 星形联结；(b) 线路控制三角形联结；
(c) 支路控制三角形联结；
(d) 中点控制三角形联结

接下来，以图 5-8（a）中的星形联结方式为例来分析三相调压电路的工作原理。根据
图 5-8（a）中 NN′间的开关 S 是否闭合，星形联结方式又可分为三相三线和三相四线联结
两种情况。三相四线调压方式相当于 3 个单相交流调压方式的组合，三相依次相差 120°工
作，各相负载电压和电流仅与本相的电源电压、负载参数及控制角有关。因此，前面单相交
流调压电路的分析方法和工作原理均适用于三相交流调压电路。在单相交流调压电路中，电
流中含有基波和各奇次谐波，主要是 3 次谐波。当 3 个单相交流调压电路组成 1 个三相调压
电路后，每相的 3 次谐波电流的相位是相同的，且全部流过中性线，所以中性线中可能会叠
加产生很大的 3 次谐波电流。

下面再来分析三相三线交流调压电路的工作原理，此时图 5-8（a）中 NN′间线路不再
存在。为分析简单起见，本节只分析电阻负载时的工作情况。三相交流调压电路任一相导通
时必须和另一相构成回路，因此电流流通路径中至少要有两个晶闸管同时导通。三相的触发

脉冲相位依次相差 120°，同一相的两个反并联晶闸管触发脉冲相差 180°。因此，和三相桥式全控整流电路一样，触发脉冲顺序也是 VT1、VT2、VT3、VT6、VT5、VT4，依次相差 60°。三相三线电路中，两相间的导通是靠线电压导通的，而线电压超前相电压 30°，因此 α 的移相范围是 0°～150°。在任意时刻，该三相电路根据晶闸管导通状态可以分为三种情况。

（1）三相中各有 1 个晶闸管导通，这时负载相电压就是电源相电压；

（2）两相中各有 1 个晶闸管导通，另一相不导通，这时导通相的负载相电压是电源线电压的一半；

（3）三相晶闸管都不导通，这时负载电压为零。

根据任意时刻导通晶闸管的个数以及半个周期内电流是否连续，可以将移相范围分为以下三段。

（1）0°≤α<60°范围内，电路处于 3 个晶闸管导通和两个晶闸管导通的交替状态，每个晶闸管的导通角是（180°－α），但当 α＝0°时是一种特殊情况，一直是 3 个晶闸管导通；

（2）60°≤α<90°范围内，任意时刻都是两个晶闸管导通，每个晶闸管的导通角是 120°；

（3）90°≤α<150°范围内，电路处于两个晶闸管导通和无晶闸管导通的交替状态，每个晶闸管的导通角是 300°－2α，而且这个导通角被分割为不连续的两部分，在半周期内形成两个断续的波头，各占 150°－α。

注意，图 5 - 8（b）中的电阻负载若全换成电容器，则构成了晶闸管接切电容器（Thyristor Switched Capacitor，TSC），若将此电路并联接入电网中，相当于一个无功电流源，采用相位控制可以调节电网的无功电流。同样，若图 5 - 8（c）中的电阻负载若全换成电抗器，则构成了晶闸管控制电抗器（Thyristor Controlled Reactor，TCR），若将此电路并联接入电网中，通过对控制角的调节可以连续控制流过电抗器的电流，从而达到调节该电路从电网中吸收的无功功率的作用。当 TSC 和 TCR 配合一起使用时，就可以从容性到感性连续地调节无功功率，这种装置作为一种静止无功功率补偿装置（Static VAR Compensator，SVC）在电力系统中具有广泛的应用。图 5 - 8（c）所示电路结构也可采用单相交流调压器的分析方法对各相进行分析，它与图 5 - 8（a）中电路结构相比，由于晶闸管流过的是相电流，在相同线电流的情况下，晶闸管的容量可以降低，线电流中也没有 3 次谐波分量。

5.2　交流—交流变频电源

变频电源通常是指把电网频率的交流电变换成可调频率的交流电的电路装置，通常可分为交流—直流—交流变频和交流—交流变频两大类，它们又常分别被简称为交—直—交变频和交—交变频。交—直—交变频器，先把工频交流电通过整流器变成直流电，然后再把直流电逆变成频率、电压均可控制的交流电，它又称为间接式变频器。交—直—交变频又可分为电压型和电流型这两大类。交—交变频多为电压型，也有少量使用电流型。交—交变频器无中间直流环节，直接将工频交流电变换成频率、电压均可控制的交流电，又称直接式变频器，也有人称之为周波变换器（Cycloconverter）。交—交变频器一般由两组整流器组成，一组为正组整流器，一组为反组整流器，控制系统按照负载电流的极性交替控制两组反向并联的整流器，使之轮流处于整流和逆变状态，从而获得变频变流电压，交—交变频器的电压由整流器的控制角来决定。因为没有中间直流环节,仅用一次变换就实现了变频,因此交—交变频器相比交—直—交变频器的效率更高,大功率交流电动机调速系统所用的变频器主要也是交—交变频器。另外,现代工业中广泛使用的交流调速传动系统,如轧钢机、传输带、大型风机、卷扬机械中的调速系统等,大都采用的是交—交变频器,不但可以达到很高的调速精度,而且可以实现大幅节能的效果。交—交变频器由晶闸管全控整流电路组合形成控制部分,通过对输出电流的大小和方向的组合控制,使负载得到一个电压和频率(通常低于工频市电频率)可调的交流电。交—交变频器在使用过程中具有以下优点:①变频环节减少,减低了换流所导致的损耗,变换效率高;②可控性好,采用电流自然换相,不必添置另外的换流电路;③可实现四象限运行,应用范围广。另外,由于交—直—交变频器从原理上相当于整流器和逆变器的组合,因此在本节中不再对其原理进行重复介绍。本节将主要介绍交—交变频器,而交—交变频器又分为单相交—交变频器和三相交—交变频器,以下将分别对它们的工作原理进行简单介绍。

5.2.1 单相交—交变频电路

如图 5-9 所示,单相交—交变频电路是由正组 P 和反组 N 这两组反向并联的晶闸管变流电路构成。需要指出的是,该单相交—交变频电路和直流电动机调速所用的四象限变流系统完全相同,两者的工作原理也非常类似。变流器 P 和 N 都是相控整流电路,P 组工作时,负载电流 i_o 为正,N 组工作时,负载电流 i_o 为负。在阻感性负载下,这时电流滞后于电压,电压和电流极性有时相同,有时却相反。假设负载的电压和电流波形如图 5-10 所示。每一组变流器在它的输出电压改变极性之后必须继续导通,而变流器的通断由电流的方向决定,与电压极性并不相关。所以 i_o 正半波期间,如在图 5-10 中的 $t_1 \sim t_3$ 区间,P 组导通,N 组关断;i_o 负半波期间,如在图 5-10 中的 $t_3 \sim t_5$ 区间,N 组导通,P 组关断。在 $t_1 \sim t_2$ 区间,i_o 为正,P 组变流器导通,u_o 和 i_o 极性相同且均为正,功率从交流电网送往负载,P 组工作在整流状态;在 $t_2 \sim t_3$ 区间,i_o 仍为正,P 组变流器继续导通,u_o 和 i_o 极性相反,负载向交流电网反馈功率,P 组工作在逆变状态。在 $t_3 \sim t_4$ 区间,负载电流 i_o 反向为负,N 组变流器导通,u_o 和 i_o 极性相同且均为负,功率从交流电网送往负载,N 组工作在整流状态;在 $t_4 \sim t_5$ 区间,i_o 仍为负,N 组变流器继续导通,u_o 和 i_o 极性相反,负载向交流电网反馈功率,N 组工作在逆变状态。

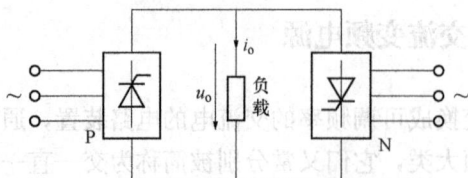

图 5-9 单相交—交变频电路

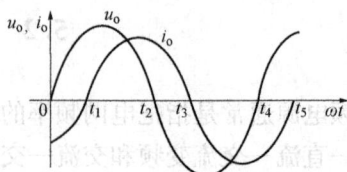

图 5-10 单相交—交变频电路
输出电压电流波形

通过以上分析可知,若让 P、N 变流器按一定的频率切换交替工作,负载就能得到该频率的交流电。改变两组变流器的变换频率,就可以改变输出频率,改变交流电路工作时的相位控制角,就可以改变交流输出电压的幅值。注意,如果交—交变频电路中正反两组变流器同时导通,电流将不能流到负载而是通过这两组晶闸管形成环流。为了避免这种情况的发生，可以在两组变流器之间接入限制环流的电抗器，或者合理地向晶闸管施加控制信号，当一组有电流时，另一组不能施加导通信号。

若在一个周期内的相位控制角是固定不变的，则输出的电压波形为矩形波，矩形波中所含有的大量谐波对负载往往是有害的。为了使输出电压接近正弦波，可以按正弦规律对相位控制角 α 进行调制。可在半个周期内让正组变流器 P 的 α 按正弦规律从 90° 减小到 0° 或某个值，然后再逐渐增大到 90°。这样每个控制区间内的平均值输出电压就按正弦规律从零逐渐增加至最高，再降低到零，如图 5 - 11 中的虚线所示。另外半个周期，对 N 进行同样的控制。

图 5 - 11 中的波形是变流器 P 组和 N 组都是三相半波可控电路时的波形。在电源电压的一个周期内，输出电压由 6 段电源线电压组成。可以看出输出电压 u_0 并不是平滑的正弦波，而是由若干段电源电压拼接而成的；且在输出电压的一个周期内，所包含的电压段数越多，其波形就越接近正弦波。因此，交—交变频器电路通常采用 6 脉波三相桥式

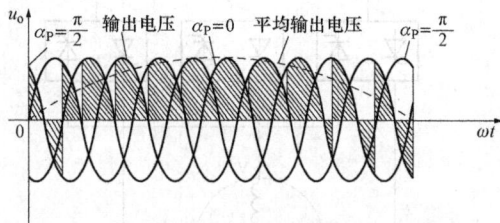

图 5 - 11　单相交—交变频电路输出电压波形

电路和 12 脉波的交流电路。此外，一般认为，当输出频率增大时，输出电压在一个周期所含电网电压的段数就减少，波形畸变就更加严重。因此，交流电路采用 6 脉波的三相桥式电路时，最高输出频率通常不应高于电网频率的 1/3～1/2。输出频率较低是交—交变频电路的一个固有缺陷。

5.2.2　三相交—交变频电路

交—交变频电路主要应用于大功率的交流电动机调速系统，因此主要使用的是三相交—交变频电路。三相交—交变频电路可由 3 组输出电压相位各差 120° 的单相交—交变频电路组成的，因此上一节的分析和结论对三相交—交变频电路也是适用的。本节不再对三相交—交变频电路的原理进行介绍，主要介绍其两种联结方式：公共交流母线进线方式和输出星形联结方式。

1. 公共交流母线进线方式

图 5 - 12 是公共交流母线进线方式的三相交—交变频电路示意图。它由 3 组彼此独立、输出电压相位依次相差 120° 的单相交—交变频电路构成，这 3 组电路的电源进线是通过进线电抗器接在公共的交流母线上。因为电源进线端是共用的，故 3 组单相交—交变频电路的输出端必须是隔离的。所以，交流电动机的 3 个绕组必须分开，从电动机绕组共引出 6 根线来与 3 组单相交—交变频电路连接，其负载连接方式如图 5 - 12 所示。

2. 输出星形联结方式

图 5 - 13 是输出星形联结方式的三相交—交变频原理图。图 5 - 13 （a）为示意简图，图 5 - 13 （b）为相应部分电路详图。从图中可以看出，三相交—交变频电

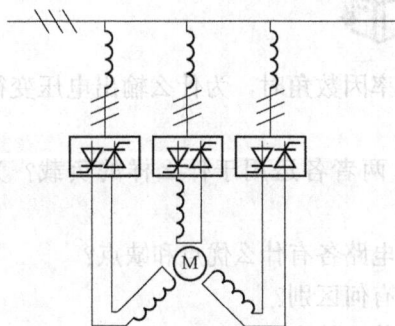

图 5 - 12　公共交流母线进线方式的
三相交—交变频电路

路的输出端是星形联结，电动机绕组也是星形联结，变频器中点不与电动机绕组中点接在一起，电动机绕组只需引出 3 根线即可。因为 3 组单相交—交变频电路的输出是连接在了一起的，其电源进线端就必须隔离开来，故需使用 3 个变压器分别为 3 组单相交—交变频器供电。

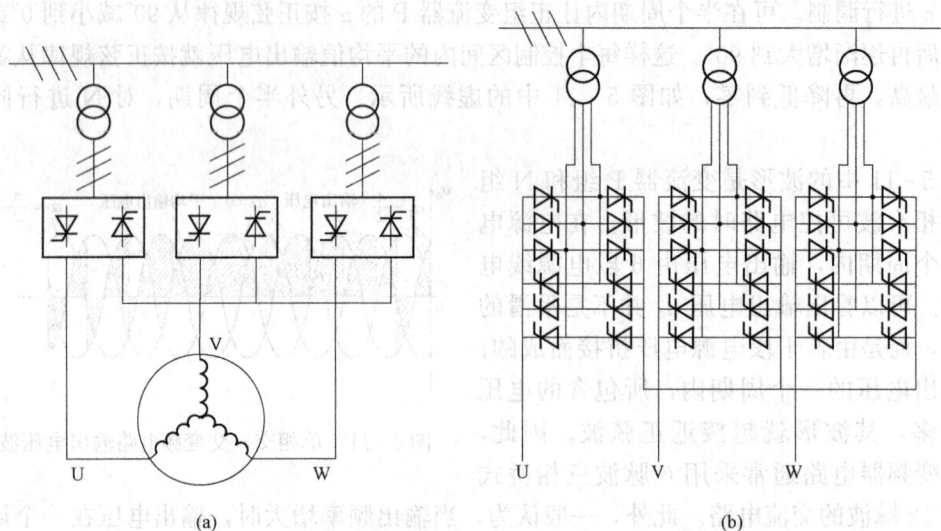

图 5-13　输出星形联结方式的三相交—交变频电路
(a) 示意简图；(b) 相应部分电路详图

　　另外，由于变频器输出端的中点不和负载中心点连接，所以在构成三相交—交变频器的桥式电路中，至少要有不同相的两组桥中的 4 个晶闸管同时导通才能构成回路而形成电流。同一组桥内的 2 个晶闸管靠双脉冲保证同时导通。两组桥之间靠足够的脉冲宽度来保证同时有触发脉冲。每组桥内 2 个晶闸管触发脉冲的间隔约为 60°，如果每个脉冲的宽度大于 30°，那么无脉冲的间隔一定小于 30°。这样一来，尽管两组桥脉冲之间的相对位置是任意变化的，但是在每个脉冲连续的时间段里，总会在其前部或后部与另一组桥的脉冲重合，使 4 个晶闸管满足同时有脉冲的条件而形成导通回路。

思考与复习

　　5-1　在单相交流调压电路中，当控制角小于负载功率因数角时，为什么输出电压变得不可控了？

　　5-2　交流调压电路和交流调功电路有什么区别？两者各运用于什么样的负载？为什么？

　　5-3　交流—交流变频电路与交流—直流—交流变频电路各有什么优点和缺点？

　　5-4　三相交—交变频电路有哪两种接线方式，它们有何区别？

　　5-5　试分析三相交流调压电路的四种联结方式各有什么特点。

第 6 章 电池与备用电源

6.1 电 池

电池，狭义上的定义是指将本身储存的化学能转化成电能的装置，广义的定义是指将预先储存起的能量转化为可供外用电能的装置。因此，像太阳能电池只有转化而无储存功能的装置其实并不能算是电池。英文中，单体电池结构叫作 Cell（单电池），内部有多个 Cell 并联或串联的结构叫作 Battery（电池组）。市面上出售的一般干电池其实构造上是"Cell"但英文上习惯称"Battery"，汽车用铅酸蓄电池与方形 9V 电池则是真正的"Battery"。电池的分类有不同的方法，其分类方法大体上可分为 3 大类。

（1）按电解液种类划分为：①碱性电池，电解质主要以氢氧化钾溶液为主的电池：如碱性锌锰电池（俗称碱锰电池或碱性电池）、镉镍电池、镍氢电池等；②酸性电池，主要是以酸性溶液为电解质的电池，如锌锰干电池（也有人称之为酸性电池）、海水电池等；③有机电解液电池，主要是以非水有机溶液为电解质的电池，如锂电池、锂离子电池等。

（2）按工作性质和贮存方式划分为：①一次电池，又称原电池（Primary Cell），如碳锌电池、锂原电池等。一次电池只可放电一次，当电池中的化学物质全部起了化学作用后便不能再提供电能，也不能将外部提供的电能储存起来，因此完全放电后便不可再用，这是因为其电化反应不可逆转。②二次电池，即可充电池，如铅酸蓄电池、镍氢电池、锂离电池、镉镍电池等。这种可以反复多次充电（存储外部提供的电力）后再放电的二次电池也常被叫作蓄电池。③燃料电池，即活性材料在电池工作时才连续不断地从外部加入到电池中，如氢氧燃料电池等。④贮备电池，即电池贮存时不直接接触电解液，当电池需要使用时，才加入电解液，如镁化银电池又称海水电池等。

（3）按电池所用正、负极材料可划分为：①锌系列电池，如锌锰电池、锌银电池等；②镍系列电池，如镉镍电池、氢镍电池等；③铅系列电池，如铅酸电池等；④锂系列电池，如锂离子电池、锂锰电池等；⑤二氧化锰系列电池，如锌锰电池、碱锰电池等；⑥空气（氧气）系列电池，如锌—空气电池等。

电池的历史最远可以追溯到 1780 年，意大利解剖学家伽伐尼（Luigi Aloisio Galvani）在做青蛙解剖时，两手分别拿着不同的金属器械，无意中同时碰在青蛙的大腿上，青蛙腿部的肌肉立刻抽搐了一下，仿佛受到电流的刺激，而如果只用一种金属器械去触动青蛙，就无此种反应。伽伐尼认为，出现这种现象是因为动物躯体内部产生的一种电，他称之为生物电。在 1800 年，意大利物理学家伏特（Count Alessandro Volta）把一块锌板和一块银板浸在盐水里，发现连接两块金属的导线中有电流通过。于是，他就在许多锌片与银片之间垫上浸透盐水的绒布或纸片，平叠起来。用手触摸两端时，会感到强烈的电流刺激。伏特用这种方法成功地制成了世界上第一个化学电池"伏特电堆"。这个"伏特电堆"实际上就是串联的电池组。1836 年，英国的丹尼尔（John Frederic Daniell）对"伏特电堆"进行改良制造出了世界上第一个实用电池，并用于早期铁路的信号灯。他使用稀硫酸作电解液，解决了电池极化问题，制造出第一个不极化、能保持平衡电流的锌—铜电池，又称丹尼尔电池。此后，又陆续有去极化效果更好的"本生电池"和"格罗夫电池"等问世。但是，这些电池都存在电压随时间后用时间延长而下降的问题。1860年，法国的普朗泰发明出用铅做电极的电池。这种电池的独特之处是，当电池使用一段时间后电压下降时，可以给它通以反向电流，使电池电压回升。因为这种电池能充电，可以反复使用，所以称它为蓄电池。然而在当时，无论哪种电池都需在两个金属板之间灌装液体，搬运很不方便，特别是蓄电池所用液体是硫酸，在挪动时很危险。

1860年，法国的雷克兰士（George Leclanché）发明了碳锌电池（Zinc - Carbon Battery），最初潮湿水性的电解液逐渐被氯化锌、氯化铵、碳粉和淀粉溶于水中所形成的类似糨糊的电解质取代，"干"性的电池出现了，它是现代干电池的鼻祖。相对于液体电池而言，干电池的电解液为糊状，不会溢漏，便于携带，这种电池更容易制造，制造成本很低，因此成为很多电子设备厂商的首选，从而获得了广泛应用。干电池属于化学电源中的原电池，是一种一次性电池。普通干电池大都是锰锌电池，如图6-1所示，中间是正极碳棒，外包石墨和二氧化锰（MnO_2）的混合物，再外是一层纤维网。网上涂有很厚的电解质糊，其构成是氯化铵（NH_4Cl）溶液和淀粉，另有少量防腐剂。最外层是金属锌皮做的筒，也就是负极，电池放电就是氯化氨与锌的电解反应，释放出的电荷由石墨传导给正极碳棒，锌的电解反应是会释放氢气的，该气体会增加电池的内阻，而和石墨相混的二氧化锰就是用来吸收氢气的。但若电池连续工作或是用的太久，二氧化锰就来不及或已经饱和不再有能力吸收氢气了，此时电池就会因内阻太大而输出电流太小而逐渐失去

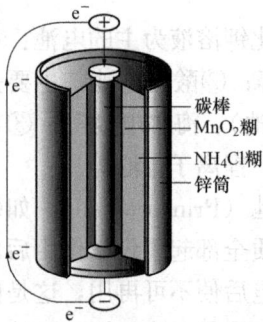

图 6-1 普通干电池的结构

供电能力。此电池正极的碳棒与二氧化锰中所混合的碳只负责引出电流，并不参与反应，正极实际参与还原反应并提供正电的是二氧化锰，因此，碳锌电池又常称为锰锌电池，也常俗称为碳性电池。干电池可适用于手电筒、半导体收音机、录音机、电子钟等对供电电流要求不是很大的场合。

在碳性电池之后出现的碱性电池是迄今最成功的高容量干电池，也是目前最具性能价格比的电池之一。碱性电池是以二氧化锰为正极，锌为负极，氢氧化钾溶液为电解液，其主要反应的化学式为：$Zn + MnO_2 + H_2O \rightarrow Mn(OH)_2 + ZnO$。其放电特性比碳性电池优异，电容量更大。碱性电池在结构上采用与普通干电池相反的电极结构，增大了正负极间的相对面积，而且用高导电性的氢氧化钾溶液替代了氯化铵、氯化锌溶液，负极锌也由片状改变成粒状，增大了负极的反应面积，加之采用了高性能的电解锰粉，所以电性能得以很大提高。同等型号的碱性电池通常是普通碳锌电池的容量和放电时间的3～7倍，低温性能两者差距更大，碱性电池更适用于大电流连续放电和要求高的工作电压的用电场合，特别适用于照相机、剃须刀、电动玩具、CD机、闪光灯、远距离大功率遥控器等。1996年前生产的碱性电池大都含有微量水银，随意乱扔废旧电池易对环境造成较严重的污染。2003年国家颁布了《废电池污染防治技术政策》，要求厂家生产低汞、无汞的碱性锌锰电池。此外，国家已建议禁止使用镉镍电池，而是用镍氢电池，避免了镉的使用。2005年1月1日起，我国规定停止生产含汞量大于0.0001%的碱性锌锰电池。2006年以后，随着我国《关于限制电池产品

汞含量的规定》的落实，国内已全面禁止销售含汞量大于电池重量 0.0001％的碱性锌锰电池，基本实现了干电池生产和流通的"无汞化"。由于干电池寿命一般只有 1 至 2 年，目前市面上由正规厂家生产的干电池，基本都属于"零汞电池"。2012 年，据中国电池工业协会提供的数据，中国生产的干电池基本已达到低汞标准（汞含量小于电池质量的 0.025％），其中约有九分之一能达到无汞标准（汞含量低于电池质量的 0.0001％）。

由于碱性电池多是一次性使用，所以相对新一代的蓄电池（如镍氢电池）仍然并不环保。相对一次电池，蓄电池对环境的影响较低，以整个寿命周期计算碳排放量较少，而且大多数的蓄电池都可以循环再造。虽然蓄电池的初始成本较高，但由于可以多次重复使用，平均计其成本反而比一次电池便宜。尝试给一次电池（原电池）充电以达到多次重复使用的目的是不可取的，因为这可能引起电源渗漏出有害液体、发热、起火甚至爆炸。2013 年前 5个月国内碱性电池的总产量为 2.55 亿支，同比减少 4.56％。由于锂系列等其他种类蓄电池的价格逐年下降且能量密度和充放电寿命逐渐提升，预计碱性电池的市场表现将难再有好转。本章接下来将介绍几种常用的蓄电池。

6.2　铅酸蓄电池（Lead - Acid Battery）

人们通常把可充电的电池（Rechargeable Battery）称为蓄电池（Storage Battery），也俗称电瓶，泛指电量用到一定程度之后可以被再次充电并能反复使用的化学能电池的总称。之所以可以充电是因为电池中的化学反应在接上外部电源后其化学反应能反向进行。蓄电池是一种可逆的直流电源（放电后经过充电能复原续用），是提供和存储电能的电化学装置。蓄电池的电能是由浸在电解液中两种不同极板之间发生化学反应产生的。蓄电池放电过程即流出电流，是化学能转化成电能的过程，蓄电池释放能量；蓄电池充电过程即充入电流，是电能转换成化学能的过程，蓄电池储存能量。蓄电池的 5 个主要参数为电池的容量、标称电压、内阻、放电终止电压和充电终止电压。蓄电池的容量通常用 Ah（安时）表示，1Ah 就是能在 1A 的电流下放电 1 小时。电池内活性物质的数量决定电池含有的电荷量，而活性物质的含量则由电池使用的材料和体积决定，因此，通常电池体积越大，容量越高。与电池容量相关的一个参数是蓄电池的充电电流。一般充放电电流的大小常用充放电倍率 C 来表示，它是表示充放电快慢的一种量度，即充放电倍率＝充放电电流/额定容量。如额定容量为100Ah 的电池用 20A 放电时，其放电倍率为 0.2C。所用的容量 1 小时放电完毕，称为 1C放电；5 小时放电完毕，则称为 1/5＝0.2C 放电。一般可以通过不同的放电电流来检测电池的容量。对于 24Ah 电池来说，2C 放电电流为 48A，0.5C 放电电流为 12A。

铅酸蓄电池早在 1859 年就已经面世，它是最早被发明的蓄电池，因此人们习惯上把铅酸蓄电池简称为蓄电池，有时也简称为铅蓄电池。铅酸蓄电池往往容量低、质量大，但可以提供非常稳定的电流，一直以来，蓄电池被广泛地应用于各设备上，包括汽车起动器、各种电动设备及工具、不间断电源系统等。各种车辆及混合动力车辆对蓄电池的要求使得蓄电池的技术不断改进，以求减低成本，改善性能，如减小其质量及增加其寿命。以汽车中的蓄电池为例来介绍蓄电池的应用，如图 6-2 所示，汽车中的蓄电池的作用是与发电机并联向汽车仪表、车灯、空调等用电设备供电，蓄电池相当于一个大容量电容器（起到了稳定整车系统电压的作用）。具体而言，在汽车点火起动时，蓄电池向起动机和点火系统等供电；在发电机不发电或电压较低的情况下蓄电池向用电设备供电；当发电机超载时，蓄电池协助发电机供电。若蓄电池存电不足，而发电机的用电负荷较小时，它可将发电机产生的电能转变为化学能储存起来（即对蓄电池进行充电）。

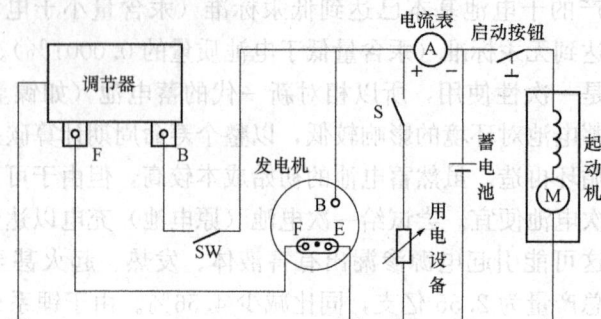

图 6-2　蓄电池应用示意图

1. 铅酸蓄电池的构造

铅酸蓄电池外壳为一整体式结构的容器，外壳应耐酸、耐热、耐寒、抗振动，底部有突起的肋条以搁置固定极板组。极板、隔板和电解液均装入外壳内，电解液液面应高出极板组 15mm 左右。电解液由密度为 $1.84g/cm^3$ 的纯硫酸加水制成。密度一般在 $1.24 \sim 1.31g/cm^3$，其纯度是影响铅酸蓄电池性能和使用寿命的重要因素。铅酸蓄电池额定电压一般有 6V、12V 等几种规格，因此，外壳内由间壁分成 3 个、6 个或多个互不相通的单体。单体电池的组成部件有极板及极板组、隔板、联条（槽接条）、电解液槽及电解液，铅酸蓄电池外观和内部结构示意图如图 6-3 所示。其中，极板是铅酸蓄电池的核心部件，是带有栅格结构的铅栅格板。极板分正极板和负极板两种。正极板上的活性物质是二氧化铅（PbO_2），呈棕红色；负极板上的活性物质是海绵状纯铅（Pb），呈青灰色。极板组的作用是接受充入的电能和向外释放电能。

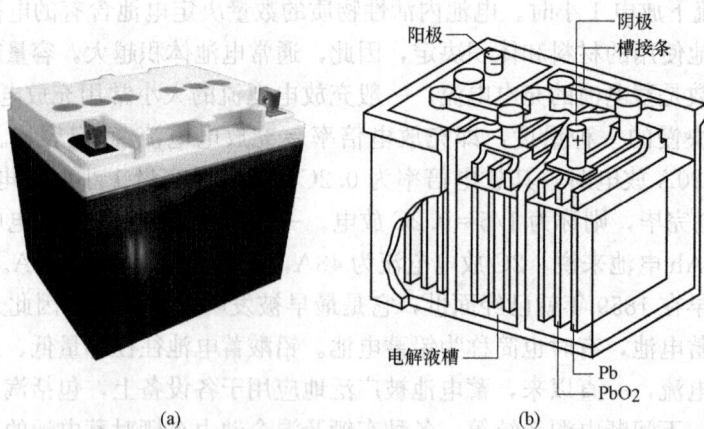

图 6-3　铅酸蓄电池外观和内部结构示意图

(a) 外观图；(b) 内部结构示意图

极板组的结构如图 6-4 所示。

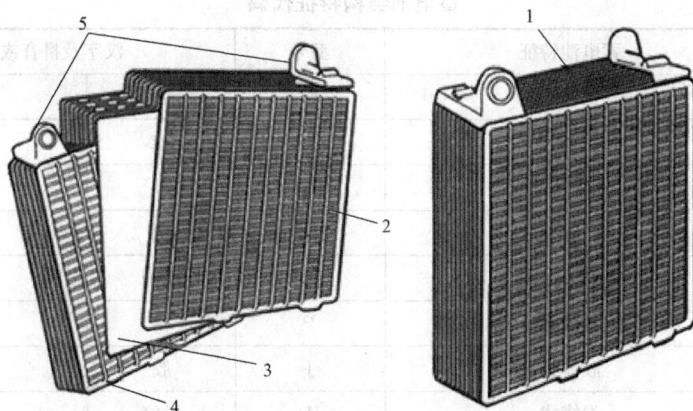

图 6-4　极板组的结构

1—极板组总成；2—负极板；3—隔板；4—正极板；5—极板联条

（1）为了增大铅酸蓄电池容量，通常的做法是将多片正极板（4～13 片）和多片负极板（5～14 片）分别并联，用横板焊接组成正、负极板组。横板上连有电桩。

（2）安装时，正负极板相互嵌合，之间插入隔板，用极板连接条将所有的正极和所有的负极分别连接，如此组装起来，便形成单体蓄电池。

（3）单体电池中负极板的数目比正极板多一块。

隔板的作用是为了减少尺寸、降低内阻，正负极板应该尽量靠近，但为了避免相互接触而短路，正负极板之间须用绝缘的隔板隔开。

隔板的结构特点是：

（1）多孔性材料，化学性能稳定，有良好的耐酸性和抗氧化性。

（2）厚度小于 1mm 的长方形板，长、宽略大于极板，一面有特制的沟槽，安装时将沟槽面竖直朝向正极板。

铅酸蓄电池的铅连接条：各单体电池为串联连接，一个单体电池的正极桩与另一个单体电池的负极桩用联条焊接，由铅锑合金制成。连接方式有外露式、跨桥式、穿壁式。

2. 铅酸蓄电池的型号

蓄电池的型号命名按照 JB/T 2599—2012《铅酸蓄电池名称、型号编制与命名办法》规定，其型号名称由三部分组成。第一部分为串联的单体蓄电池数，指在一只整体蓄电池槽或一个组装箱内所包括的串联蓄电池数目（单体蓄电池数目为 1 时，可省略）第二部分为蓄电池用途代码和结构特征代码，譬如起动型蓄电池用"起"字的汉语拼音"QI"第一个字母"Q"表示该电池的主要用途，而摩托车用蓄电池用"摩"字的汉语拼音"MO"第一个字母"Q"表示该电池的主要用途；用途代码后紧跟的是结构特征代码，常见特征代码及其含义在表 6-1 中列出，譬如若为干式荷电蓄电池，则以"A"表示，若为湿式荷电蓄电池，则以"H"表示。第三部分为按标准规定的额定容量，以阿拉伯数字表示，其单位为安培小时（Ah），在型号中单位可省略。铅酸蓄电池型号命名示例如图 6-5 所示。

表6-1　　　　　　　　　　　　蓄电池结构特征代码

序号	蓄电池特征	型号	汉字及拼音或英语字头	
1	密封式	M	密	mi
2	免维护	W	维	wei
3	干式荷电	A	干	gan
4	湿式荷电	H	湿	shi
5	微型阀控式	WF	微阀	wei fa
6	排气式	P	排	pai
7	胶体式	J	胶	jiao
8	卷绕式	JR	卷绕	juan rao
9	阀控式	F	阀	fa

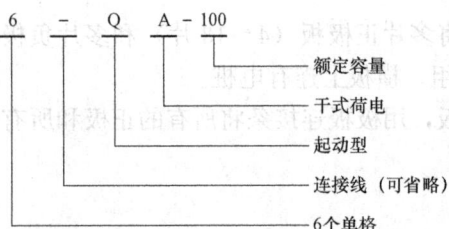

图6-5　铅酸蓄电池型号命名示例

如3-Q-90表示由3个单格组成，额定容量为90Ah，其中符号Q表示起动型铅酸蓄电池。6-QA-105G表示由6个单格组成，额定容量为105Ah，符号A表示干式荷电极板，符号Q表示起动型铅酸蓄电池，符号G表示高起动功率。

3. 铅酸蓄电池的工作原理

铅酸蓄电池以海绵状的铅作为负极，二氧化铅作为正极，用硫酸溶液作为电解液，它们共同参与电池的电化学反应。化学反应原理为

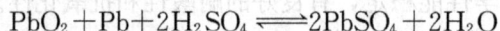

$$PbO_2 + Pb + 2H_2SO_4 \rightleftharpoons 2PbSO_4 + 2H_2O$$

铅酸蓄电池中参与化学反应的物质：

正极板：PbO_2；负极板：Pb；电解液：硫酸溶液。

放电：正极板的PbO_2和负极板的Pb生成$PbSO_4$，电解液中的H_2SO_4减少。

充电：正极板的$PbSO_4$恢复为PbO_2；负极板的$PbSO_4$恢复为Pb，电解液中的H_2SO_4增加。

铅酸蓄电池的正负极板浸入电解液中后，由于少量的活性物质溶解于电解质溶液，产生电极电位。由于正、负极板电极电位的不同而形成铅酸蓄电池的电动势。

（1）铅酸蓄电池的放电过程如图6-6所示。

放电过程的说明：若将铅酸蓄电池与外电路的负荷接通，电动势使电路内产生电流。电子从负极板经过外电路负荷流向正极板。

正极板处：$Pb^{4+} + 2e^- \longrightarrow Pb^{2+}$

$Pb^{2+} + SO_4^{2-} \longrightarrow PbSO_4$（沉附在正极板上）

负极板处：$Pb^{2+} + SO_4^{2-} \longrightarrow PbSO_4$（沉附在负极板上）

$Pb \longrightarrow Pb^{2+} + 2e^-$（Pb继续溶解）

蓄电池当其内部发生纯化学反应，或因不纯物污染造成电化学反应，或长久不用皆会耗电，称为自我放电。自我放电之耗电程度根据蓄电池的构造、温度、电解液相对密度、不纯

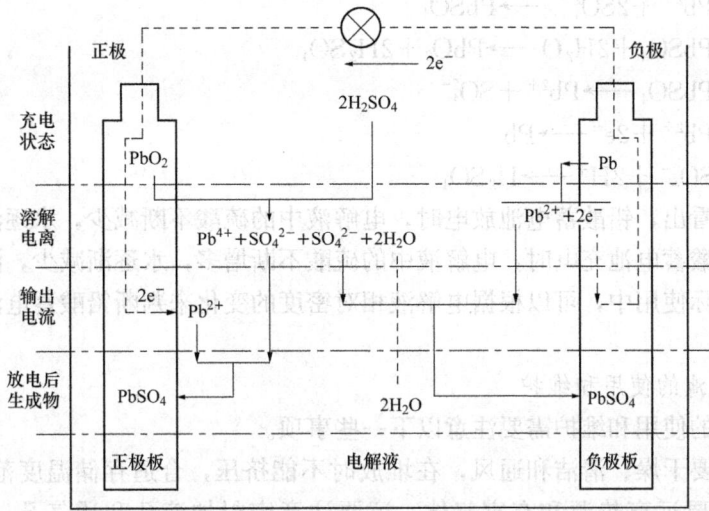

图6-6　铅酸蓄电池的放电过程

物等因素的不同而有所不同，一般在一天内会放掉 0.5%～2%，蓄电池在使用前的保存期间就会自我放电，消耗蓄电量，因此不宜长期存放。

（2）铅酸蓄电池的充电过程如图 6-7 所示。

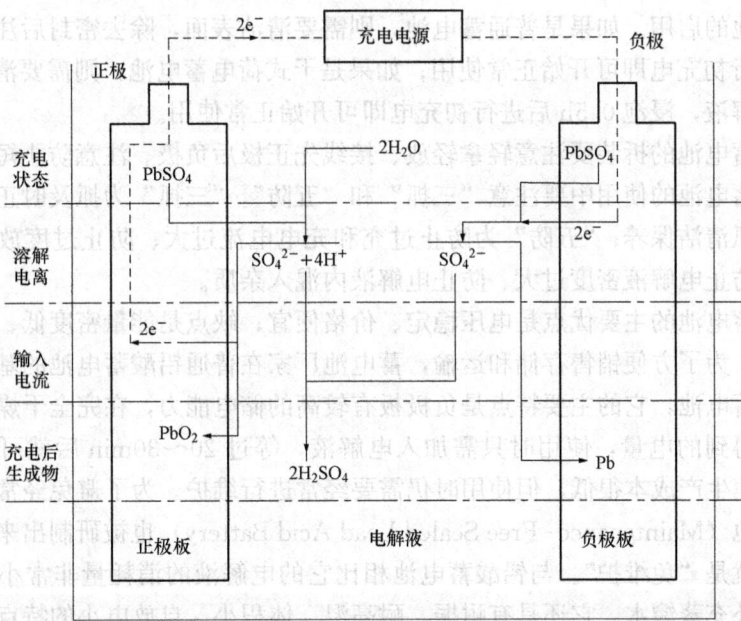

图6-7　铅酸蓄电池的充电过程

充电过程的说明：若将铅酸蓄电池与直流电源接通，当电源电压高于铅酸蓄电池的电动势时，电源使电子从正极板经过外电路流向负极板。

正极板处：$PbSO_4 \longrightarrow Pb^{2+} + SO_4^{2-}$

$Pb^{2+} - 2e^- \longrightarrow Pb^{4+}$

$$Pb^{2+}+2SO_4^{2-} \longrightarrow PbSO_4$$

$$PbSO_4+2H_2O \longrightarrow PbO_2+2H_2SO_4$$

负极板处：$PbSO_4 \longrightarrow Pb^{2+}+SO_4^{2-}$

$$Pb^{2+}+2e^- \longrightarrow Pb$$

$$SO_4^{2-}+2H^+ \longrightarrow H_2SO_4$$

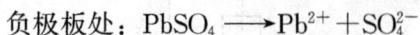

从上面可以看出，铅酸蓄电池放电时，电解液中的硫酸不断减少，水逐渐增多，溶液相对密度下降。铅酸蓄电池充电时，电解液中的硫酸不断增多，水逐渐减少，溶液相对密度上升。因此，在实际使用中，可以根据电解液相对密度的变化来判断铅酸蓄电池的充电程度或残余电量。

4. 铅酸蓄电池的使用和维护

铅酸蓄电池的使用和维护需要注意以下一些事项。

（1）储存室要干燥、清洁和通风，在堆放时不能挤压，合适存储温度范围为 5～30℃，注意不能倒置且要远离热源和有害气体，还要注意密封加液孔和通气孔，且不能超期限存放。

（2）使用过的铅酸蓄电池在需要长时间储存时，必须要先充足电，再放完电，然后用蒸馏水洗净，最后密封加液孔和通气孔。

（3）带电解液的铅酸蓄电池在储存前需要充满电，并且在存储期间每隔 1～2 个月要补充充电一次。

（4）新电池的启用。如果是普通蓄电池，则需要清洁表面，除去密封后注入电解液，浸泡 4～8h 后进行初充电即可开始正常使用；如果是干式荷电蓄电池，则需要清洁表面，除去密封后注入电解液，浸泡 0.5h 后进行初充电即可开始正常使用。

（5）铅酸蓄电池的拆装要注意轻拿轻放、接线先正极后负极、注意防止短路。

（6）铅酸蓄电池的使用中要注意"三抓"和"五防"。"三抓"为抓及时正确充电、抓正确使用操作、抓清洁保养；"五防"为防止过充和充电电流过大、防止过度放电、防止电解液液面过低、防止电解液密度过大、防止电解液内混入杂质。

普通铅酸蓄电池的主要优点是电压稳定、价格便宜；缺点是能量密度低、使用寿命短和日常维护频繁。为了方便销售存储和运输，蓄电池厂家在普通铅酸蓄电池的基础上研制出了干式荷电铅酸蓄电池，它的主要特点是负极板有较高的储电能力，在完全干燥状态下，能在两年内保存所得到的电量，使用时只需加入电解液，等过 20～30min 后就可使用了。干式荷电铅酸蓄电池生产成本很低，但使用时仍需要经常进行维护。为了避免经常维护，免维护封闭铅酸蓄电池（Maintenance-Free Sealed Lead Acid Battery）也被研制出来了，顾名思义其最大的特点就是"免维护"。与铅酸蓄电池相比它的电解液的消耗量非常小，在使用寿命内基本不需要补充蒸馏水。它还具有耐振、耐高温、体积小、自放电小的特点。只是它的售价也会比普通铅酸和干式荷电蓄电池更贵。至于使用寿命，正常情况下免维护蓄电池的建议更换周期为 3 年左右，与普通铅酸蓄电池相当。传统蓄电池用铅锑合金制造极板的栅架，免维护蓄电池是用铅钙合金制造，这是两者的根本区别点。传统蓄电池在使用过程中会发生减液现象，这是因为栅架上的锑会污染负极板上的海绵状纯铅，减弱了完全充电后蓄电池内的反电动势，造成水的过度分解，大量氧气和氢气分别从正负极板上逸出，使电解液减少。而用钙代替锑，就可以改变完全充电后的蓄电池的反电动势，减少过充电流，液体气化速度降低，从而减小了电解液的损失。充电时产生的水分解量少，水分蒸发量低，加上外壳采用密封结构，释放出来的硫酸气体也很少，所以它与传统蓄电池相比，具有不需添加任何液体，对接线桩头、电线腐蚀少，抗过充电能力强，起动电流大，电量储存时间长等优点。鉴于这些突出优势，免维护铅酸蓄电池现今已被广泛应用于车辆、船舶、UPS 电源、医疗设备等诸多场合。

6.3　镍镉电池和镍氢电池

1. 镍镉/镍氢电池的构造

镍镉电池（Nickel - Cadmium Battery）是指采用金属镉作负极活性物质，氢氧化镍（NiOOH）作正极活性物质的碱性蓄电池。镍镉蓄电池根据结构及制造工艺的不同可分为有极板盒式和无极板盒式电池两大类。有极板盒式镍镉电池（也称袋式电池）是各种类型镍镉电池中最古老、最成熟的一种电池。有极板盒式电池是开口的；无极板盒式电池既可以是开口的，也可以是密封的。下面介绍一些典型的镍镉电池的组成与结构。

有极板盒式镍镉电池结构如图 6 - 8 所示，它的极板、正负极结构相同。包在钢盒中的正极活性物质是氢氧化镍，包在钢盒中的负极活性物质是氢氧化镉。正负极中间用隔板或隔棒加以隔开。正负极板分别用螺栓连接固定。其特点是牢固、可靠、寿命长，可在很宽的温度范围内使用，有良好的电荷保持能力，可以在任何条件下长期贮存而无损坏，成本比其他镍镉电池低得多，适用于放电率不高的场所。

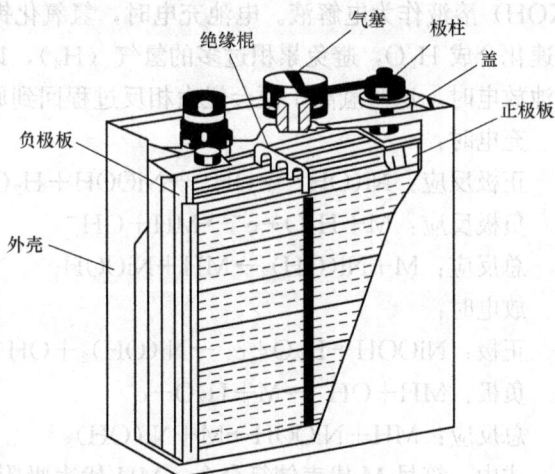

图 6 - 8　有极板盒式镍镉电池的结构

镍氢电池（NiMH Battery）是由镍镉电池（NiCd Battery）改良而来的，它的正极板材料为碱式氧化镍 NiOOH，而负极板材料采用了能吸收氢的合金代替镉，电解液通常用 30% 的 KOH 溶液，并加入少量的 LiOH。隔膜采用多孔维尼纶无纺布或尼龙无纺布等。镍氢电池有圆柱形和方形两种，结构类似于镍镉电池。它以相同的价格提供比镍镉电池更高的电容量、比较不明显的记忆效应以及比较低的环境污染（不含有毒的镉），且其回收再利用的效率比锂离子电池好，因此常被称为是最环保的电池。但是与锂离子电池比较时，镍氢电池却有比较高的记忆效应。旧款的镍氢电池有较高的自我放电反应，新款的镍氢电池已具有相当低的自我放电（与碱性电池相近），而且可于低温下（—20℃）工作。镍氢电池能比碳锌或碱性电池产生更大的输出电流，相对地更适合用于高耗电产品，某些特别型号甚至比镍镉电池有更大输出电流。

2. 镍镉/镍氢电池的充放电反应

在镍镉电池中，电池放电时位于负极的镉（Cd）和氢氧化钾（KOH）中的氢氧根离子（OH⁻）化合成氢氧化镉，并附着在负极上，同时也放出电子。电子沿着外导线转移到正极，和正极的碱式氧化镍与氢氧化钾溶液中的水反应形成氢氧化镍和氢氧根离子，氢氧化镍会附着在阳极上，氢氧根离子则又回到氢氧化钾溶液中，故氢氧化钾溶液浓度不会随着时间而下降。镍镉电池在充电时的反应过程则为上述放电过程的逆过程。其实当环境温度较高时，也常使用氢氧化钠溶液来作为镍镉电池的电解液，但无论使用氢氧化钠溶液还是氢氧化钾溶液，它们都不直接参加反应，而只起导电的作用。镍镉电池中的电化学反应均为

充电时：

正极反应：$Ni(OH)_2 + OH^- \rightarrow NiOOH + H_2O + e^-$

负极反应：$Cd(OH)_2 + 2e^- \rightarrow Cd + 2OH^-$

总反应：$Cd(OH)_2 + 2Ni(OH)_2 \rightarrow Cd + 2NiOOH + 2H_2O$

放电时：

正极反应：$e^- + NiOOH + H_2O \rightarrow Ni(OH)_2 + OH^-$

负极反应：$Cd + 2OH^- \rightarrow Cd(OH)_2 + 2e^-$

总反应：$Cd + 2NiOOH + 2H_2O \rightarrow Cd(OH)_2 + 2Ni(OH)_2$

镍氢电池的充放电过程与镍镉电池略有不同，镍氢电池电解质主要是以氢氧化钾（KOH）溶液作为电解液。电池充电时，氢氧化钾电解液中的氢离子（H^+）会释放出来并迅速化合成 H_2O，避免累积过多的氢气（H_2），以保持电池内部压力安全和体积不会变化。电池放电时，这些氢离子便会经由相反过程回到原来的正极中。

充电时：

正极反应：$Ni(OH)_2 + OH^- \rightarrow NiOOH + H_2O + e^-$

负极反应：$M + H_2O + e^- \rightarrow MH + OH^-$

总反应：$M + Ni(OH)_2 \rightarrow MH + NiOOH$

放电时：

正极：$NiOOH + H_2O + e^- \rightarrow Ni(OH)_2 + OH^-$

负极：$MH + OH^- \rightarrow M + H_2O + e^-$

总反应：$MH + NiOOH \rightarrow M + Ni(OH)_2$

式中：符号 M 代表储氢合金，MH 代表吸附了氢原子的储氢合金，最常用储氢合金有 $LaNi_5$ 等。

3. 镍镉/镍氢电池的比较

镍镉电池正极板上的活性物质由氧化镍粉和石墨粉组成，石墨不参加化学反应，其主要作用是增强导电性。负极板上的活性物质由氧化镉粉和氧化铁粉组成，氧化铁粉的作用是使氧化镉粉有较高的扩散性，防止结块，并增加极板的容量。活性物质分别包在穿孔钢带中，加压成型后即成为电池的正负极板。极板间用耐碱的硬橡胶绝缘棍或有孔的聚氯乙烯瓦楞板隔开。电解液通常用氢氧化钾溶液。镍镉电池充电后，正极板上的活性物质变为碱式氧化镍（NiOOH），负极板上的活性物质变为金属镉；镍镉电池放电后，正极板上的活性物质变为氢氧化镍（$Ni(OH)_2$），负极板上的活性物质变为氢氧化镉。与其他电池相比，NiCd 电池的自放电率（即电池不使用时失去电荷的速率）适中，但镉是有毒的，因而镍镉电池不利于生态环境的保护。镍镉电池在使用过程中，如果放电不完全就又充电，下次再放电时，就不能放出全部电量。如放出 80% 电量后再充足电，该电池只能放出 80% 的电量，这就是因为所谓的记忆效应。当然，几次完整的放电/充电循环将使镍镉电池恢复正常工作。由于镍镉电

池的记忆效应，若未完全放电，应在充电前将每节电池放电至 1V 以下。

镍氢电池具有较好的低温放电特性，即使在 $-20℃$ 环境温度下，采用大电流（以 1C 放电速率）放电，放出的电量也能达到标称容量的 85% 以上。但是，镍氢电池在高温（$+40℃$ 以上）时，蓄电容量将下降 5%～10%。这种由于自放电（温度越高，自放电率越大）而引起的容量损失是可逆的，几次充放电循环就能恢复到最大容量。镍氢电池的开路电压为 1.2V，与镍镉电池相同。

镍镉/镍氢电池的充电过程非常相似，都要求恒流充电。两者的差别主要在快速充电的终止检测方法上，以防止电池过充电。充电器对电池进行恒流充电，同时检测电池的电压和其他参数。当电池电压缓慢上升达到一个峰值，对镍氢电池快速充电终止，而镍镉电池则当电池电压充到最高电压后第一次下降了一个电压 ΔU 时终止快速充电。为避免损坏电池，镍镉/镍氢电池温度过低时不能开始快速充电，当电池温度低于 $10℃$ 时，应进行涓流充电方式。而当电池温度一旦高于规定数值后，必须立即停止充电。

4. 镍镉/镍氢电池的使用和维护

目前，使用镍镉/镍氢电池的人很多，但许多人没有能正确掌握镍镉/镍氢电池的使用方法，使价格昂贵的电池很快报废。使用镍镉/镍氢电池必须注意以下方面。

(1) 注意充电电流。充电电池一般应控制在电池安培小时（Ah）的十分之一。如 5 号电池（AA 型）的安培小时为 0.5～0.6Ah，所以充电的电流应控制在 50mA 左右；7 号电池（AAA 型）安培小时约为 0.2Ah，充电电流应在 20mA 左右。充电电流可用万用表测量。如果发现误差较大，可调整充电器的限流电阻。镍镉/镍氢电池应尽量避免快充，实在需要快充时，应该注意充电时电池的温度，当其温度达到 $50℃$ 时应停止充电。

(2) 注意使用时间。电池使用过程中，电压基本保持稳定，超过放电时间后，电压将明显下降。为了充分利用充电电量，使用时间应等于放电时间。放电时间计算方法如下：设充电时充电器供给电池的充电电流为 i，正常充电时间为 t，使用时电池供给用电器的电流为 i_o，则放电时间 $T = ti/i_o$，当电池使用时间达到放电时间时应及时对电池充电。

(3) 注意记忆效应。电池充放电应严格按要求规范操作，切忌长期过充、过放或经常充电不足。放电不彻底、电池使用时长期小电流深度放电或短路都是造成电池容量下降、寿命缩短的重要因素。镍镉/镍氢电池长期不用时不需要充满电后保存，但须将电池放电至终止电压后方可封装存放在原包装纸盒或用干燥的布、纸包装后，置于干燥、通风处存放。

6.4 锂 电 池

锂电池（Lithium Battery）泛指一类由负极材料中含有锂（包括金属锂、锂合金和锂离子、锂聚合物），且使用非水电解质溶液的电池。严格意义上的"锂电池"应该是指锂原电池，是一种以锂金属或锂合金为负极材料的一次电池。最早出现的锂原电池来自于伟大的发明家爱迪生，使用以下反应：$Li + MnO_2 = LiMnO_2$，该反应为氧化还原反应，反应中释放电能。锂原电池最早得以应用于心脏起搏器中，因为锂原电池的自放电率极低，放电电压平缓，使得植入人体的起搏器能够长期运作而不用经常充电。锂电池一般有高于 3.0V 的标准电压，更适合用作集成电路电源，如锂二氧化锰电池，就广泛用于计算机、计算器、数码相机、电子手表中。由于锂金属的化学特性非常活泼，使得锂金属的加工、保存、使用对环境要求非常高，使用危险性较大，很少应用于日常电子产品中。为了开发出性能更优异的锂电池，人们对各种材料进行了研究。1991 年日本 Sony 公司成功开发锂离子电池。锂离子电池的实用化，使人们的移动电话、笔记型电脑等携带式电子设备质量和体积大大减小，使用时间大大延长。1996 年古迪纳夫（John B. Goodenough）发现了具有橄榄石结构的磷酸盐，如磷酸亚锂铁（$LiFePO_4$），比传统的正极材料更具优越性，因此已成为当前主流的正极材料。由于锂离子电池中不含有重金属镉，与镍镉电池相比，大大减少了对环境的污染，因而久而久之"锂电池"一词就被人们当作了锂离子电池的简称。锂离子电池的能量密度很高，它的容量是同质量的镍氢电池的 1.5～2 倍，而且具有很低的自放电率。此外，锂离子电池几乎没有"记忆效应"，也不含有毒物质，且锂离子电池不含有金属态的锂，使用起来相对锂原电池更加安全，并可以多次充电重复使用，因而得到了普遍应用——许多手机数码设备都采用了锂离子电池作为电源，尽管其价格相对来说比较昂贵。根据锂离子电池所用电解质材料的不同，锂离子电池分为液态锂离子电池（Liquified Lithium-Ion Battery）和聚合物锂离子电池（Polymer Lithium-Ion Battery）。聚合物锂离子电池的原理与液态锂离子电池相同，主要区别是电解液不同。电池主要的构造包括有正极、负极与电解质三项要素，所谓的聚合物锂离子电池是说在这三种主要构造中至少有一项或一项以上使用高分子材料作为主要的电池系统。而在目前所开发的聚合物锂离子电池系统中，高分子材料主要是被应用于正极及电解质。正极材料包括导电高分子聚合物或一般锂离子电池所采用的无机化合物，电解质则可以使用固态或胶态高分子电解质，或是有机电解液，一般锂离子技术使用液体或胶体电解液，因此需要坚固的二次包装来容纳可燃的活性成分，这就增加了质量，另外也限制了尺寸的灵活性。新一代的聚合物锂离子电池在形状上可做到薄形化（甚至最薄可达 0.5mm）、任意面积化和任意形状化，大大提高了电池造型设计的灵活性，从而能更好地满足电子产品的各种尺寸要求，为设备开发商在电源解决方案上提供了更多设计灵活性和适应性，以最大化地优化其产品性能。同时，聚合物锂离子电池的单位能量比一般锂离子电池至少提高了20％，其容量、寿命与环保性能等方面都较锂离子电池均有一些改善。目前，手机里面的电池一般都为聚合物锂离子电池，它比液态锂离子电池要耐高温和撞击，但在过充时仍然有爆炸的危险。

1. 锂电池的构造

锂电池通常有圆柱形和方形两种外形。电池内部采用螺旋绕制结构，用一种非常精细而渗透性很强的聚乙烯薄膜隔离材料在正、负极之间进行间隔。正极包括由钴酸锂（或镍钴锰酸锂、锰酸锂、磷酸亚铁锂等）及铝箔组成的电流收集极。负极由石墨化碳材料和铜箔组成的电流收集极组成。电池内充有有机电解质溶液。另外还装有安全阀和 PTC 保护元件（部分圆柱式使用），以便电池在不正常状态及输出短路时保护电池不受损坏。

方形锂离子电池分为金属壳封装（银白色硬壳）和铝塑壳封装（灰白色软壳）两种。金属壳封装的大多是锂离子电池或液态锂电池，铝塑壳封装的是聚合物锂离子电池。这两种电池使用的化学材料和电化学特性可说是大同小异，主要的差异只是锂离子聚合物电池使用一些胶态物质帮助电池极板的贴合和吸收电解液，减少了液态电解液的使用量，从而电池的封装可由金属壳改成铝塑壳。金属壳锂电池的外壳是负极，正极在电池一侧的突起物上；铝塑壳锂电池的正负极分别是电池一侧的两片极板，外壳为绝缘体。

2. 锂离子电池的特性

（1）能量密度比较高，目前最高已达到 $460 \sim 600$ Wh/kg（Wh 是能量的单位，W 是瓦、h 是小时；kg 是质量单位），大约是铅酸蓄电池的 $6 \sim 7$ 倍。

（2）使用寿命长，使用寿命可达到 6 年以上；

（3）额定电压高（单体工作电压为 3.6V 或 3.2V），约为 3 只镍镉或镍氢充电电池的串联电压，更便于组成高电压供电的电池电源组；

（4）具备高功率承受力，其中电动汽车用的磷酸亚铁锂（$LiFePO_4$）锂离子电池可以达到 $15 \sim 30$C 充放电的能力，适用于汽车高强度的启动加速；

（5）自放电率很低，这是该电池最突出的优越性之一，一般可做到每月自放电率为 1% 以下，不到镍氢电池的 1/20；

（6）质量轻，相同体积下质量约为铅酸产品的 $1/6 \sim 1/5$；

（7）高低温适应性强，可以在 $-20 \sim 60$℃ 的环境下使用，经过特别工艺的处理，可以在低至 -45℃ 的环境下使用；

（8）绿色环保，不论是在生产、使用还是废弃环节，都不含有也不产生任何铅、汞、镉等有毒有害重金属元素和物质；

（9）生产基本不需要消耗水，这对水资源匮乏的地区十分有利。

3. 锂电池的类别与型号

锂电池大致可分为锂原电池和锂离子电池两类。锂原电池也称一次锂电池。以锂金属或锂合金为负极材料、使用非水电解质溶液的电池由于锂金属的化学特性非常活泼，使得锂金属的加工、保存、使用对环境要求非常高。所以，锂电池长期没有得到应用。锂金属电池可以连续放电，也可以间歇放电。一旦电能耗尽便不能再用，在照相机等耗电量较低的电子产品中广泛使用。锂原电池自放电很低，可保存 3 年之久，在冷藏的条件下保存，效果会更好。锂原电池不能充电，否则危险极大。锂离子电池也称二次锂电池。液态锂离子电池是指正、负极嵌入了 Li^+ 化合物的二次电池。锂离子电池工作电压高、体积小、质量轻、能量高、无记忆效应、无污染、自放电小、循环寿命长，是目前最理想的能源载体。液态锂离子电池由于自放电率很低，而且大部分容量可以恢复，所以在 20℃ 条件下可储存半年以上，锂电池的应用温度范围很广，在北方的冬天室外，仍然可以使用，但容量会降低很多，回到室温的条件，容量可以恢复。

对于圆柱形锂离子电池，其型号一般为 5 位数字，见表 6-2。前两位数字为电池的直径，中间两位数字为电池的高度，单位为毫米。最后一位数字 0 表示为圆柱形电池。例如 18650 锂电池，它的直径为 18mm，高度为 65mm。

表 6-2　　　　　圆柱形锂离子电池的型号构成

型号	直径（mm）	高度（mm）
abcde	ab	cd

对于方形锂离子电池，其型号一般为 6 位数字，见表 6-3。前两位数字为电池的厚度，其中的后一位为小数；中间两位数字为电池的宽度；最后两位数字为电池的长度，单位为毫米。例如 606168 锂电池，它的厚度为 6.0mm，宽度为 61mm，长度为 68mm。（由于各电池厂商采用的工艺的不同，同型号的方形锂离子电池的容量存在 300mAh 以内的差别）

表 6 - 3　　　　　　　　　　　　　　　方形锂离子电池的型号构成

方形锂离子电池型号	长度（mm）	宽度（mm）	厚度（mm）	标称电压（V）	额定充电电压（V）
abcdef	ef	cd	ab	3.6~3.7	4.2

　　锂离子电池可选的正极材料很多，主流产品多采用锂铁磷酸盐。不同的正极材料与不同的负极搭配，具有不同的工作电压，如 3.3V 或 3.7V。四种不同正极材料锂离子电池的特性参数见表 6 - 4。

表 6 - 4　　　　　　　　　　　四种不同正极材料锂离子电池的特征参数

正极材料	工作电压（V）	容量（mAh/g）
$LiCoO_2$	3.7	140
$Li_2Mn_2O_4$	4.0	100
$LiFePO_4$	3.3	100
Li_2FePO_4F	3.6	115

　　4. 锂电池的使用和维护

　　锂电池存在自放电现象，如果电池电压在 3.6V 以下长时间保存，会导致电池过放电而破坏电池内部结构，减少电池寿命，因此长期保存的锂电池应当每 3～6 个月补电一次，充电到电压为 3.8～3.9V（锂电池最佳储存电压为 3.85V 左右），保持在 40%～60% 放电深度，也不宜充满。电池应保存在 4～35℃ 的干燥环境中或者使用防潮包装保存，而且要远离热源，不要置于阳光直射的地方。温度对锂电池寿命也有较大的影响。冰点以下环境有可能使锂电池在电子产品打开的瞬间烧毁，而过热的环境则会缩减电池的容量。

　　锂电池充电电压高于 4.2V 后，会开始产生副作用。过充电压越高，危险性也越高。高于 4.2V 后，正极材料内剩下的锂原子数量将不到一半，此时其储存格常会垮掉，让锂电池容量产生永久性的下降。如果继续充电，由于负极的储存格已经装满了锂原子，后续的锂金属会堆积于负极材料表面。这些锂原子会由负极表面往锂离子来的方向长出树枝状结晶。这些锂金属结晶如果刺破隔膜纸，会使正负极短路而产生爆炸。有时在短路发生前锂电池就可能会爆炸，这是因为在过充过程，电解液等材料会裂解产生气体，使得电池外壳或压力阀涨鼓破裂，让空气中的氧气进入与附积在负极表面的锂原子反应，从而发生爆炸。因此，锂电池充电时，一定要限定充电电压上限，才能同时兼顾到电池的寿命、容量和安全性。最理想的充电电压上限为 4.2V，禁止对电池进行过充，对锂离子电池任何形式的过充都会导致电池性能受到严重破坏，甚至爆炸。锂电池放电时也有电压下限。当电芯电压低于 2.4V 时，部分材料会开始被破坏。因此，放电时不要放到 2.4V 才停止。锂电池从 3.0V 放电到 2.4V 这段期间，所释放的能量只占电池容量的 3% 左右。因此 3.0V 是一个理想的放电截止电压。充放电时，除了电压的限制，电流的限制也很有必要。当充放电电流过大时，锂离子来不及进入储存格，会聚积于材料表面。这些锂离子获得电子后，会在材料表面产生锂原子结晶，这与过充一样，会有一定危险性。因此在使用锂离子电池时至少要注意充电电压上限、放电电压下限以及电流上限这三项。一般锂电池组内，除了锂电池电芯外，都会有一块小电路板，这块电路板主要就是为了提供这三项保护，如果充电或放电时电池电压超过 4.2V、低于 2.5V 或者电池电流超过预定电流值，该电路板就会立即断开电池连接。但是，仅有这三项保护显然仍是不够的，全球锂电池爆炸事件还是时有发生，必须对锂电池爆炸的原因进行更仔细地分析，并从其制造材料和生产工艺上进一步提升锂电池的本质安全性。

锂离子电池可充电次数与放电深度有关，电池放电深度越深，可充电次数就越少。可充电次数×放电深度＝总充电周期完成次数，总充电周期完成次数越高，代表电池的寿命越高，即可充电次数×放电深度＝实际电池寿命（忽略其他因素）。过高和过低的电量状态对锂电池的寿命有不利影响。大多数售卖电器或电池上标识的可反复充电次数，都是以放电80％为基准测试得出的。实验表明，对于一些笔记本电脑的锂电池，经常让电池电压超过标准电压 0.1V，即从 4.1V 上升到 4.2V，那么电池的寿命会减半，再提高 0.1V，则寿命减为原来的 1/3；给电池充电充得越满，电池的损耗也会越大。长期低电量或者无电量的状态则会使电池内部对电子移动的阻力越来越大，于是导致电池容量变小。锂电池最好是处于电量的中间状态，那样的话电池寿命最长。

6.5 燃 料 电 池

燃料电池（Fuel Cell）是将所供燃料的化学能直接转化为电能的一种能量转换装置，是通过连续供给燃料从而能连续获得电能的发电装置。由于其具有发电效率高、能适应多种燃料和环境友好等优点，近年来已在积极地进行开发。譬如，燃料电池和锂电池一样都是当今电动汽车最有希望的动力解决方案，一些使用燃料电池的车辆已经被制造出来，并经受了长期的上路测试。而最早的燃料电池的应用可以追溯到美国太空总署 1960 年的太空任务当中，用于为太空探测器、人造卫星和太空舱提供电力。从此以后，燃料电池就开始被广泛使用在工业、住屋、交通等方面，作为主要或后备供电装置。燃料电池其实也是一种电化学装置，其组成与一般电池相同：其单体电池是由正、负两个电极（正极为氧化剂电极，负极为燃料电极）和电解质组成。燃料电池之所以被称作"电池"也正是因为它和一般电池一样能把化学能直接转化为电能。不同的是一般电池的活性物质必须存储在电池内部，从而限制了电池的容量，而且普通蓄电池只是一种能量储存装置，必须先将电能储存到电池中，在工作时才能输出电能，在工作时不需要输入能量，也不产生电能。而燃料电池的正、负极本身不包含活性物质，只作为催化转换元件。燃料电池工作时，燃料和氧化剂由外部供给，在燃料电池内部进行反应，原则上只要反应物不断输入，反应产物不断排出，燃料电池就能连续地发电。这些都是燃料电池与普通电池存在的本质区别。除了燃料电池本体外，燃料电池工作时还必须有一套相应的保障系统，包括燃料、反应剂供给系统、排热系统、排水系统、电性能控制系统及安全装置等。因此，从某种意义上来说，燃料电池从外观上更像传统的发电装置，而不像一般的电池。

早在 1839 年，英国科学家格罗夫（Willion Grove）就提出了氢氧燃料电池的原理。这是一种将化学能直接转换为电能的化学系统，它的主要部件为两个电极和电解液。H_2 和 O_2 燃料电池示意图如图 6-9 所示，在正极（燃料电极）上，氢气在催化剂作用下分离出质子（氢离子）和电子，其中氢离子通过电解液流到负极（氧气电极），而电子不能通过电解液，留在正极，这样就在两极之间形成了电位差。如果接通两极，氢原子分离出的电子就会沿电路从正极流到负极，在负极与氢离子结合后，与氧气发生反应，生成水并释放出热量。以上

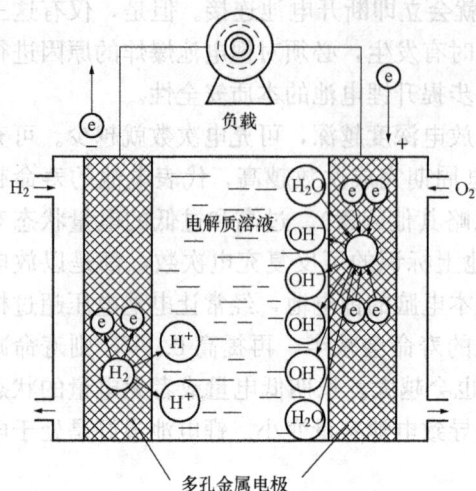

图 6-9 H_2 和 O_2 燃料电池示意图

过程可归纳成如下化学反应：

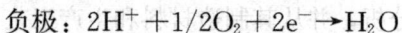

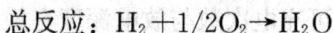

正极：$H_2 \rightarrow 2H^+ + 2e^-$

负极：$2H^+ + 1/2O_2 + 2e^- \rightarrow H_2O$

总反应：$H_2 + 1/2O_2 \rightarrow H_2O$

虽然称为燃料电池，但其运行过程中并不会产生燃烧的明火，中间也不经过燃烧过程，因此不会受到卡诺循环的限制，也没有经历像火力发电系统那样通过锅炉、汽轮机、发电机的多种能量转化过程，可以避免中间的转换的损失，达到很高的发电效率。燃料电池系统的燃料——电能的转换效率达 $45\% \sim 60\%$，甚至更高，而火力发电和核电的转换效率大约在 $30\% \sim 40\%$，同时还有以下一些特点：

（1）不管是满负荷还是部分负荷均能保持高发电效率。

（2）不管装置规模大小均能保持高发电效率。

（3）具有很强的过负荷能力。

（4）通过与燃料供给装置组合的可以适用的燃料广泛。

（5）用天然气和煤气等为燃料时，NO_x 及 SO_x 等排放量少，对环境污染很小。

（6）燃料电池电站占地面积小，建设周期短，安装地点灵活；电站功率可根据需要由电池堆组装，十分方便；而且，它对负荷变化响应快，在数秒钟内就可以从最低功率变换到额定功率。燃料电池无论是作为集中电站还是分布式电站，或是作为小区、工厂、大型建筑的独立电站都非常合适。

燃料电池若按工作原理种类可分为酸性燃料电池和碱性燃料电池；若按燃料的不同可分为氢燃料电池、甲烷燃料电池、甲醇燃料电池、乙醇燃料电池等；若按电解质的种类来划分，目前使用的主流燃料电池种类有质子交换膜燃料电池（Proton Exchange Membrane Fuel Cell，PEMFC）、磷酸型燃料电池（Phosphoric Acid Fuel Cell，PAFC）、固体氧化物燃料电池（Solid Oxide Fuel Cell，SOFC）、熔融碳酸盐燃料电池（Molten Carbonate Fuel Cell，MCFC）。以下将对按电解质种类划分的这四种燃料电池分别进行介绍。

6.5.1 质子交换膜燃料电池

质子交换膜燃料电池又称固体高分子电解质燃料电池，是一种以含氢燃料与空气作用产生电力与热力的燃料电池，运行温度在 $50 \sim 100℃$ 之间，无需加压或减压，以高分子质子交换膜为传导媒介，没有任何化学液体，发电后产生纯水和热。它在原理上相当于水电解的"逆"装置，其单电池由阳极、阴极和质子交换膜组成，阳极为氢燃料发生氧化的场所，阴极为氧化剂还原的场所，两极都含有加速电极电化学反应的催化剂，质子交换膜作为电解质。因为质子交换膜燃料电池运行时相对低温与常压的特性，加上对人体无化学危险、对环境无害，适合应用在日常生活，所以被发展应用在运输动力型、现场型与携带型等机组。质子交换膜燃料电池每一个电池组，一般是由十一层结构所组成。电极组的中间层为高分子质子交换膜，简称交换膜，是固态高分子电解材料，用以传送质子，且需隔阻电子与气体通过；其两边外侧为触媒反应层，阳极与阴极的电化学反应分别在此两层进行，目前以铂/碳或铂/钌/碳粉体为触媒；触媒层两边外侧是两层扩散层，用于将反应物扩散至触媒反应层，并将生成物扩散排出；扩散层两边外侧为两层流场板，与扩散层接触面有许多气体导流槽，反应物与生成物即经由这些导流槽进出燃料电池；流场板外侧是导电板，负责收集电流，再经由电路传送至负载；最外层有两片连接片，用以固定与隔离保护整个电池组。

加拿大 Ballard Power 公司的 PEMFC 技术应用领域包括固定燃料电池发电厂和可移动的交通工具等。其最初产品是 250kW 燃料电池电站，其基本构件是 Ballard 燃料电池，利用氢气（由甲醇、天然气或石油得到）、氧气（由空气得到）不经燃烧地发电。Ballard Power 公司正和世界许多著名公司合作以使 Ballard 燃料电池商业化。Ballard 燃料电池已经用于固定燃料电池发电厂，至 2000 年 10 月，Ballard 已经在全球建立了 4 座固定发电厂，通过在不同地区进行测试以促进燃料电池电站的商业化。在 Ballard Power 公司的带动下，许多汽车制造商参加了燃料电池车辆的研制，如 Chrysler（克莱斯勒）、Ford（福特）、GM（通用）、Honda（本田）、Nissan（日产）、Volkswagen（大众）和 Volvo（沃尔沃）等，它们生产的燃料电池汽车上使用的许多燃料电池都是由 Ballard 公司生产的。同时，它们也将大量的资金投入到燃料电池的研制当中，如克莱斯勒公司给 Ballard Power 公司注入 4 亿 5 千万加元用于开发燃料电池汽车，大大地促进了 PEMFC 的发展。1997 年，Toyota 公司就制成了一辆 RAV4 型带有甲醇重整器的跑车，该跑车由一个 25kW 的燃料电池和辅助干电池一起提供它所需的全部 50kW 的能量，最高时速可以达到 125km/h，行程可达 500km。燃料电池汽车和锂电池汽车都是未来电动汽车发展的重要方向。

需要特别提出的是，直接甲醇燃料电池（Direct Methanol Fuel Cell，DMFC）是一种非常有前景的燃料电池，它属于质子交换膜燃料电池中的一种。直接使用甲醇水溶液或蒸汽甲醇为燃料供给来源，而不需通过甲醇、汽油及天然气的重整制氢以供发电，降低了使用成本，同时也避免了氢气存储带来的安全性问题。相较于质子交换膜燃料电池，直接甲醇燃料电池还具备低温快速启动、燃料洁净环保以及电池结构简单等特性。这使得直接甲醇燃料电池可能成为未来便携式电子产品应用的主流。直接甲醇燃料电池是以甲醇为燃料，通过与氧结合产生电流的。其电化学转化过程又可分为两种方式，一种是直接燃料电池，另一种是间接燃料电池。直接燃料电池主要是甲醇在阳极被电解为氢和二氧化碳，氢通过质子膜到阴极与氧气反应并同时产生电流。间接燃料电池是先将甲醇进行炼解或重整得到氢，然后再由氢和氧通过质子膜电解槽反应而获得供给汽车动力的电能。

6.5.2　磷酸燃料电池

磷酸燃料电池是当前商业化发展得最快的一种燃料电池。正如其名字所示，它采用磷酸为电解质，利用廉价的炭材料为骨架。它除了可以使用氢气作为燃料外，还可以直接利用甲醇、天然气、城市煤气等低廉燃料。磷酸型燃料电池已成为发展最快的，也是目前最成熟的燃料电池，它代表了燃料电池的主要发展方向。磷酸燃料电池的工作温度要比质子交换膜燃料电池和碱性燃料电池的工作温度略高，约为 150～200℃ 左右，但仍需电极上的白金催化剂来加速反应。其阳极和阴极上的反应与质子交换膜燃料电池相同，但由于其工作温度较高，所以其阴极上的反应速度要比质子交换膜燃料电池的阴极的速度快。较高的工作温度也使其对杂质的耐受性较强，当其反应物中含有 1%～2% 的一氧化碳和百万分之几的硫时，磷酸燃料电池照样可以工作。磷酸燃料电池的效率比其他燃料电池低，约为 40%，其加热的时间也比质子交换膜燃料电池长。虽然磷酸燃料电池具有上述缺点，它们也拥有许多优点，如构造简单、稳定、电解质挥发度低等。磷酸燃料电池可用作公共汽车的动力，而且有许多这样的燃料电池系统正在运行。在过去的20多年中，磷酸燃料电池已经成功地应用于固定发电装置，已有许多发电能力为 $0.2\sim20MW$ 的工作装置被安装在世界各地，为医院、学校和小型工厂提供动力。

6.5.3　固体氧化物燃料电池

固体氧化物燃料电池采用固体氧化物作为电解质，除了高效、环境友好的特点外，它无材料腐蚀和电解液腐蚀等问题；在高的工作温度下电池排出的高质量余热可以充分利用，使其综合效率可由50％提高到70％以上；它的燃料适用范围广，不仅能用 H_2，还可直接用 CO、天然气、甲烷、煤气、碳氢化合物、NH_3、H_2S 等作燃料。和一般燃料电池一样，固体氧化物燃料电池也是由阳极、阴极及两极之间的电解质组成，但工作温度相对较高，一般在 $800\sim1000℃$。在阳极一侧持续通入气体燃料，如 H_2、CH_4、煤气等，具有催化作用的阳极表面将吸附燃料气体，并通过阳极的多孔结构扩散到阳极与电解质的界面。在阴极一侧持续通入氧气或空气，具有多孔结构的阴极表面将吸附氧气，由于阴极本身的催化作用，使得 O_2 得到电子变为 O^{2-}，在化学势的作用下，O^{2-} 进入起电解质作用的固体氧离子导体，由于浓度梯度引起扩散，最终到达固体电解质与阳极的界面，与燃料气体发生反应，失去的电子通过外电路回到阴极。SOFC 系统的化学反应可以表达如下：

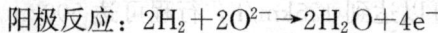

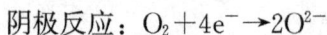

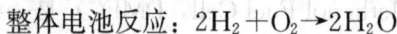

阳极反应：$2H_2+2O^{2-}\rightarrow2H_2O+4e^-$

阴极反应：$O_2+4e^-\rightarrow2O^{2-}$

整体电池反应：$2H_2+O_2\rightarrow2H_2O$

固体氧化物燃料电池是一种新型全固体燃料电池，具有以下优点：①使用全固体组件，不存在对漏液、腐蚀管理问题；②可以用天然气作燃料，通过内部或外部重整利用石化燃料，有利于环境保护；③不需要使用贵金属催化剂，从而节约了贵金属；④余热温度较高，可以直接利用；⑤可忽略正负极极化损失，极化损失集中在电解质电阻上；⑥电解质的性能较稳定，抗毒性较好；⑦可长期连续稳定工作。

6.5.4　熔融碳酸盐燃料电池

20世纪50年代初，熔融碳酸盐燃料电池由于其可以作为大规模民用发电装置的前景而引起了世界范围的重视。它是由多孔陶瓷阴极、多孔陶瓷电解质隔膜、多孔金属阳极、金属极板构成的燃料电池。其电解质是熔融态碳酸盐。这种盐变为熔化态允许电荷（负碳酸根离子）的在电池中移动。用于熔融碳酸盐燃料电池（MCFC）系统中的化学反应可表示如下：

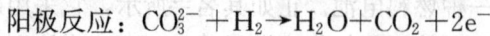

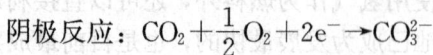

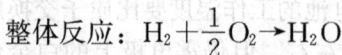

阳极反应：$CO_3^{2-}+H_2\rightarrow H_2O+CO_2+2e^-$

阴极反应：$CO_2+\dfrac{1}{2}O_2+2e^-\rightarrow CO_3^{2-}$

整体反应：$H_2+\dfrac{1}{2}O_2\rightarrow H_2O$

熔融碳酸盐燃料电池是一种高温（$600\sim700℃$）电池，具有效率高（高于40％）、噪声低、无污染、燃料多样化（氢气、煤气、天然气和生物燃料等）、余热利用价值高和电池构造材料价廉等诸多优点。但是，如同固体氧化物燃料电池一样，熔融碳酸盐燃料电池的主要缺点包括缓慢的启动时间和很高的运行温度，这使熔融碳酸盐燃料电池系统不适合移动应用。熔融碳酸盐燃料电池技术的主要挑战是电池的寿命短。高温和碳酸盐电解质导致在阳极和阴极的腐蚀。这些因素加速 MCFC 元件的分解，从而降低耐久性和电池寿命。研究人员正在通过探索耐腐蚀材料部件，以及可以增加电池寿命而不降低性能的燃料电池的设计来解决这个问题。

6.6 UPS

不间断电源（Uninterruptible Power System/Uninterruptible Power Supply，UPS）是一种利用蓄电池（多为铅酸免维护蓄电池）作为后备能量在市电断电或发生异常等电网故障时在瞬间内或不间断地为用户设备提供交流电能的一种能量转换装置。

目前，随着大规模电力设施建设的持续开展，我国已有部分地区解决了电力紧张的问题，但仍有不少地区和大城市还面临着（季节性）电力供应紧张的迫切问题，供电质量也不能完全得到保证。即使是在早已实现电气化的美国和其他西方国家，电网的质量也远非完全可靠。由于电网本身的质量问题及各种偶然因素的作用，再加上某些自然灾害的发生、电压浪涌、电磁噪声，电压突然持续偏高或持续偏低等现象在发达国家也是常事。在当今信息社会，各种数据蕴含了宝贵的价值。然而据统计，在造成数据丢失的各种导致因素中，电源故障以 45.3% 的几率居首位，其他几种主要的因素分别是：暴风雨 9.4%、火灾 8.2%、硬软件故障 8.2%、洪水 6.7%、地震 5.5%。可以想象，如果未使用不间断电源系统，那么当市电发生异常时，将会造成计算机断电、死机，甚至造成硬件损坏等故障；在医院里，电子医疗设备如果因为停电而停止工作，对病人的影响是致命的。硬件损坏后可以再更换新硬件，但是万一丢失了重要的数据资料，就不是花钱就一定能弥补回来的。为重要的电子设备添置不间断电源系统，就是增加了一套保险装置，有备无患。因此，不间断电源设备广泛地应用在银行、医疗、邮电、国防、工业控制、机要机关等对供电稳定性要求较高的单位。当市电输入正常时，UPS 将市电稳压后供应给负载使用，此时的 UPS 就是一台交流市电稳压器，同时它还向机内电池充电；当市电中断（如出现供电事故造成停电）时 UPS 立即将电池储存的直流电能通过逆变零切换转换的方法向负载供应持续的交流电能，使负载维持正常工作并保护负载软、硬件不受损坏。不间断电源曾经使用飞轮和内燃机为负载提供电能供应，这种不间断电源被称为飞轮式或旋转式不间断电源。它是采用柴油发电机—电动机—发电机组来产生电能的。在电网供电的情况下，市电供给电动机，电动机带动发电机，把发电机发出的电供给负载。电源系统中的飞轮惯性很大，它是一个储能装置，当市电发生断电时，电动机就停止运行，这时靠飞轮的惯性使发电机继续发电，同时立即起动油机供电，从而使负载不断电。这种不间断电源装置运行稳定可靠、维护简单方便，但其体积大且十分笨重、效率低、噪声大、操作控制也不灵活。因此仅被用于应急情况和一些自然状况恶劣的场合。现在，不间断电源基本上都是使用蓄电池来提供电能的，UPS 均指不带旋转发电机的蓄电池式 UPS。需要指出的是，不间断电源系统并不是只有当停电时才有用，如市电电压过低、过高、浪涌、噪声等市电异常均是足以影响电子设备正常运作的电源质量问题，而配备不间断电源系统能一次性解决几乎所有的电源质量问题。由此可见使用不间断电源系统的重要性。具体而言，UPS 的作用一般包括以下几点：

（1）停电保护。交流电源输入中断时 UPS 立即将电池电能转换成交流电源继续供电。

后备供电时间长短由电池容量、负载大小等因素决定。

（2）高低电压保护。市电电压高低易受电力输送线路和用电负荷的影响，电压太高或太低会使用户设备缩短寿命，严重时会烧毁设备，市电电压过高或过低时 UPS 内的稳压器将做适当的调整，使 UPS 输出的电压调整到可使用的范围；若电压过高或过低并超出了可调范围，UPS 将切换至电池电源来继续供电，以保护用户设备。

（3）波形失真处理。使输出给负载的交流电压保持标准的正弦波形。

（4）频率稳定。稳定交流电压频率在额定频率范围。

（5）抑制差模噪声。抑制产生在相线与中性线之间差模噪声。

（6）抑制共模噪声。抑制产生在相线/中性线与地线之间共模噪声。

（7）突波保护。一般 UPS 会加装突波吸收器或尖端放电设计吸收突波，以保护用户设备。

（8）瞬时响应保护。市电受干扰时有时会造成电压凸出或下陷或瞬间中断，使用在线式 UPS 可提供稳定的电压，使电压变动在较小范围内，可延长设备寿命及保护设备。

UPS 按照输出容量大小可划分为：小容量（3kVA 以下）、中小容量（3～10kVA）、中大容量（10kVA 以上）。UPS 按输入输出相数可划分为：单相输入/单相输出、三相输入/单相输出、三相输入/三相输出。三相供电方式的市电配电和负载配电容易，每一相都承当一部分负载电流，因此中、大功率的 UPS 多采用三相输入/单相输出或三相输入/三相输出的供电方式。UPS 按输出波形的不同可分为：正弦波、阶梯波、方波输出型 UPS。UPS 按其工作方式可分为后备式（Off Line）、在线式（On Line）及在线互动式（Line Interactive）3 大类。

（1）后备式 UPS。当市电正常时，它向负载提供的是使用交流调压器对市电电压稍加稳压处理的正弦电源，此时逆变器不工作，若蓄电池处于亏电状态则由相对独立的充电器自动对蓄电池进行充电；当市电超出其正常范围或停电时，通过转换开关转为通过蓄电池逆变产生的标准交流电源向负载供电。后备式 UPS 的特点是结构简单、体积小、效率高、成本低，但输入电压范围窄、输出电压稳定精度差。切换开关切换的时间一般是几毫秒到十几毫秒，对于计算机类设备的影响不大，但是切换刚开始的时候输出的交流电的波形与市电电压波形可能存在相位差，波形可能也并不是标准的正弦波，所以对于一些供电质量要求比较高的设备可能会有些影响。后备式 UPS 的工作原理如图 6 - 10 所示。

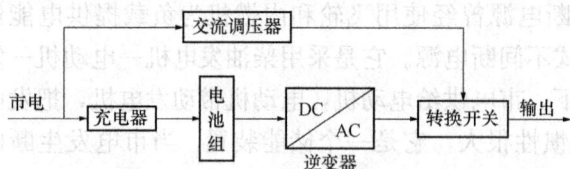

图 6 - 10　后备式 UPS 工作原理示意图

（2）在线式 UPS。在线式是指不管市电电压是否正常，负载所用的交流电压都要经过逆变电路，即逆变电路始终处于工作状态。在线式 UPS 工作原理如图 6 - 11 所示，在市电正常时，电网输入的电源经过噪声滤波器去除电网中的高频干扰，以得到纯净的交流电，然后分为两路，一路进入整流器进行整流和滤波，并将交流电转换为平滑直流电供给逆变器，而逆变器又将直流电转换成高质量的交流电供负载使用，另一路进入充电器在蓄电池组亏电时对蓄电池组充电。当市电中断时，交流电的输入已被切断，整流器不再工作，此时蓄电池组立即放电把能量输送到逆变器，再由逆变器把直流电变成交流电，供负载使用。因此，对于负载来说，尽管市电已不复存在，但

此时负载并未因市电中断而停电，仍可以
正常运行。其特点是有极宽的输入电压范
围，无切换时间且输出电压稳定精度高，
特别适合对电源要求较高的场合，但是成
本较高。在线式 UPS 结构比后备式 UPS
复杂，但性能完善，能解决一些电源问

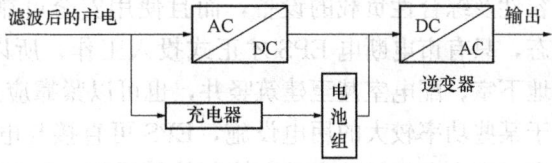

图 6-11　在线式 UPS 工作原理示意图

题，如能够持续零中断地输出纯净正弦波交流电，能够解决尖峰、浪涌、频率漂移等电源问
题；由于需要较大的投资，通常应用在某些关键设备与网络中心等对电力要求苛刻的环
境中。

（3）在线互动式 UPS。在市电正常时，市电经过交流调压器提供给负载改良了的市电，
此时由交流调压器完成输出电压的调整，双向变换器处于整流工作状态，给蓄电池组充电，
起充电器的作用；当市电中断时，负载完全由蓄电池经双向变换器变换后供电，此时双向变
换器处于逆变工作状态。在线互动式 UPS 工作原理如图 6-12 所示，这个双向变换器既可
以当逆变器使用，又可作为充电器使用。在线互
动式 UPS 是介于后备式 UPS 和在线式 UPS 工作

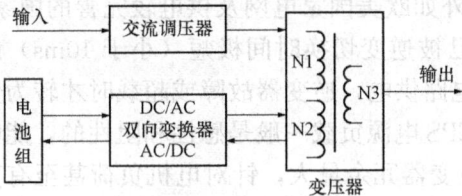

图 6-12　在线互动式 UPS 工作原理示意图

方式之间的 UPS 设备。在线互动式与后备式相
比，在线互动式具有滤波功能，抗市电干扰能力
很强，转换时间小于 4ms，逆变输出为模拟正弦
波，所以能配备服务器、路由器等网络设备，或
者用在电力环境较恶劣的地区。而与在线式相
比，在线互动式有一定的转换时间，在市电供电时，在线互动式 UPS 输出电压只是幅度有
改善，输入的失真、干扰等传递给了负载，动态性能也不好，在输入电压或负载电流突变
时，输出电压突变较大，恢复到新稳态所需时间长，稳压精度较差，不适合对供电质量要求
很高的环境；然而与在线互动式相比在线式具有更低的价格，而且工作效率更高，产生的噪
声小。

6.7　EPS

紧急供电电源（Emergency Power Supply，EPS）是一种允许短时电源中断的应急电源
装置，主要用于消防行业用电设备。它主要针对城市中高层建筑中的应急照明、消防设施
等，在解决照明用电或只有一路市电，代替发电机组构成第二电源的场合使用。EPS 由互
投装置、自动充电机、逆变器及蓄电池组等组成。在交流市电正常时逆变器不工作，负载由
交流市电供电，当交流市电断电后，逆变器立即启动，耗时约 0.1~0.25s，同时互投装置
将会立即投切至逆变电源为负载供电。当市电电压恢复时，互投装置又会投切至交流市电供
电。EPS 适用范围广、负载适应性强、安装方便、效率高。采用集中供电的应急电源可克
服其他供电方式的诸多缺点，减少不必要的电能浪费。在应急事故、照明等用电场所，它与
转换效率较低且长期连续运行的 UPS 不间断电源相比，具有更高的性能价格比。

当市电有电时，EPS 处于静态，噪声很小，不需排烟、防振处理，而且无火灾等隐患；
市电断电时 EPS 能自动切至蓄电池供电，实现无人值守。其带载能力强，适用于电感性、电容性及综合性负载的设备，而且使用安全可靠。还由于 EPS 在市电正常时处于"睡眠"状态，只有市电断电 EPS 才正式投入工作，所以主机寿命很长。EPS 能适应恶劣的环境，如地下室、配电室甚至建筑竖井，也可以紧靠应急负载使用场所就地设置，减少供电线路。对于某些功率较大的用电设施，EPS 可直接与电机相连，完成变频启动后再进入正常运行状态，省去电机的软启动和控制箱等设置。标准型 EPS 应急时间为 1 小时（有延时接口），可长可短，应用范围广泛。因此，EPS 是一种可靠的绿色应急供电电源，它非常适用于高层建筑消防设施等没有第二路市电，又不便使用柴油发电机组的场合。使用 EPS 既可以满足安全规范的要求，又节省了人力、财力、物力。同时，EPS 电源也适用于一些工程中的局部重要场合，并作为末端应急备用电源。

在国内，EPS 主要用于消防行业，一般对逆变切换时间要求不高，只在特殊场合的应用具有一定要求，有多路输出且对各路输出及单个蓄电池具有监控检测功能。而 UPS 电源一般用于精密仪器供电（如电信、网络服务器等重要设备），要求供电质量较高，对逆变切换时间、输出电压、频率稳定性、输出波型等均有较高要求。EPS 日常着重于旁路供电，市电停电时才转为逆变供电，电能利用率高。在国外如欧美国家电网及供电较完善的国家，为了节能和节约设备成本，部分使用 UPS 的场所已被逆变切换时间极短（小于 10ms）的 EPS 取代。UPS 电源日常着重整流/逆变的双变换电路供电，逆变器故障或超载时才转为旁路供电，电能利用率不高（一般为 80%～90%）。EPS 电源负载一般是感性和阻性的，能够带电机、照明、风机、水泵等设备，故 EPS 电源逆变器冗余量大，针对电机负荷甚至有变频启动功能，而且还有多路互投功能，可与消防系统进行联动。UPS 电源的逆变器冗余相对来说较小，与消防无关，无互投功能。

思考与复习

6-1　什么是蓄电池？蓄电池的作用是什么？蓄电池的电能是由什么能量转化来的？

6-2　铅蓄电池的正负极材料分别是什么？试阐述它的工作原理。

6-3　锂电池相比其他电池的优势和劣势分别是什么？18650 锂电池的外形特征是什么？

6-4　什么是镍镉电池，什么是镍氢电池？它们有哪些异同？

6-5　燃料电池的特点是什么？

6-6　什么是 UPS？什么是 EPS？它们主要的用途分别是什么？

第 7 章　新 能 源 发 电 技 术

　　粮食、能源、人口、环境、资源被列为困扰全人类的五大问题，其中能源问题至关重要。能源是社会活动的重要保障条件，是国民经济的物质基础。从两次石油危机开始，由于全球经济发展的要求和不断减少的能源资源，世界上的主要国家的能源安全都出现了问题，由其引发的冲突乃至局部战争至今仍时有发生。为了应对能源危机，各国都在大力调整能源消耗结构并着力推动各种新能源的开发利用。中国是世界上最大的发展国家之一，人口约占世界总人口数量的五分之一，能源短缺危机在我国尤其突出。

　　能源按照能否从自然界直接获取可分为一次能源和二次能源。煤、石油、天然气、太阳能、风能、水能、地热能、核能等属于一次能源；而电能、煤气等属于二次能源。按照原材料能否再生分为可再生能源和不可再生能源。太阳能、风能、水能等属于可再生能源；而煤、石油、天然气、核裂变能等属于不可再生能源。按照利用的技术状况分为常规能源和新能源。新能源一般是指在新技术基础上加以开发利用的可再生能源，包括太阳能、生物质能、风能、地热能、波浪能、洋流能和潮汐能等，此外，还有氢能等；而已经广泛利用的煤炭、石油、天然气、水能、核裂变能等能源，称为常规能源。按照对环境的影响，分为清洁能源和非清洁能源。太阳能、风能、水能、核能等属于清洁能源；煤、石油、天然气等属于非清洁能源。绿色能源也称清洁能源，是环境保护和良好生态系统的象征和代名词，它可分为狭义和广义两种概念。狭义的绿色能源是指可再生能源，如水能、生物能、太阳能、风能、地热能。这些能源消耗之后可以恢复补充，很少产生污染。广义的绿色能源则指在能源的生产及消费过程中，对生态环境污染很低甚至没有污染的能源，如天然气、清洁煤和核能等。核能虽然属于清洁能源，但核裂变需要消耗具有强放射性的铀矿，不是可再生能源，而且核废料也会污染环境，需要特殊处理后进行深埋。

　　据国家统计局 2014 年的统计数据，在我国一次能源消耗总量中，煤炭所占的消费比重约为 66.0%，石油约为 17.1%，天然气约为 6.2%，水电、核电和风电共占约 10.7%。随着我国城镇工业化进程的加快，这种以煤和石油等化石能源为主的一次能源结构还是不利于长期发展的，而且由于我国以前长期的粗放型经济发展模式，导致主要能源平均利用率长期偏低，造成了严重的资源浪费和环境污染。只有调整化石能源在能源结构中的比例，才能有效减少排放，从根本上解决雾霾等严重的环境问题。因此，煤和石油这两大类传统的、有污染性的能源在未来的能源消费结构中下降是大势所趋。与此同时，必须提高其他类型的能源来弥补煤炭、石油比例下降的缺口，所以还要加快发展绿色能源。2012 年底中国"十八大报告"明确指出，我国需要推动能源生产和消费革命，支持节能低碳产业和新能源、可再生能源发展，确保国家能源安全。2013 年 8 月，中国国家电网公司印发了电能替代实施方案，开始面向终端能源消费市场推行"以电代煤、以电代油、电从远方来"的能源消费新模式。当前我国经济增长面临结构性调整，增加电能在终端能源消费中的比重，既有经济性和可行性，又能在很大程度上减少污染，保护环境，为推进生态文明建设，实现绿色发展和循环发展，提供强有力的保障。电力在能源发展中居中心地位，实施电能替代战略，不断提高电能占终端能源消费的比重，是能源结构优化、显著降低排放、治理城市雾霾的有效措施。实施电能替代，加快能源结构调整，一是要减少直燃煤，主要是以输电替代输煤，将煤炭就地转化为电能并进行集中排污治理，让环保效果明显的电能替代煤炭分散燃烧；二是要大力推进电动汽车发展以实现"以电代油"，这在全球汽车行业面临能源和环保双重压力的现实情况下，已成为现代化交通发展的重要方向；三是要实现绿色电力对传统电力的替代，开发清洁和可再生新能源；最后，通过特高压电网把我国西部、北部的火电、风电、太阳能发电和西南水电远距离、大规模输送到东部和中部，并最终在能源终端消费环节实现以电代煤、以电代油，有效地消除东中部地区的能源消费的不平衡。据统计，截至2014年底，全国发电装机容量136019万kW。其中，火电91569万kW（含燃煤发电82524万kW、燃气发电5567万kW），占全部装机容量的67.4%，比上年降低1.7个百分点；水电30183万kW（含抽水蓄能2183万kW），占全部装机容量的22.2%；风力发电并网装机达到9581万kW；太阳能发电并网装机达到3000万kW；运行核电总装机约2010万kW。中国已成为全球可再生能源利用规模最大的国家。2014年底，国务院还颁布了《能源发展战略行动计划2014—2020》，其中指出我国进一步优化能源结构的路径是：降低煤炭消费比重，提高天然气消费比重，大力发展风电、太阳能、地热能等可再生能源，安全发展核电；还计划到2020年，煤炭消费占一次能源消费的比重控制在62%以内，石油所占比重为13%，天然气所占比重达到10%以上，其他非化石能源所占比重达到15%。

新能源产业的发展既是整个能源供应系统的有效补充手段，也是环境治理和生态保护的重要措施。在中国可以形成产业的新能源主要包括海洋能、风能、太阳能、生物质能、核聚变能等，这些都是可循环利用的清洁能源。本章主要介绍风能、太阳能、海洋能、核聚变能这几种新能源，而且这些能源绝大部分都是通过转化成电能来供人类使用的。

7.1 风 能

风能是由地球表面空气流动所产生的一种能量，空气流具有的动能称为风能。地面各处由于受太阳辐射后气温变化不同和空气中水蒸气的含量不同，因而引起各地气压的差异，在水平方向高压空气向低压地区流动，即形成了风。风能资源取决于风能密度和可利用的风能年累积小时数。风能密度是单位迎风面积可获得的风的功率，与风速的三次方和空气密度成正比关系。

7.1.1 风能利用状况

风能是清洁的可再生能源，越来越受到各国的重视。其蕴藏量巨大，全球的风能约为2.74×10^6GW，其中可利用的风能为2×10^4GW，比地球上可开发利用的水能总量大10倍。风很早以前就开始被人们所认识和利用，主要是通过风车来抽水、磨面等，而现在，人们感兴趣的是如何利用风能来发电。根据全球风能理事会的统计，2001～2010年间全球逐年新增风电装机容量的统计如图7-1所示。由图可见，风电的装机容量逐年稳步增加，其中2010年新增44GW，截至2010年底，全球风电装机容量累计已经超过203GW。另外，全球风能理事会发布的《2014年全球风电装机统计数据》显示，2014年全球风电新增装机容量达到51.477GW，实现44%的年增长，创下了历史新高；其中亚洲新增装机容量为26.16GW，成为全球装机最多的区域，中国达到23.35GW，同比大增45%，印度为

2.32GW，位居第二。

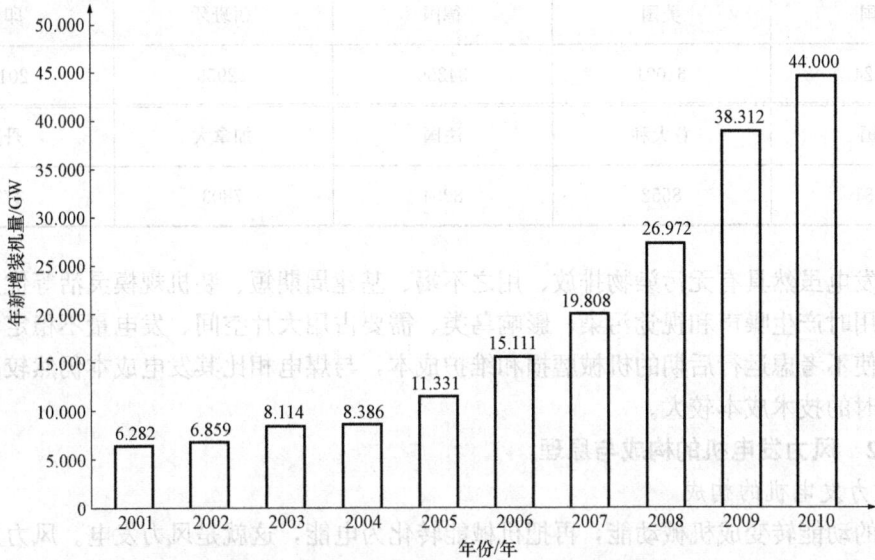

图 7-1　2001～2010 全球风电新增装机量

　　我国拥有年平均风速 6m/s 以上的陆地地区，在全国范围内仅仅限于较少数几个地带，这些地区是我国最大的风能资源区以及风能资源丰富区，就内陆而言，大约仅占全国总面积的 1/100，主要分布在长江到南澳岛之间的东南沿海及其岛屿，包括山东、辽东半岛、黄海之滨，南澳岛以西的南海沿海、海南岛和南海诸岛，内蒙古从阴山山脉以北到大兴安岭以北，新疆达坂城，阿拉山口，河西走廊，松花江下游，张家口北部等地区以及分布各地的高山山口和山顶。相比之下，我国海上风能蕴藏更加丰富。中国海岸线 3.2 万 km，其中大陆海岸线 1.8 万 km，岛屿海岸线 1.4 万 km，海上风电风速较高而且比较稳定，可利用小时数也高。近海区域、海平面以上 50m 高度的海上风电技术可开发容量约 2 亿 kW。另一方面，东南沿海地区具有较高人口密度和较发达的经济程度，因此也具有更多的电力需求，在东南沿海建设海上风电场是我国风能开发的发展新方向。

　　2013 年世界新增风电装机最多的 10 个国家见表 7-1，其他地区合计为 6573MW。

表 7-1　　　　　　　　　**2013 年世界新增风电装机容量排行表**　　　　　　　　（单位：MW）

中国	德国	英国	印度	加拿大
16100	3238	1883	1729	1599
美国	巴西	波兰	瑞典	罗马尼亚
1084	948	894	724	695

　　2013 年世界累计风电装机最多的 10 个国家见表 7-2，其他地区合计为 48352MW。

表 7-2		2013 年世界累计风电装机容量排行表		(单位: MW)
中国	美国	德国	西班牙	印度
91424	61091	34250	22959	20150
英国	意大利	法国	加拿大	丹麦
10531	8552	8254	7803	4772

风力发电虽然具有无污染物排放、用之不竭、基建周期短、装机规模灵活等优点，同时也具有使用时产生噪声和视觉污染、影响鸟类、需要占用大片空间、发电量不稳定不可控的缺点，即使不考虑运行后期的机械磨损和维护成本，与煤电相比其发电成本仍然较高，而且并网运行时的技术成本较大。

7.1.2 风力发电机的构成与原理

1. 风力发电机的构成

把风的动能转变成机械动能，再把机械能转化为电能，这就是风力发电。风力发电的原理，是利用风力带动风车叶片旋转，再通过增速机将旋转的速度提升来促使发电机发电。依据目前的风车技术，大约是 3m/s 的微风便可以开始发电。风力发电装置是指利用风能推动风轮旋转，带动发电机发电的风车式发电机。风力发电机由室外和室内两部分组成，室外部分一般由塔架、风轮、变速器、发电机和尾翼构成。室内部分有风力发电机控制器和假负载等。风轮是风力发电装置的核心，它有多种样式，大体上可分为两种类型：一种是桨叶绕水平轴转动的翼式风轮机，即水平轴风力发电机，它又可分为双叶式、三叶式、多叶式几种；另一种是桨叶绕垂直轴转动的风轮机，即垂直轴风力发电机，如"S"形叶片式、"S"形多叶片式、戴瑞斯（Darrieus）式风轮等。另外，按叶片与气流的相对关系又可分为顺风式和迎风式。典型样式的风轮如图 7-2 所示。

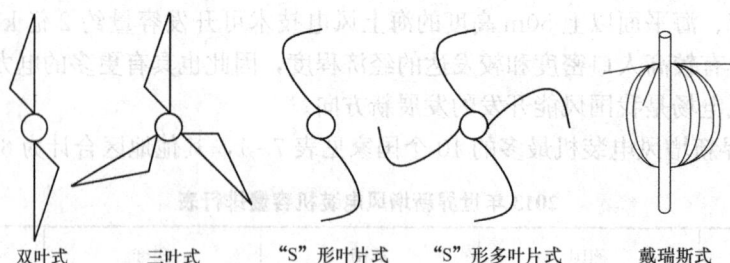

双叶式　　　三叶式　　　"S"形叶片式　　"S"形多叶片式　　戴瑞斯式

图 7-2　典型样式的风轮

2. 风力发电机的原理

以翼式风轮机为核心部件的风力发电机组又称为螺旋桨型风力发电机或风车式发电机，其典型结构如图 7-3 所示。这种风力发电机的基本工作原理如下：当风扫过风轮时，产生的气流受风轮叶片头部的影响发生分流，从叶片两侧绕过。由于叶片结构不同，致使两侧周界长度不一致。其中周界长的一侧空气流速快，对该侧叶片产生的压力小；周界较短的一侧空气流速慢，对该侧叶片产生的压力大。结果使得叶片两侧所受压力大小不同，其压差推动桨叶做与风力方向相互垂直的平面旋转运动，通过传动机构带动发电机的转子转动而发电。

风轮机的转速与扫过桨叶的风速有关,风速越大,风轮机所能提取的风能也就越多;而风速降低时,风轮机所能提取的风能也就迅速减小。小型风力发电机的迎风机构主要靠尾舵,只要尾舵设计得合理,其对风性能完全可以满足技术要求。大中型风力发电站基本上没有尾舵,而是采取专门的偏航装置对风,偏航装置通过测量精确的风向来控制运动机构推动风轮对风。

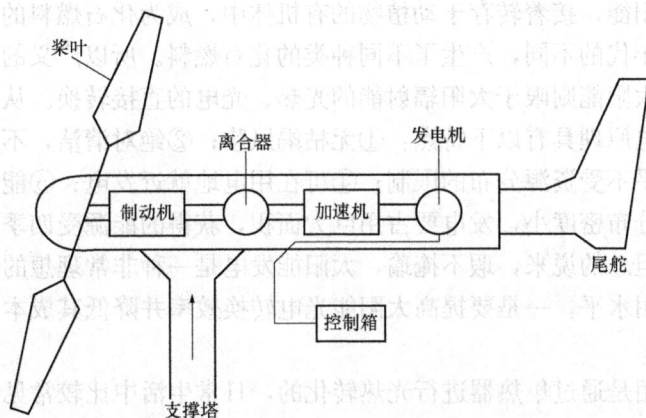

图 7-3 螺旋桨型风力发电机结构示意图

7.1.3 风力发电供电系统

单纯的独立风力发电供电系统方框图如图 7-4 所示。它一般由风力发电机、含整流器的风机控制器、风力发电机假负载、储能装置和配电装置等组成,有些还配备有电压变换装置。储能装置一般为阀控密封式铅酸蓄电池。风力发电机假负载、配电装置和含整流器的风机控制器,用来控制风力发电机对用电设备的供电和对蓄电池的充电。电压变换装置只在同时供给不同电压的用电设备时才使用。风力发电机还可以和太阳能电池、交流电源等构成混合供电系统,如常说的风光互补型发电装置就是风力发电机和太阳能电池构成的混合供电系统:白天有阳光照射时太阳能电池进行发电,晚上无阳光时风力发电机进行发电,并且通过蓄电池保存多余的电量以得到长期平稳的电能输出。

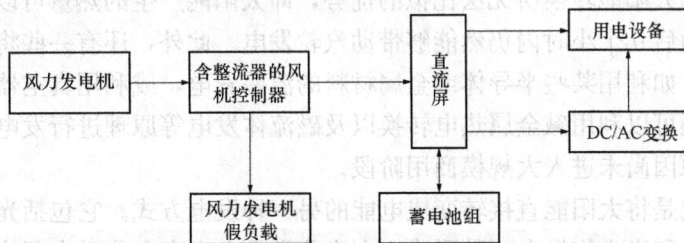

图 7-4 单纯的独立风力发电供电系统方框图

7.2 太 阳 能

太阳能是在太阳内部连续不断地发生核聚变反应产生的能量。尽管太阳辐射到地球大气层的能量仅为其总辐射能量（约为 $3.75\times10^{26}\,W$）的 5×10^{-10} 倍，但已高达 $1.73\times10^{17}\,W$，也就是说太阳每秒钟照射到地球上的能量大概相当于 500 万 t 煤。真可谓取之不尽用之不竭，因此利用太阳能的前景非常诱人。太阳能是地球上最根本的能源，是能源之源。风能、水能、海洋温差能、波浪能和生物质能以及部分潮汐能都来源于太阳；即使是地球上的化石燃料，如燃料煤和石油，从根本上说也是远古以来储存下来的太阳能，因为植物通过光合作用收集、转化了太阳能，接着转存于动植物的有机体中，成为化石燃料的原料，由于形成的原因、地质条件与年代的不同，产生了不同种类的化石燃料。所以广义的太阳能所包括的范围非常大，狭义的太阳能则限于太阳辐射能的光热、光电的直接转换。从太阳能获得电能相比以往其他电源发电原理具有以下特点：①无枯竭风险；②绝对清洁，不产生噪声和排放有毒有害物质；③几乎不受资源分布的限制；④可在用电地就近发电；⑤能源质量高。不足之处是：照射的能量分布密度小，发电要占用巨大面积，获得的能源受四季、昼夜及阴晴等气象条件影响较大。但总的说来，瑕不掩瑜，太阳能发电是一种非常理想的新能源。要使太阳能发电真正达到商用水平，一是要提高太阳能光电转换效率并降低其成本，二是要实现太阳能发电的并网。

太阳能的热利用是通过集热器进行光热转化的，日常生活中比较常见的一种集热器就是屋顶上安装的太阳能热水器。这是因为虽然太阳能的总量巨大，然而辐射到地球表面的单位面积上能量并不大，如何把分散的能量聚集在一起成为有用的能量是利用太阳能的关键。集热器的板芯由涂了吸热材料的铜片制成的，封装在玻璃钢外壳中。铜片只是导热体，进行光热转化的是吸热涂层，这是特殊的有机高分子化合物。封装材料既要有高透光率，又要有良好的绝热性，涂层材料随封装技术和热水器的结构设计等不同，低等集热器温度较低（在 100℃以下），可供生活热水、取暖等；中等集热器温度在 100～300℃之间，可供烹调、工业用热等；高等集热器的温度可达 300℃以上，才可供发电使用。为了获得更高的温度，太阳能光热发电站利用大面积阵列抛物形面或碟形镜面聚集太阳热能，通过换热装置提供蒸汽，结合传统汽轮发电机的工艺，从而达到发电的目的，这种发电方式与常规热力发电类似，只不过其热能不是来自燃煤或燃气，而是来自太阳能。采用太阳能光热发电技术，避免了昂贵的硅晶光电转换工艺，可以大大降低太阳能发电的成本。而且，这种形式的太阳能利用还有其他形式的太阳能转换所无法比拟的优势，即太阳能产生的热量可以储存在巨大的容器中，在太阳落山后几个小时内仍然能够带动汽轮发电。此外，还有一些将太阳热能直接转化成电能的方式，如利用某些半导体或金属材料的温差发电，或利用真空器件中的热电子和热电离子发电，还可以利用碱金属热电转换以及磁流体发电等原理进行发电，这些新技术由于成本或效率等原因尚未进入大规模商用阶段。

太阳能光发电是将太阳能直接转变成电能的另一种发电方式。它包括光伏发电、光化学发电、光感应发电和光生物发电 4 种形式，在光化学发电中有电化学太阳能电池、光电解电池和光催化电池。其中已经大规模商用的是光伏发电，它是利用光电效应把太阳能直接转变成电能，目前主要使用的是太阳能电池。使用太阳能电池具有安全可靠、无噪声、无污染、不需燃料、规模可大可小等优点，但需要占用较大的面积，因此比较适合阳光充足的边远地区的农牧民或边防单位使用。太阳能电池应用范围很广，大功率的可用于微波中继站、卫星地面站、偏远农村供电系统，小功率的可用于太阳能路灯、太阳能计算器、太阳能充电器等，事实上这些产品也已占有了广大的消费市场。

7.2.1 太阳能电池的原理

近年来，为了提高太阳能电池的效率，降低成本，研制了硅、砷化镓、碲化镉等各种太阳能电池，并利用这些电池组成太阳能发电系统。下面以硅太阳能电池为例，说明太阳能电池的工作原理。硅太阳能电池的结构如图7-5所示。

PN结位于和太阳能电池受光表面平行的平面内，PN结越浅，复合损耗越小，输出电流越大。为了提高光伏电池的效率，上电极（负极）采用栅状结构，以缩短载流子经过N型层的距离，减少N型层电阻。一般情况下，光伏电池采用栅状电极后，转换效率可提高1.5%～2%；另外，在受光面上，还蒸发或溅射了一层很薄的一氧化硅（SiO）膜〔也可以是五氧化二钽（Ta_2O_5）膜或聚合物膜〕，该种膜能增加光的透射率，而且具有防反射作用，因此通常称为增透射膜或防反射膜。这些增透射膜能使电池对有效入射光的吸收率达90%以上，能使太阳能电池的短路电流增加25%～30%。

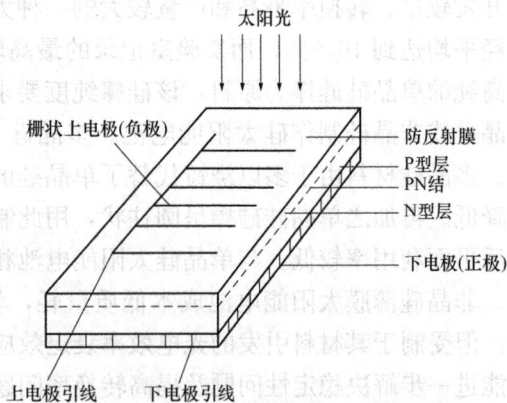

图7-5 硅太阳能电池的结构

PN结在光照射下会产生电动势，这种效应叫做光生伏特效应，简称光伏效应。硅太阳能电池就是根据这一效应制成的。光生伏特效应如图7-6所示，当PN结处于平衡状态时，PN结的空间电荷层存在势垒电场，该电场的方向由N型区指向P型区。当阳光照射到PN结区时，硅原子受光激发而产生电子-空穴对。在势垒电场的作用下，空穴流向P型区，电子流向N型区，因此N型区有过剩的电子，P型区有过剩的空穴，结果在PN结附近形成与势垒电场方向相反的光生电动势。光生电动势的一部分抵消势垒电场；另一部分使P型区带正电，N型区带负电，因此在P型区与N型区之间产生光生伏特电动势。当外电路开路时，光生伏特电动势即为光照时的开路电压；当外电路短路时，太阳能电池就会产生与入射光强成正比的短路电流。

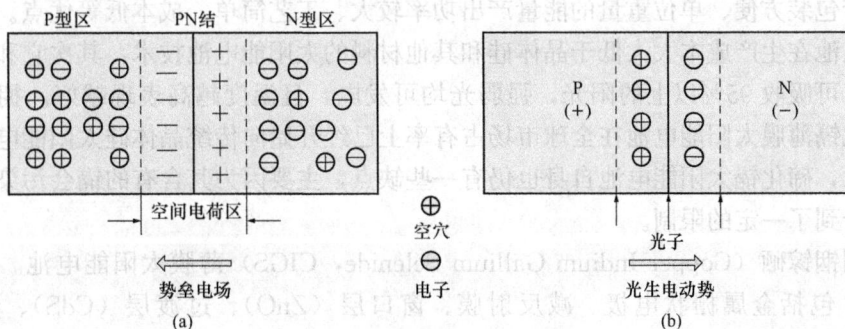

图7-6 光生伏特效应
(a) 平衡时；(b) 光照时

7.2.2 太阳能电池的种类

太阳能电池的种类很多，有肖特基结太阳能电池、异质结太阳能电池等。目前，因材料、工艺等一系列问题，实际生产并有应用前景的只有硅太阳能电池、砷化镓太阳能电池、碲化镉薄膜太阳能电池和铜铟镓硒薄膜太阳能电池等少数几种。

(1) 硅太阳能电池。单晶硅（Monocrystalline Silicon）、多晶硅（Polycrystalline Silicon）、非晶硅（Amorphous Silicon）都可以用于制作太阳能电池。单晶硅太阳能电池是目前开发较早、转换率最高和产量较大的一种太阳能电池。单晶硅太阳能电池转换效率在我国已经平均达到 16.5%，而实验室记录的最高转换效率超过了 24.7%。这种太阳能电池一般以高纯的单晶硅硅棒为原料，该硅棒纯度要求为 99.9999%。为了降低价格，可采用廉价的多晶硅或非晶硅制作硅太阳能电池。多晶硅太阳能电池是以多晶硅材料为基体的太阳能电池。多晶硅材料由于多以浇铸代替了单晶硅的拉制过程，因而生产时间缩短，制造成本大幅度降低。再加之单晶硅硅棒呈圆柱状，用此制作的太阳能电池也是圆片，因而组成太阳能组件后平面利用率较低。与单晶硅太阳能电池相比，多晶硅太阳能电池就显得具有一定竞争优势。非晶硅薄膜太阳能电池成本低质量轻，转换效率较高，便于大规模生产，有极大的潜力。但受制于其材料引发的光电效率衰退效应，稳定性不高，直接影响了它的实际应用。如果能进一步解决稳定性问题及提高转换率问题，那么非晶硅太阳能电池无疑是太阳能电池的主要发展产品之一。目前多晶硅太阳能电池已投入批量生产，它的效率可达到 14%；非晶硅薄膜太阳能电池也开始大量应用，效率已达到 6.3% 以上。微晶硅（Microcrystalline Silicon）薄膜是介于非晶硅和单晶硅之间的一种混合相无序半导体材料，是由几十到几百纳米的晶硅颗粒镶嵌在非晶硅薄膜中所制成的，它兼备了非晶硅和单晶硅材料的一些优点。微晶硅太阳能电池的光电转换最高效率已经超过了非晶硅，达到 10% 以上，而且没有出现光致衰退效应，而且可以在接近室温的环境下制备，生产成本较低。

(2) 砷化镓（GaAs）化合物薄膜太阳能电池。砷化镓的光吸收系数很大，因此它是制造薄膜太阳能电池较理想的材料。砷化镓太阳能电池的抗辐射能力很强，适用于宇航飞行器及通信卫星等空间领域的应用。另外，由于砷化镓太阳能电池的工作温度较高，因此可采用聚光照射技术以获得最大输出功率。

(3) 碲化镉（Cadmium Telluride，CdTe）薄膜太阳能电池。该电池有两种结构，一种是将碲化镉粉末压制成片状电池，另一种是通过蒸发或喷涂制成薄膜电池。薄膜电池具有可绕性、携带包装方便、单位重量的能量产出功率较大、工艺简单、成本低等优点。碲化镉薄膜太阳能电池在生产成本大大低于晶体硅和其他材料的太阳能电池技术，其次它和太阳的光谱最一致，可吸收 95% 以上的阳光，强弱光均可发电，且温度越高表现越好。拥有这么多优势的碲化镉薄膜太阳能电池在全球市场占有率上已经开始向传统晶体硅太阳能电池发起了挑战。然而，碲化镉太阳能电池自身也仍有一些缺点，主要因为其含有的镉会污染环境，因此其使用受到了一定的限制。

(4) 铜铟镓硒（Copper Indium Gallium Selenide，CIGS）薄膜太阳能电池。其具有多层膜结构，包括金属栅状电极、减反射膜、窗口层（ZnO）、过渡层（CdS）、光吸收层（CIGS）、金属背电极（Mo）、玻璃衬底等。其中，吸收层 CIGS（化学式 $CuInGaSe_2$）是由四种元素组成的具有黄铜矿结构的化合物半导体，是薄膜电池的关键材料。铜铟镓硒薄膜太阳能电池具有转换效率高（居各种薄膜太阳能电池之首，转换效率和多晶硅差不多）、生产工艺简单、生产成本低、污染小、无光衰、弱光性能好的显著特点，将成为今后发展太阳能电池的一个重要方向。其面对的最主要问题是材料的来源，因为铟和硒都是比较稀有的元素。

7.2.3 太阳能电池的组装方式

太阳能电池的组装方式主要有平板式和聚光式两种。

（1）平板式。在使用中，为了满足负载要求的输出功率，首先必须把各种规格的太阳能电池串联组装成组合板，然后再将组合板组装成阵列。

（2）聚光式。为了降低硅太阳能电池供电系统的成本，除了采用成本较低的材料（如多晶硅、非晶硅）和简单的工艺制造太阳能电池外，还可以采用聚光式太阳能电池系统。

7.2.4 太阳能电池的等效电路

当受光照的太阳能电池接上负载时，光生电流流经负载，并在负载两端建立起端电压，这时太阳能电池的工作情况可用图 7-7 所示的等效电路来描述。

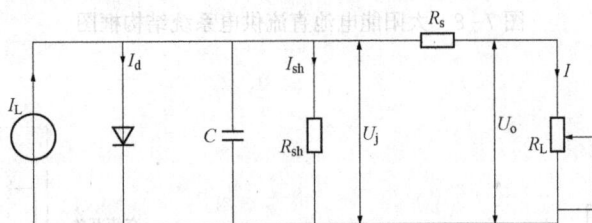

图 7-7　PN 结太阳能电池等效电路

理想太阳能电池的模型可以表示为一个感光电流源并联一个二极管。光源中的光子被太阳能电池材料吸收，如果光照恒定则一个处于工作状态的太阳能电池在等效电路中可把它当作一个恒流源。如果将一个外部负载连接到太阳能电池的输出端，那么就会产生电流。光电流一部分流经负载 R_L，在负载两端建立起端电压 U_o，反过来它又正向偏置于 PN 结，引起一股与光电流方向相反的暗电流 I_d。由于电池衬底材料及其金属导线和接触点中存在材料缺陷和欧姆损耗，太阳能电池模型必须分别用串联电阻（R_s）和分流电阻（R_{sh}）表示这些损耗。串联电阻是一个关键参数，因为它限制了太阳能电池的最大可用功率（P_{max}）和短路电流（I_{sc}）。

7.2.5 太阳能电池供电系统

太阳能电池只能在有一定光强的条件下才能发电。因而太阳能电池必须配以储能设备才能完成随时供电的任务。最好的储能设备是蓄电池。太阳能电池与蓄电池组成的直流供电系统，按硅太阳能电池组件形式可分为平板式和聚光式两种。平板式有人工调整和自动向日两种，聚光式则多为自动向日的成套设备。蓄电池在有光照时将太阳能电池板所发出的电能储存起来，到需要的时候再释放出来。国内被广泛使用的太阳能蓄电池主要是免维护铅酸蓄电池和胶体蓄电池，这两类蓄电池，因为其免维护特性及对环境污染较小的特点，很适合用于性能可靠的太阳能电源系统，特别是无人值守的工作站。不论是采用平板式还是聚光式硅太阳能电池，太阳能电池都通过防反充二极管与蓄电池并联浮充对负荷供电，只是它们的控制电路的形式和接法有所不同。根据负载的不同主要有三种供电系统，一种是给直流用电负载供电，即太阳能电池直流供电系统结构框图如图 7-8 所示。另一种是给交流用电负载供电，即太阳能电池交流供电系统结构框图如图 7-9 所示。第三种是同时给直流和交流用电负载供电同时还能给电网供电（即并网发电），即太阳能电池直—交混合供电系统结构框图如图7-10所示。

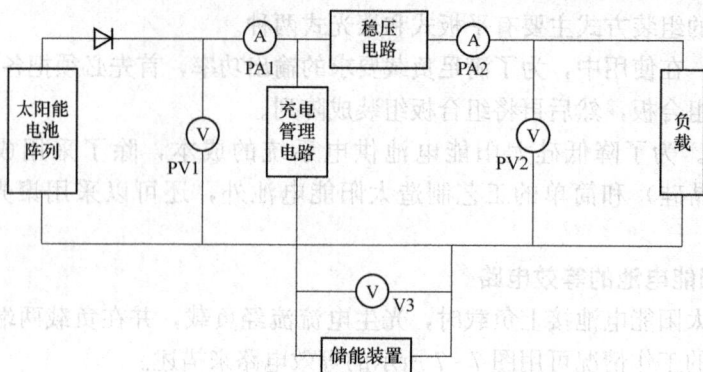

图7-8　太阳能电池直流供电系统结构框图

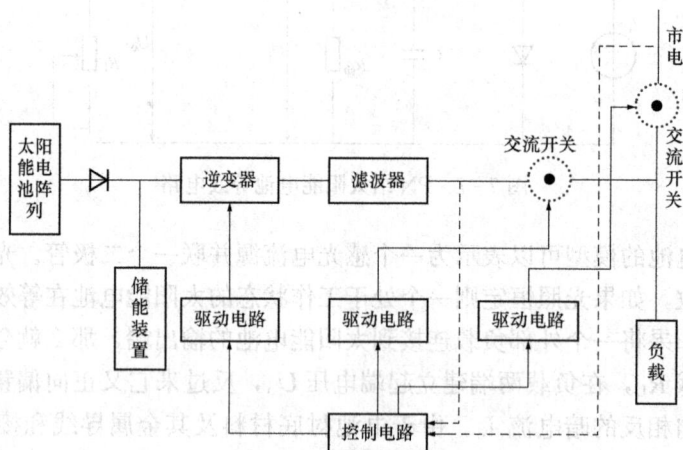

图7-9　太阳能电池交流供电系统结构框图

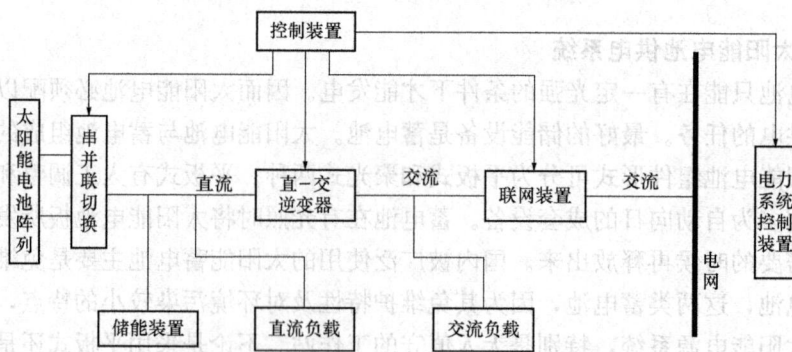

图7-10　太阳能电池直—交混合供电系统结构框图

7.3 海 洋 能

狭义的水能是指河流水能,是人们目前最易开发和利用的比较成熟的水能。水力发电作为一种常规能源,同时也是我国当前最大的非化石可再生能源。2014 年,全国水电全年新增装机 2185 万 kW,总装机达 3.02 亿 kW,占全国全部装机容量的 22.2%;水电年发电量超越万亿大关,达到 10661 亿 kW·h,同比增长 18.0%。广义的水能资源还包括潮汐能、波浪能、海流能、温差能、盐差能等海洋能资源。这些能源都具有可再生性和不污染环境等优点,是一项亟待开发利用的具有战略意义的新能源。中国拥有 18000km 的海岸线和总面积达 6700km² 的 6960 座岛屿。中国沿海地区人口密度高,经济相对较为发达,一直以来对能源具有较大的需求,沿海的岛屿大多远离陆地,因而也需要能源供应。因此要实现我国沿海地区和海岛的可持续发展,必须大力发展我国的海洋能资源。

海洋能指依附在海水中的可再生能源,海洋通过各种物理过程接收、储存和散发能量,这些能量以潮汐、潮流、波浪、温度差、盐度差等形式存在于海洋之中。其中,潮汐与潮流能来源于月球、太阳引力,其他海洋能均来源于太阳辐射,海洋面积占地球总面积的 71%,太阳到达地球的能量,大部分落在海洋上空和海水中,部分转化成各种形式的海洋能。对这些能源分别简述如下。

潮汐能是地球旋转所产生的能量通过太阳和月亮的引力作用而传递给海洋的,其引起的潮汐现场导致海平面周期性的升降,潮汐的能量与潮差大小和潮量成正比。这种能量是永恒的、无污染的能量。海洋的潮汐中蕴藏着巨大的能量。在涨潮的过程中,汹涌而来的海水具有很大的动能,而随着海水水位的升高,就把海水的巨大动能转化为势能;在落潮的过程中,海水奔腾而去,水位逐渐降低,势能又转化为动能。世界上潮差的较大值约为 13~15m,但一般说来,平均潮差在 3m 以上就有实际应用价值。潮汐能的主要利用形式是发电,和河流水力发电相比,潮汐能的能量密度很低,相当于微水头发电的水平。潮汐发电是利用海湾、河口等地形,建筑水堤,形成水库,以便于大量蓄积海水,并在坝中或坝旁建造水利发电厂房,通过水轮发电机组进行发电。

潮流和潮汐像一对孪生兄弟,它们是同一潮波现象的两种不同表现,潮汐是潮波运动引起的海水垂直升降,潮流是潮波运动引起的海水水平流动。潮流是可以预测的,随潮汐的涨落每天两次改变大小和方向。潮流速度的大小与潮位差成正比,但地形亦有明显的影响。一般开阔的外海潮差小,流速亦小,越近岸边越大。在港湾口、河口、海峡、水道地区,流速显著强化。因此,潮汐发电厂的选址非常重要。

海流能是指海水流动的动能。因此,广义地讲潮汐能也是一种海流能,其他海流能主要蕴含在海底水道和海峡中较为稳定的流动中,其中一种是海水环流,是指大量的海水从一个海域长距离地流向另一个海域。相对波浪而言,海流能的变化要平稳且有规律得多。海流能的能量与流速的二次方和流量成正比。一般说来,最大流速在 2m/s 以上的海流,就有了实际开发的价值。海流能的主要利用方式也是发电,其原理和风力发电相似,几乎任何一个风力发电装置都可以改造成为海流发电装置。但由于海水的密度约为空气的 1000 倍,且装置必须放于水下。故海流发电存在一系列的关键技术问题,包括安装维护、电力输送、防腐、海洋环境中的载荷与安全性能等,海流装置可以安装固定于海底,也可以安装于浮体的底部，而浮体通过锚链固定于海上。

波浪能是指海洋表面波浪所具有的动能和势能。波浪能是由风把能量传递给海洋而产生的，它实质上是吸收了风能而形成的。能量传递速率和风速有关，也和风与水相互作用的距离（风区）有关。水团相对于海平面发生位移时，使波浪具有势能，而水质点的运动，则使波浪具有动能。储存的能量通过摩擦和湍动而消散，其消散速度的大小取决于波浪特征和水深。深水海区大浪的能量消散速度很慢，从而导致了波浪系统的复杂性，使它常常伴有局地风和几天前在远处产生的风暴的影响。波浪能是海洋能源中能量最不稳定的一种能源。波浪的能量与波高的平方、波浪的运动周期以及迎波面的宽度成正比。波浪可以用波高、波长（相邻的两个波峰间的距离）和波周期（相邻的两个波峰间的时间）等特征来描述。

海洋中有丰富的波浪能，波浪能具有能量密度高、分布面广等优点。尤其是在能源消耗较大的冬季，可以利用的波浪能能量也最大。台风导致的巨浪，其功率密度可达每米迎波面数千千瓦，而波浪能丰富的欧洲北海地区，其年平均波浪功率也仅为 $20\sim40kW/m^2$，中国海岸大部分的年平均波浪功率密度约为 $2\sim7kW/m^2$。全世界波浪能的理论估算值约为 10^9kW 这样一个量级。利用中国沿海海洋观测台站资料估算得到，中国沿海理论波浪年平均功率约为 1.3×10^7kW。但由于不少海洋台站的观测地点处于内湾或风浪较小位置，故实际的沿海波浪功率要大于此值。其中浙江、福建、广东和台湾沿海为波浪能丰富的地区。

除波浪发电外，波浪能还可以用于抽水、供热、海水淡化以及制氢等。波浪能利用的关键是波浪能转换装置。将波浪能收集起来并转换成电能或其他形式能量的波浪能转换装置有设置在岸上的和漂浮在海里的两种。按能量传递形式分类有直接机械传动、低压水力传动、高压液压传动、气动传动 4 种。其中气动传动方式采用空气涡轮波力发电机，把波浪运动压缩空气产生的往复气流能量转换成电能，旋转件不与海水接触，能作高速旋转，因而发展较快。波浪发电装置五花八门，不拘一格，有点头鸭式、波面筏式、船式、环礁式、整流器式、海蚌式、软袋式、振荡水柱式、波流式、摆式、结合防波堤的振荡水柱式、收缩水道式等十余种。

海洋热能主要来自太阳，因而海洋温差能也主要是来自太阳。温差发电的基本原理就是借助一种工作介质，使表层海水中的热能向深层冷水中转移，从而做功发电。据计算，从南纬20°到北纬20°区间的广阔海洋中，只要把其中一半用来发电，海水水温仅平均下降1℃，就能获得 600 亿 kW 的电能，大约相当于目前全世界所产生的全部电能。中国位于北回归线以南的南海是典型的热带海洋，太阳辐射强烈，南海的表层水温常年维持在25℃以上，而500～800m 以下的深层水温则在5℃以下，两者间的水温差在20～24℃之间，温差能资源非常丰富。海洋温差能发电主要采用开式和闭式两种循环系统。开式循环系统主要包括真空泵、温水泵、冷水泵、闪蒸器、冷凝器、透平发电机等组成部分。真空泵先将系统内抽到一定程度的真空，接着启动温水泵把表层的温水抽入闪蒸器，由于系统内已保持有一定的真空度，所以温海水就在闪蒸器内沸腾蒸发，变为蒸汽。蒸汽经管道由喷嘴喷出推动透平运转，带动发电机发电。从透平排除的低压蒸汽进入冷凝器，被由冷水泵从深层海水中抽上来的冷海水所冷却，重新凝结为水，并排入海中。在此系统中，作为工作介质的海水由泵吸入闪蒸器蒸发，推动透平做功，然后经冷凝器冷凝后直接排入海中，故称此工作方式的系统为开式循环系统。另一种温差发电技术是利用来自表层的温海水先将热交换器内将热量传递给低沸点工质——丙烷、氨等，使之蒸发，产生的蒸汽再推动汽轮机做功，而深层冷海水仍作为冷凝器的冷却介质。这种系统因不需要真空泵是目前海水温差发电中常采用的循环。温差能利用的最大困难是温差太小，能量密度低，其效率仅有 3%～5% 左右，而且换热面积大，建设费用高，温差能发电商业化进程缓慢。

盐差能是指海水和淡水之间或两种含盐浓度不同的海水之间的化学电位差能，是以化学能形态出现的海洋能。主要存在与河海交接处。同时，淡水丰富地区的盐湖和地下盐矿也可以利用盐差能。盐差能是海洋能中能量密度最大的一种可再生能源。科学家们经过周密的计算后发现当在 17℃ 时，如果有 1mol 盐类从浓溶液中扩散到稀溶液中去，就会释放出 5500J 的能量来，科学家们由此设想：只要有大量浓度不同的溶液可供混合，就将会释放出巨大的能量来。如果利用海洋盐分的浓度差来发电，它的能量可排在海洋波浪发电能量之后，比海洋中的潮汐和海流的能量都要大。盐差能的主要利用形式仍是发电。其基本方式是将不同盐浓度的海水之间的化学电位差能转换成水的势能，再利用水轮机发电，具体主要有渗透压式、蒸汽压式和机械—化学式等，其中渗透压式方案最受重视。将一层半渗透膜放在不同盐度的两种海水之间，通过这个膜会产生一个压力梯度，迫使水从盐度低的一侧通过膜向盐度高的一侧渗透，从而稀释高盐度的水，直到膜两侧水的盐度相等为止。此压力称为渗透压，它与海水的盐浓度及温度有关。对盐差能这种新能源的研究还处于实验室试验水平，离示范应用还有较长的距离，一个主要原因是它需要消耗淡水，而海洋中淡水也是非常宝贵的资源，相比之下其他不消耗淡水的海洋能利用形式就比盐差能更值得研究和开发利用了。

7.4 核 能

核能也即原子能，原子核是带正电的质子和中子的紧密结合体。由于核力的存在，当两个核子间距离为 3×10^{-13} cm 以内时核子间有很强的吸引力（远大于静电排斥力），但一旦超过这一距离，核力则骤减为零。当核子因彼此间强核力的吸引作用而紧密结合成稳定的原子核时，会释放巨大的能量，这种能量叫原子核的结合能（Nuclear Binding Energy）。根据爱因斯坦的质能联系方程，结合能的大小为亏损的质量乘光速的二次方：$E = mc^2$。原子核在发生聚变和裂变反应时释放出的巨大能量，都是由于在核反应中发生了质量亏损。重核裂变成两个质量中等的核：在重核区，重核的平均结合能比中等核小，当它分裂为两个中等核时，平均结合能升高，所以重核裂变时释放巨大能量，这是制造核裂变（Nuclear Fission）反应堆与制造原子弹的理论根据。轻核聚变成为一个较重核：在轻核区，如将平均结合能小的核聚变成平均结合能大的核，将释放巨大的能量。如 2 个 $^2_1$H 核，聚变成 1 个 $^4_2$He，或 1 个 $^2_1$H 核和 1 个 $^3_1$H 核聚变成 1 个 $^4_2$He 核，并释放出一个中子 $^1_0$n，都会释放巨大能量。这种核聚变（Nuclear Fusion）反应是太阳发光发热的能量来源和制造氢弹的理论依据。核裂变和核聚变的共同之处是平均结合能低的核转变成平均结合能高的核，在转变过程中，出现"质量亏损"，亏损的质量转换成能量释放出来。

1938 年德国化学家哈恩与他的助手用中子轰击铀原子核后，得到两个大小相仿的较小的核，并把这种现象称为裂变，释放出的能量称为裂变能。同一年，法国的居里夫妇通过实验发现一个中子引起一个铀核裂变的同时，释放出了 2～3 个中子，新产生的中子又以同样的方式轰击其他铀核使其裂变，一变二，二变四，四变八……如不加控制，这种连锁链式反应越来越激烈，在百万分之一秒内就会把蕴藏在原子核内的巨大能量释放出来。这种雪崩式裂变具有巨大威力，而且具有极高的能量密度。1kg 铀原子核全部裂变释放出来的能量，约等于 2700t 标准煤燃烧时所放出的化学能。一座 100 万 kW 的核电站，每年只需 25t 至 30t 低浓度铀核燃料，运送这些核燃料只需 10 辆卡车；而相同功率的煤电站，每年则需要 300 多万 t 原煤，运输这些煤炭，要 1000 列火车。而核聚变反应释放的能量则更为巨大。据测算 1kg 煤只能使一列火车开动 8m；1kg 裂变原料可使一列火车开动 4 万 km，相当于绕地球赤道跑一圈；而 1kg 聚变原料可以使一列火车行驶 40 万 km，超过了地球到月球的距离。

地球上蕴藏着数量可观的铀、钍等裂变资源，如果把它们的裂变能充分利用，可以满足人类上千年的能源需求。而核聚变所需的燃料氘更是大量的存在，海水中大约每 6500 个氢原子中就有一个氘原子，每升海水中所含的氘完全聚变所释放的聚变能相当于 300L 汽油燃料的能量，海水中氘的总量约为 45 万亿 t，足够人类使用上百亿年。聚变能堪称是人类未来最为理想的能源。核能发电的能量来自核反应堆中可裂变材料（核燃料）进行裂变反应所释放的裂变能，即可以利用核反应堆中核裂变所释放出的热能进行发电。核能发电站的能量转换过程为：核能→水和水蒸气的内能→发电机转子的机械能→电能。它与火力发电极其相似，只是以核燃料代替了化石燃料，以核反应堆及蒸汽发生器代替了火力发电的锅炉。核电站安全壳内的核反应堆及与反应堆有关的各个系统统称为核岛，其主要功能是利用核裂变能产生蒸汽。目前，全球处于商业运行的核电站反应堆型主要有重水堆、沸水堆、压水堆、石墨气冷堆这几种。

以重水堆为热源的核电站常被称为重水堆核电站，它是以重水（氧化氘，Deuterium Oxide）做慢化剂的反应堆，可以直接利用天然铀作为核燃料。重水堆可用轻水或重水作冷却剂，重水堆分压力容器式和压力管式两类。重水堆核电站是发展较早的核电站，有各种类别，但已实现工业规模推广的只有加拿大发展起来的 CANDU 型压力管式重水堆核电站。

以沸水堆为热源的核电站常被称为沸水堆核电站，它是以沸腾轻水（即经净化的普通水）作为慢化剂和冷却剂，并在反应堆压力容器内直接产生饱和蒸汽的动力堆。沸水堆具有结构紧凑、建造费用低和负荷跟随能力强等优点。沸水堆核电站系统有主系统（包括反应堆）、蒸汽—给水系统、反应堆辅助系统等。日本福岛核电站（Fukushima Nuclear Power Plant）是世界上最大的核电站，由福岛一站、福岛二站共 10 台机组组成，均为沸水堆。

以压水堆为热源的核电站常被称为压水堆核电站，它主要由核岛和常规岛组成。压水堆核电站核岛中的四大部件是蒸汽发生器、稳压器、主泵和堆芯，在核岛中的系统设备主要有压水堆本体、一回路系统以及为支持一回路系统正常运行和保证反应堆安全而设置的辅助系统。常规岛主要包括汽轮机组及二回路等系统，其形式与常规火电厂类似。压水堆核电厂因其功率密度高、结构紧凑、安全易控、技术成熟、造价和发电成本相对较低等特点，成为目前国际上最广泛采用的商用核电堆型，占轻水堆核电机组总数的 3/4。我国核电站以及潜艇基本上都采用了压水堆核电机组，安全性比福岛高很多倍。

压水堆和沸水堆都是属于轻水堆，两者都使用低浓铀燃料，采用轻水作为冷却剂和慢化剂，燃料都是以组件的形式在堆芯排布，组件由栅格排布的燃料栅元组成，燃料栅元由燃料芯块、包壳构成；燃料放置于压力容器当中，外面有安全壳，具备包壳、压力边界、安全壳三重防泄露屏障；沸水堆和压水堆的发电部分功能也都一样。沸水堆采用一个回路，压水堆有两个回路；沸水堆由于堆芯顶部要安装汽水分离器等设备，故控制棒需从堆芯底部向上插入，控制棒为十字形控制棒，压水堆为棒束型控制棒，从堆芯顶部进入堆芯；沸水堆具有较低的运行压强（约为 70 个大气压），冷却水在堆内以汽液形式存在，压水堆一回路压力通常达 150 个大气压，冷却水不产生沸腾。沸水堆与压水堆不同之处在于沸水堆没有蒸汽发生器，一回路水通过堆芯加热变成约 285℃的蒸汽并直接引入汽轮机，因此沸水堆系统比压水堆结构简单，但是常规岛要布置一回路的冷却剂管道，管道失效可能引起冷却剂泄漏。压水堆的一回路和蒸汽系统通过蒸汽发生器分隔开，而且蒸汽发生器安置在安全壳内，只要蒸汽发生器完整，放射性物质不会释放到环境中，即使蒸汽发生器故障破损，利用安全壳贯穿件关闭，放射性物质也不会释放到环境中。另外，沸水堆压力远低于压水堆压力，因此在系统设备、管道、泵、阀门等的耐高压方面的要求低于压水堆。压水堆由于压力高，且多了蒸汽发生器、稳压器等设备，技术性能要求及造价都要高许多。但正是由于压水堆一、二回路将放射性冷却剂分开，因此安全性高于沸水堆。截至 2014 年年底，中国大陆已建成运行的 22 台核电机组中，除秦山三期的两台机组采用重水堆技术，其余均为压水堆。

以气体（二氧化碳或氦气）作为冷却剂的反应堆被称为气冷堆。石墨气冷堆实际上是用天然铀做燃料，以石墨做慢化剂、二氧化碳做冷却剂的反应堆。用二氧化碳冷却的石墨气冷堆，曾在核电站的发展中占领先地位，但很快就让位于轻水堆，并逐渐退出反应堆的历史舞台。改进型气冷堆的设计目的是为了改进蒸汽条件，提高气体冷却剂的最大允许温度，石墨仍为慢化剂，二氧化碳为冷却剂。英国自 1965 年起建造了十几座改进型气冷堆，但它们将逐渐退出反应堆的历史舞台。目前关于气冷堆的研究，越来越集中在用氦气冷却的高温气冷堆上。高温气冷堆是以石墨作为慢化剂，以氦气作为冷却剂的堆。然而高温气冷堆技术上比较复杂，造价高，一时还难以推广。但它的安全性高、发电效率高、核燃料利用率高等突出优点仍然吸引着人们继续去探索。

由快中子引起链式裂变反应所释放出来的热能转换为电能的核电站称为快堆核电站。快堆，是"快中子反应堆"的简称，是世界上第四代先进核能系统的首选堆型，代表了第四代核能系统的发展方向。快堆在运行中既消耗裂变材料，又生产新裂变材料，而且所产可多于所耗，能实现核裂变材料的增殖，核燃料通过这种闭合式循环可使铀资源利用率提高至 60％以上，也可使核废料产生量得到最大程度的降低，实现放射性废物最小化。国际社会普遍认为，发展和推广快堆，可以从根本上解决世界能源的可持续发展和绿色发展问题。

工业界常把 20 世纪五六十年代建造的验证性核电站称为第一代；20 世纪七八十年代标准化、系列化、批量建设的重水堆、沸水堆、压水堆、石墨气冷堆核电站称为第二代；第三代是指 20 世纪 90 年代开发研究的先进轻水堆，其中有代表的有法德合作开发的欧洲动力堆 EPR 和美国 Westinghouse 公司研发的 AP1000，EPR 提出在未来压水堆设计中采用共同的安全方法，通过降低堆芯熔化和严重事故概率和提高安全壳能力来提高安全性，从放射性保护、废物处理、维修改进、减少人为失误等方面根本改善运行条件；AP1000 则以全非能动安全系统、简化设计和布置以及模块化建造为主要特色。第四代核电技术是指待开发的核电技术，其主要特征是防止核扩散、具有更好的经济性、安全性高和废物产生量少。通过以往核电项目的建设，我国已经初步掌握了第二代及改进型核电技术并具备批量化建设百万千瓦核电站的能力。全面掌握世界第三代核电技术是我国核电中长期发展目标，除了正在广东台山建设的第三代 EPR 核电站外（引进自法国 Areva 集团，属于第二代压水堆核电站的改进性技术），我国还引进了美国公司的 AP1000 技术建设浙江三门、山东海阳 4 台百万千瓦级核电机组。2012 年 12 月 9 日，中国自主研发的世界首座具有第四代核电特征的高温气冷堆核电站在位于中国东部沿海山东省荣成市的华能石岛湾核电厂重新开工建设。一期工程建设 1×20 万 kW 级具有第四代核电技术特征的高温气冷堆示范核电机组。不过，20 万 kW 的示范机组难以发挥核电的规模效益。因此，为了保证该核电项目发电规模和利润空间，在石岛湾核电站二期规划中，还将投资建设 4 台 125 万 kW 的三代 AP1000 压水堆核电机组。届时，石岛湾核电厂将成为国内集三、四代核电技术为一体的最先进的大型核电基地。随着经验的积累以及技术的进步，核电站的安全性能将逐步得到进一步提高，将要发展的第三代反应堆和未来的第四代反应堆会为安全利用核能营造新的环境。

核裂变能属于常规能源，而核聚变能则是一种清洁安全的新能源。相比核裂变，核聚变反应主要借助氢同位素而不是具有放射性的铀、钍等同位素，核聚变不会产生核裂变所出现的长期和高水平的核辐射，不会产生核废料，也不会产生温室气体，基本不污染环境。而且，由于核聚变需要极高温度，一旦某一环节出现问题，燃料温度下降，聚变反应就会自动中止，也就是说，聚变堆是次临界堆，绝对不会发生类似苏联切尔诺贝利核（核裂变）电站的事故，它是非常安全的。另外，核聚变反应的原料可直接取自海水中的氘，来源几乎取之不尽，是理想的能源方式。目前，人类已经可以实现不受控制的核聚变，如氢弹的爆炸。但是要想能量可被人类有效利用，必须能够合理地控制核聚变的速度和规模，实现持续、平稳的能量输出。科学家正努力研究如何控制核聚变，人们认识热核聚变是从氢弹爆炸开始的。科学家们希望发明一种装置，可以有效控制氢弹爆炸的过程，让能量持续稳定地输出。可控核聚变俗称人造太阳，因为太阳的原理就是核聚变反应。

实现核聚变已有不少方法。最早的著名方法是托卡马克型磁场约束法。托卡马克（Tokamak）是一种利用磁约束来实现受控核聚变的环性容器。它的名字 Tokamak 来源于环形（Toroidal）、真空室（Kamera）、磁（Magnit）、线圈（Kotushka），最初是由位于苏联莫斯科的库尔恰托夫研究所的阿齐莫维齐（Oleg Alexandrovich Lavrentiev）等人在 20 世纪 50 年代发明的。它是利用通过强大电流所产生的强大磁场，把等离子体约束在很小范围内以实现上述 3 个条件。虽然在实验室条件下已接近于成功，但要达到工业应用还差得远。要建立托卡马克型核聚变装置，需要几千亿美元。目前为止，世界上有 4 个国家有各自的大型托卡马克装置，法国的 Tore-Supra、俄罗斯的 T-15、日本的 JT-60U、和中国的 EAST。除了 EAST 以外，其他 3 个大概都只能叫准超托卡马克，它们的水平线圈是超导的，垂直线圈则是常规的，因此还是会受到电阻的困扰。此外它们 3 个的线圈截面都是圆形的，而为了增加反应体的容积，EAST 则第一次尝试做成了非圆形截面。此外，德国建造的世界最大仿星器受控核聚变装置"螺旋石 7-X"主要组装工作已于 2014 年 5 月结束，进入运行准备阶段，其技术水平与我国的"EAST"差不多。另一方面，国际热核聚变实验反应堆（International Thermonuclear Experimental Reactor，ITER）是建设中的一个为验证全尺寸可控核聚变技术的可行性而设计的国际托卡马克试验。ITER 在拉丁文中意为"道路"，因此这个实验的缩写 ITER 也意味着和平利用核聚变能源之路。ITER 始于 1985 年苏联和美国、欧盟（通过欧洲原子能共同体）以及日本的合作，目的是建立第一个试验用的聚变反应堆（已经不是托卡马克装置了，这是一大进步）。ITER 建立在由 TFTR（美国自建的 Tokamak 实验装置，已于 1997 年拆解）、JET、JT-60 和 T-15 等装置所引导的研究之上，并将显著的超越所有前者。经过早期的概念和工程上的设计阶段，2001 年产生了一个可被接受的详细设计方案。此后又经过五年的谈判，欧盟、中国、韩国、俄罗斯、日本、印度和美国七方于

2006 年正式签署联合实施协定，这也标志着 ITER 计划的正式启动实施。ITER 计划将历时 35 年，其中建造阶段 10 年、运行和开发利用阶段 20 年、去活化阶段 5 年。如果 ITER 能成功，下一步就是利用 ITER 的技术设计和建造示范商用核聚变反应堆。到那时，离真正的商业核聚变发电就不远了。但是 ITER 建设中，还有大量的技术难题需要解决，存在的不确定性和风险性都极大，通过磁场约束法实现核聚变的研究工作可谓任重而道远。

　　另一种实现核聚变的方法是惯性约束法。惯性约束核聚变是把几毫克的氘和氚的混合气体或固体，装入直径约几毫米的小球内。从外面均匀射入激光束或粒子束，球面因吸收能量而向外蒸发，受它的反作用，球面内层向内挤压（反作用力是一种惯性力，靠它使气体约束，所以称为惯性约束），就像喷气飞机气体往后喷而推动飞机前飞一样，小球内气体受挤压而压力升高，并伴随着温度的急剧升高。当温度达到所需要的点火温度（大概需要几十亿度）时，小球内气体便发生爆炸，并产生大量热能。这种爆炸过程时间很短，只有几个 10^{-12} s。如每秒钟发生三四次这样的爆炸并且连续不断地进行下去，所释放出的能量就相当于百万千瓦级的发电站。原理上虽然简单，但是现有的激光束或粒子束所能达到的功率，离需要的还差几十倍、甚至几百倍，加上其他各种技术上的限制，使惯性约束核聚变仍是可望而不可即的。

　　总之，尽管实现受控热核聚变仍有漫长艰难的路程要走，但这种新能源的美好应用前景对人类充满着巨大诱惑力，正吸引着各国科学家奋力攻关。

思考与复习

　　7-1　能源常见的分类方法有哪些？并举例说明。

　　7-2　什么是绿色能源？常见的绿色能源有哪些？

　　7-3　地球上最根本的能源是什么？太阳能利用主要有哪些方式？

　　7-4　海洋中有什么形式的能量？这种能量的特点是什么？

　　7-5　核能是可再生能源吗？核能释放的途径有哪两种？核能利用相比传统化石燃料的优势有哪些？

第8章 供电和用电技术

由发电、输电、变电、配电、用电设备及相应的辅助系统组成的电能生产、输送、分配、使用的统一整体称为电力系统。电力系统是由电源、电网以及用户组成的统一整体，其中任意一个环节配合不好，都会影响到电力系统的安全、经济运行。特别是，电能的生产与其他物品的生产不同，电能的生产是产、供、销、用同时发生、同时完成，不能中断也不便储存，电力系统中产、供、销、用电之间必须始终保持平衡。在电力系统中，电力网（Electric Grid，电网）属于输送和分配电能的中间环节，它主要由连接成网的输电线路、变电站、配电站和配电线路组成。通常把由输电、变电、配电设备及相应的辅助系统组成的联系发电与用电的统一整体称为电力网。电力系统是由电源、电网以及用户组成的统一整体，本章将对这3部分内容予以概述。

最早的电力系统是简单的住户式供电系统，由小容量发电机单独向灯塔、轮船、车间的照明设备供电。白炽灯的发明，使电能的应用进入到了千家万户，从而出现了中心电站式供电系统。如1882年爱迪生（Thomas Alva Edison）在纽约主持建造了珍珠街电站。它装有6台直流发电机，总容量约670kW，用110V电压给近1300盏电灯供电。同年，在爱迪生手下工作的年轻科学家特斯拉（Nikola Tesla），成功制造出了交流电动机，解决了交流电无法给当时的最主要动力设备——直流电动机供能的问题，为交流电的广泛使用扫除了障碍。当时，致力于推广直流电供电网络的爱迪生也碰上了难题——长距离输电损耗造成成本上升过高。后来，尽管爱迪生极力阻挠，但已无法阻止在经济性和适用性等方面更占优势的交流电获得推广应用。1895年，世界上第一座水力发电站——美国尼亚加拉发电站采用了交流电系统，宣告了交流电对直流电的胜利。交流电力系统可以提高输电电压，增加装机容量，延长输电距离，节省导线材料，具有无可争辩的优越性。交流输电地位的确定，成为电力系统大发展的新起点。电力系统的出现，使电能得到广泛应用，推动了社会生产各个领域的发展，开创了电力时代，出现了近代史上的第二次工业革命。20世纪以来，电力系统的大发展使各种能源得到了更充分的利用，工业布局也更为合理，使电能的应用不仅深刻地影响着社会物质生产的各个侧面，也越来越广地渗透到人类日常生活的各个层面。电力系统的发展程度和技术水准已成为衡量各国经济发展水平的标志之一。

8.1 三相交流电源

人们在建立最早的电力系统时，发现多相电源有很多好处，经过比较，三相电源被最后选定。三相电源具体优势有：三相交流电在交流电动机定子绕组中可以产生旋转磁场，而且这个磁场是稳定的具有固定旋转方向的旋转磁场。虽然正交排列的两相系统也能构成旋转磁场，但是不具有固定的旋转方向，这会造成电机极距下线圈无法均匀布置，不但会降低了电机容量，还会使主磁场产生严重的畸变。而设计为四相及以上的多相电动机则变得不够经济。此外，三相供电系统还具有很多优点，如在发电方面，相同尺寸的三相发电机比单相发电机的功率大，且在三相负载相同的情况下，发电机转矩恒定，有利于发电机的工作；在传输方面，三相系统比单相系统节省传输线，三相变压器比单相变压器经济；在用电方面，三相电容易产生旋转磁场使三相电动机平稳转动，用电设备便于连接和使用，并且具有结构简单、成本低、运行可靠、维护方便等优点。以上优点使三相电路在动力方面获得了广泛应用，是目前电力系统采用的主要供电方式。

三相电源通常是由三相同步发电机产生，三相绕组在空间上互差120°，当转子以均匀角速度 ω 转动时，在三相绕组中产生感应电压，从而形成对称的三相电源。三相同步发电机示意图如图 8-1 所示。

图 8-1　三相同步发电机示意图

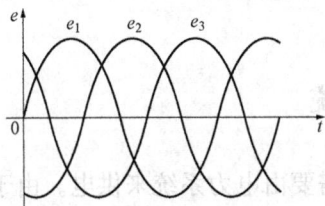

其产生的三相电动势瞬时值表达式为

$$e_1 = u_A(t) = E_m \sin\omega t$$
$$e_2 = u_B(t) = E_m \sin(\omega t - 120°)$$
$$e_3 = u_C(t) = E_m \sin(\omega t + 120°)$$

向量表示法为

$$\dot{E}_1 = E\underline{/0°} = E$$
$$\dot{E}_2 = E\underline{/-120°} = E\left(-\frac{1}{2} - j\frac{\sqrt{3}}{2}\right)$$
$$\dot{E}_3 = E\underline{/+120°} = E\left(-\frac{1}{2} + j\frac{\sqrt{3}}{2}\right)$$

A、B、C 三端称为始端，X、Y、Z 三端称为末端。对称三相电动势的和为零，即 $e_1 + e_2 + e_3 = 0$ 或 $\dot{E}_1 + \dot{E}_2 + \dot{E}_3 = 0$。三相发电机输出的电动势波形如图 8-2 所示。发动机三相绕组的连接如图 8-3 所示。

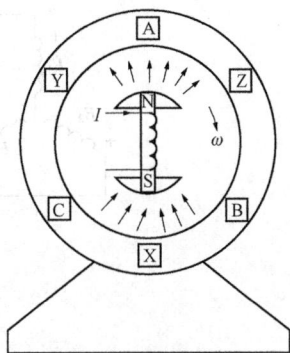

图 8-2　发电机输出电动势波形

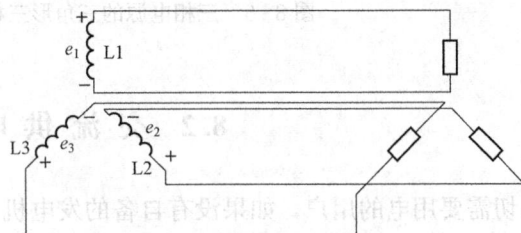

图 8-3　发动机三相绕组的连接

三相电源有星形联结和三角形联结这两种联结方式（根据联结形状也依次称为 Y 形联结和△形联结），其中星形联结又分为三相三线制和三相四线制这两种联结方式。三相三线制是指电源只有 L1、L2、L3 而没有 N，如图 8-4（a）所示。三相四线制是指电源有 L1、L2、L3 和 N，如图 8-4（b）所示。在发电机和变压器的绕组中有一点，此点与外部各接线端间的电压绝对值均相等，这一点就称为中性点，由中性点引出的导线，称为中性线 N（Neutral Wire）。如果该电源侧的中性点接地，则中性线也俗称为零线，叫零线的原因是当三相平衡时中性线中没有电流通过，为了防止负载不平衡而使中性线带电常直接或间接地将其与大地相连，大地可看作是一个巨大的导体，此时中性线相对大地的电压接近于零。如果中性线不接大地，从严格意义上来说，中性线则不能称为零线。三相四线制中的 N 线理论上是没有电流的，而在实际电力系统中，当三相不平衡时，零线的电流可能会很大，因此 N 线接地的一个目的就是保护用电设备：如果不接地，过大的电流会熔断 N 线，一旦 N 线熔断，轻负载线路上的电压会严重升高，造成用电设施的损坏；而重负载线路上的电压会严重下降，造成用电设施无法正常使用。为了防止 N 线熔断，将 N 线接入大地，即可以借用大地这个决不会熔断的线路。

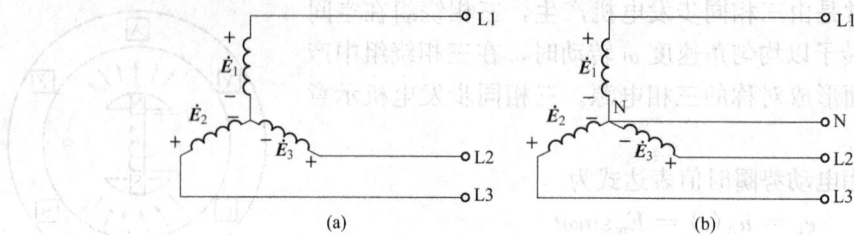

图 8-4　三相电源的星形联结

(a) 三相三线制；(b) 三相四线制

三相电源三角形联结如图 8-5 所示，这种接法只有三相三线制。

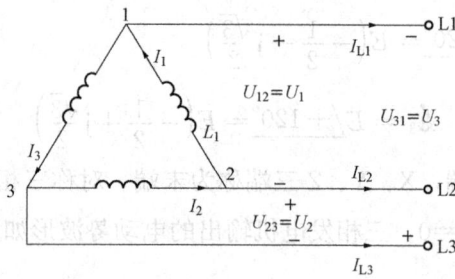

图 8-5　三相电源的三角形三相三线制的联结方式

8.2　交流供电系统

一切需要用电的用户，如果没有自备的发电机，就都需要由电力系统来供电。由于发电厂一般距离负荷中心较远，从发电厂到用户，只有通过输电线路和变电站等中间环节，才能把电力输送给用户。在更靠近用户端的低压配电网一侧，输电线路有三相四线制和三相五线制等接法。在三相四线制中，如图 8-6 所示，其中三条线路分别代表 L1、L2、L3 三相，另一条是保护中性线 PEN。PEN 即 "PE＋N"，它是由保护接地线 PE（Protective Earth）和中性线 N 合二为一共用的。中性线 N 也是为了在 380V 低压配电网中从 380V 线间电压中获得 220V 相间电压而设置的，有的场合也可以用来进行零序电流检测，以便进行三相供电平衡的监控。在三相四线制供电中，由于三相负载不平衡时或低压电网的 PEN 线过长且阻抗过大时，PEN 线上将有零序电流通过；由于导线老化、受潮等因素，相线的漏电电流可能会通过 PEN 线形成闭合回路，致使 PEN 线也带一定的电位，这对安全运行十分不利。另外，在 PEN 干线出现断线的特殊情况下，断开处之后的单相用电设备和所有保护接零的设备上将产生危险的电压。保护接零是把电气设备的金属外壳和电网的零线连接，以保护人身安全的一种用电安全措施。若电气设备因内部绝缘损坏或意外情况而使金属外壳带电时，形成相线对中性线的单相短路，则线路上的保护装置（保护开关或熔断器）迅速动作，切断电源，从而使设备的金属部分不至于长时间存在危险的电压，以尽量保证人身安全。在同一电源供电的电气设备上，不容许一部分设备采用保护接零，另一部分设备采用保护接地。

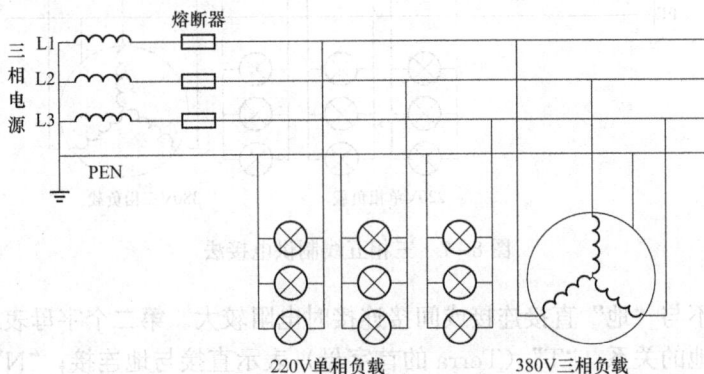

图 8-6　三相四线制供电接法

若在三相四线制供电系统中，把 PEN 线的两种作用分开，即一根线作中性线 N，另外用一根线专门作为保护零线 PE。N 线与 PE 线的区别在于：N 线仅用于构成回路，PE 线仅起保护作用，这样的供电接线方式称为三相五线制供电方式，即三相五线制包括了三根相线 L1、L2、L3，一根中性线 N（俗称工作零线）和一根保护接地线 PE（也常叫安全线），三相五线制的接线方式如图 8-7 所示。如果采用三相五线制供电方式，用电设备上所连接的中性线 N 和保护接地线 PE 是分别敷设的，N 线上的电位不能传递到用电设备的外壳上，这样就能有效隔离了三相四线制供电方式所造成的危险电压，让用电设备外壳上电位始终处在"地"电位，从而消除了设备产生危险电压的隐患。只有当 PE 断开，而且同时又有一台用电设备发生相线意外短接到设备的可导电外壳时，才会出现与前述三相四线制中类似漏电事故。因此，虽然 PE 线在供电变压器侧和 N 线是连接在一起的，但进入用户侧后绝不能当作零线使用，否则，发生混乱后就与三相四线制无实质差别了。由于这种混乱容易让人丧失警惕，还可能在实际中造成触电事故。根据 JGJ 16—2008《民用建筑电气设计规范》（附条文说明［另册］）等有关文件规定，凡是新建、扩建、企事业、商业、居民住宅、智能建筑、基建施工现场及临时线路，一律实行三相五线制供电方式，要做到保护零线和工作零线单独敷设，对已建成的电力系统应逐步将三相四线制改为三相五线制供电。

我国普通居民楼内一般都是 220V 单相供电方式，引入到室内的两根电线就是相线 L 与中性线 N，也分别叫火线（Live Wire，常简写为 L）和零线（Neutral Wire，常简写为 N）。相线可以是图 8-7 中三根相线 L1、L2、L3 中引出来的任一相，该图中的三组 220V 单相负载即表示由相线和零线供电的电器。此外，除灯以外的很多电器插头上还有地线 E（Earth Wire），它是用来将电器外壳可导电部分与供电系统 PE 线连接，当相线碰到电器外壳时能有效地保护人不受电击伤害。

根据国际电工委员会 IEC 60364 的定义，低压配电系统按接地形式，分为 TN 供电系统、TT 供电系统、IT 供电系统。第一个字母表示电源系统（发电机或变压器）中性点与地之间的连接关系："T"（Terra 的首字母）表示中性点直接与地连接；"I"（Isolation 的首字

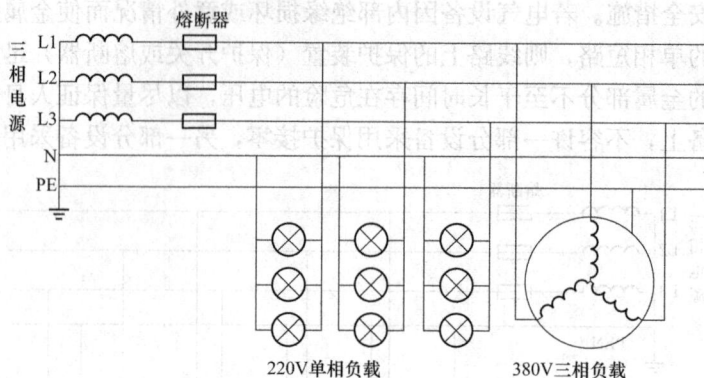

图 8-7　三相五线制供电接法

母）表示中性点不与"地"直接连接或间接连接时电阻较大。第二个字母表示用电设备的外露可导电部分对地的关系："T"（Terra 的首字母）表示直接与地连接；"N"（Neutral 的首字母）表示与中性线连接。据此可以认为，图 8-6、图 8-7 中的三相四线制和三相五线制都属于 TN 供电系统。TN 供电系统是将供电电源的中性线接地，而将用电设备的外露可导电部分与工作零线相接的保护系统，称作接零保护系统。TT 供电系统是将供电电源的中性线接地，将用电设备的外露可导电部分也直接接地的保护系统，称为保护接地系统，如图 8-8所示。TT 第一个字母"T"表示电力系统中性点直接接地，第二个字母"T"表示用电设备的外露可导电部分与大地直接连接，而与系统如何接地无关。在 TT 供电系统中负载的所有接地均称为保护接地。IT 系统第一个字母"I"表示电源侧没有工作接地或经过高阻抗间接接地（如图 8-9所示），第二个字母"T"表示用电设备进行接地保护。IT 供电系统在供电距离不是很长时具有供电可靠性高、安全性好的优点，因此一般用于不允许停电的场所，或者是要求严格连续供电的地方，如医院的手术室、地下矿井地方。

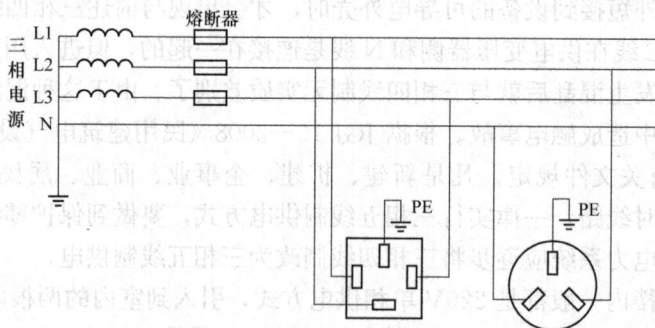

图 8-8　TT 供电系统

　　另外，根据中性线与保护接地线是否合并的情况，TN 系统还可以分为如下三种：TN-C 系统、TN-S 系统和 TN-C-S 系统。这里的"C"（Combined 的首字母）表示中性线与保护接地线合并共用，"S"（Separate 的首字母）表示中性线与保护接地线隔离敷设。据此可以认为，图 8-6、图 8-7 中的三相四线制和三相五线制又分别属于 TN-C 系统和 TN-S 系统。TN-C-S 系统是一种 TN-C 系统和 TN-S 的混合系统，它的接地系统的前部分是

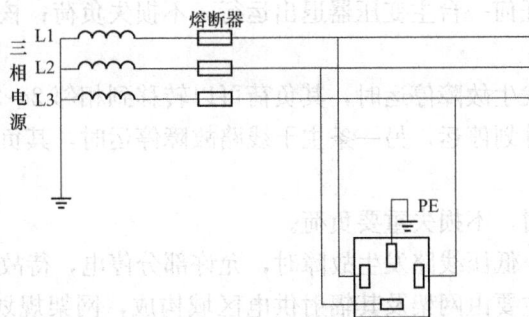

图 8-9 IT 供电系统

TN-C 方式（N 线与 PE 线全部合为一根 PEN 线）供电，但为了考虑安全供电，却在二级配电箱出口处又引出了 PE 及 N 两根线，即在系统后部分二级配电箱之后开始采用 TN-S 方式（N 线与 PE 线全部分开）接地。TN-C-S 供电系统如图 8-10 所示。TN-C-S 方式供电系统一般仅用在某些临时供电场合：现场的前部分是 TN-C 方式供电，而施工规范规定施工现场必须采用 TN-S 方式供电系统，所以就在系统后部分现场总配电箱分出 PE 线。使用 TN-C-S 供电系统时需要注意以下几点：PE 线除了在总箱处必须和 N 线相接以外，其他各分箱处均不得把 N 线与 PE 线再次相连；PE 线上不许安装开关和熔断器，以免造成前级 TN-C 供电系统大面积断电；TN-C-S 供电系统是在 TN-C 系统上的临时变通做法，仅能用于三相电力变压器工作接地情况良好、三相负载比较平衡的情况。但是，当三相负载不平衡或现场有专用的电力变压器时，必须采用 TN-S 方式供电系统。

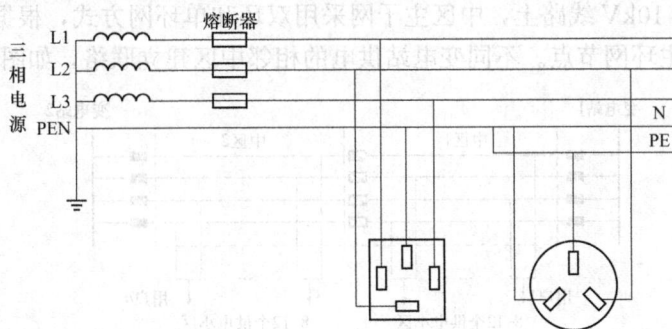

图 8-10 TN-C-S 供电系统

8.3 城市配电网规划设计

8.3.1 中压配电网规划设计

一般大、中型城市的中压配电网规划目标主要包括：高压变电站中压出线开关因故停用时，应能通过中压电网转移负荷，对用户不停电；高压变电站之间的中压电网应有足够的联络容量，正常时分开运行，异常时能转移负荷；严格控制专线，以节约线路走廊资源和提高设备利用率；应积极提高中压线路互供率，实现"网格化、多冗余、手拉手、智能化"目标。另外，基于可靠性的中压配电网建设要求还包括以下内容。

（1）任意变电站的任何一台主变压器退出运行，不损失负荷；核心区任意一座变电站退出运行，不损失负荷。

（2）一条主干线路发生故障停运时，其负荷可以转移到相邻 2～3 条线路。

（3）一条主干线路计划停运，另一条主干线路故障停运时，其负荷可以转移到相邻 2 条线路。

（4）配变故障停运时，不损失重要负荷。

（5）低压配电网中，低压线路发生故障时，允许部分停电，待故障修复后恢复供电。

城市的中压配电网主要由网架及其辐射供电区域构成，网架规划的基本原则主要包括：10kV 配电网网架结构宜简明清晰，以利于配电自动化的实施；10kV 配电网应依据变电站的位置、负荷密度和运行管理的需要，分成若干个相对独立的分区。分区应有大致明确的供电范围，一般不交叉、不重叠，分区的供电范围应随新增加的变电站及负荷的增长而进行调整。而配电网供电区域划分则一般可遵循以下这些原则。

（1）变电站供区不宜跨越河流、湖泊、铁路、山脉、大片绿地等屏障。各变电站正常供区宜相对清晰独立，故障时可以交叉重叠和跨区供电。

（2）每座变电站按终期 3 台考虑，其供电范围参照规划路网划分为 6 个中区。每个中区负荷控制在 1.6 万 kW 内，中区应有相对明确的供电范围，一般不交错重叠。正常运行方式下每台主变压器（平均）供 2 个中区。如遇较大规模市政改造，中区范围内的配电网宜结合市政改造按终期负荷要求一次建成，无大规模市政改造且供电能力充足时，中区内网架结构一般不宜发生改变。其配网电源应随新建成的变电站及负荷的增长进行调整。每个中区 4 回 10kV 线路供电，分别来自同一变电站的不同母线或不同变电站。中区内负荷接入需均匀分布在中区内的四条 10kV 线路上，中区主干网采用双环和单环网方式，根据负荷和用户间隔情况设置 1～3 个主环网节点。不同变电站供电的相邻中区建立联络，如图 8-11 所示。

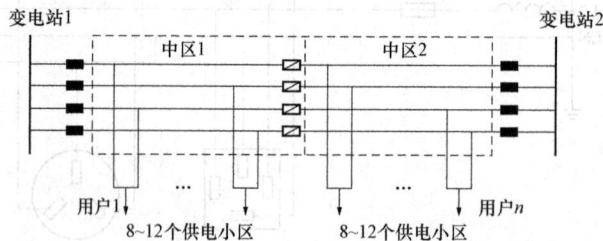

图 8-11　中区电源示意图

（3）每个中区依据负荷分布，按照负荷 1000～2000kW 平均分为 8～12 个供电小区，远期每个小区至少可从 3 回主干线获取电源。小区边长不超过 300m，确保配变供电半径不超过 150m。

（4）依照变电站典型设计，每台主变压器配套 10kV 出线间隔 12 个，每个主变压器正常运行方式供 2 个中区，通常情况下出公用线路 8 回，预留 4 回作为专线间隔。必要时专线间隔可出公用线路。专线用户较多时，可新建配套开闭所方式提供专线间隔。

（5）中区主干网采用双环和单环网方式，根据负荷和用户间隔情况设置 4～6 个主环网节点。主环网节点可以利用原有的开闭所和环网单元进行改造，主干网上的 2 个单环网或一个双环网放在一个通道时采取防火的隔离措施，避免一个环出故障波及另一个环，确保环网供电的可靠性，双环网节点接线示意图如图 8 - 12 所示。

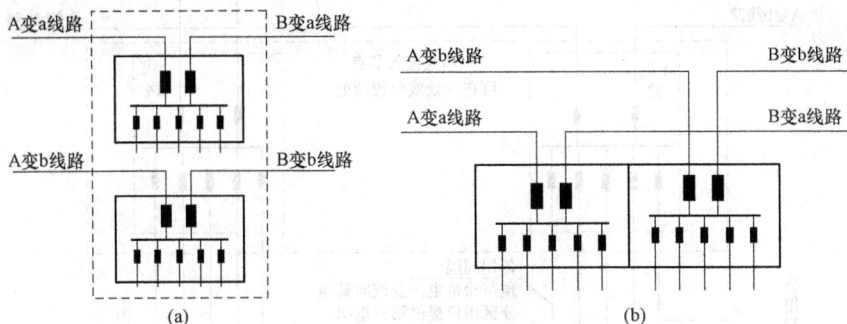

图 8 - 12　双环网节点接线示意图
(a) 采用 2 个环网单元；(b) 采用开闭所 2 段母线

（6）公用配电室一般宜按 2 台变压器配置，高压侧为单母线分段，采用双接入方式供电，低压侧为单母线分段，并配备自投联络开关便于故障时低压用户的负荷转移，提高供电可靠性；具备双电源改造的单台配变的公用配电室及专用用户可采用双电源（双回路）接入，典型负荷接入方式如图 8 - 13 所示。

小区负荷接入方式在间隔缺少和通道困难情况下，尽量采用双射方式，双射最多不超过 3 级，如图 8 - 14 所示。

所有负荷的电源接入均要求取自主干网上不同的环，主干网要求站在用户的角度具备双环网供电条件。

（7）可靠性校核 $N-1$、$N-2$ 方式要求：单台主变压器退出运行，站内主变压器间实现负荷转移，转供后站内主变压器负载率不超 100%。变电站失去 2 台主变压器，一段母线检修或一座 110kV 变电

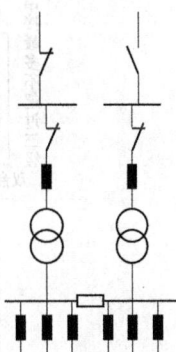

图 8 - 13　双台公用配变室双电源接入示意图

站全停可依靠相邻变电站转移负荷，转移后相邻变电站每个主变压器多供 1 个中区，负载率不超过 100%。另外对线路的要求有：（1）$N-1$ 时：当一回中压线路退出运行时，该线路负荷利用备自投手段自动均匀转移到相邻三条线路，有利于提高线路和设备利用率。故障恢复时间仅为备自投动作时间（可等待变电站一次重合闸），故障段负荷不停电。（2）$N-1-1$ 或 $N-2$ 时：当两回中压线路退出运行时，其负荷自动投切至相邻线路，此时电源取自该两回线路的用户需依靠联络线路恢复供电。停电时间为故障定位及线路倒闸操作时间，或故障修复时间。其余用户不停电。

8.3.2　低压配电网规划设计

前面介绍了中压配电网规划设计的一些要求，接下来介绍低压配电网规划设计的几点基本要求。

（1）380/220V 配电网实行分区供电，应结构简单、安全可靠，一般采用放射式结构。当供电可靠性要求较高或有其他特殊情况时，可采用双电源供电，必要时（高压无法实现备自投时）380/220V 电缆线路可采用环式结构，或采用专用联络电缆备自投方式相互支援。其设备选用应标准化、序列化。

（2）380/220V 线路应有明确的供电范围，供电半径应满足末端电压质量的要求。

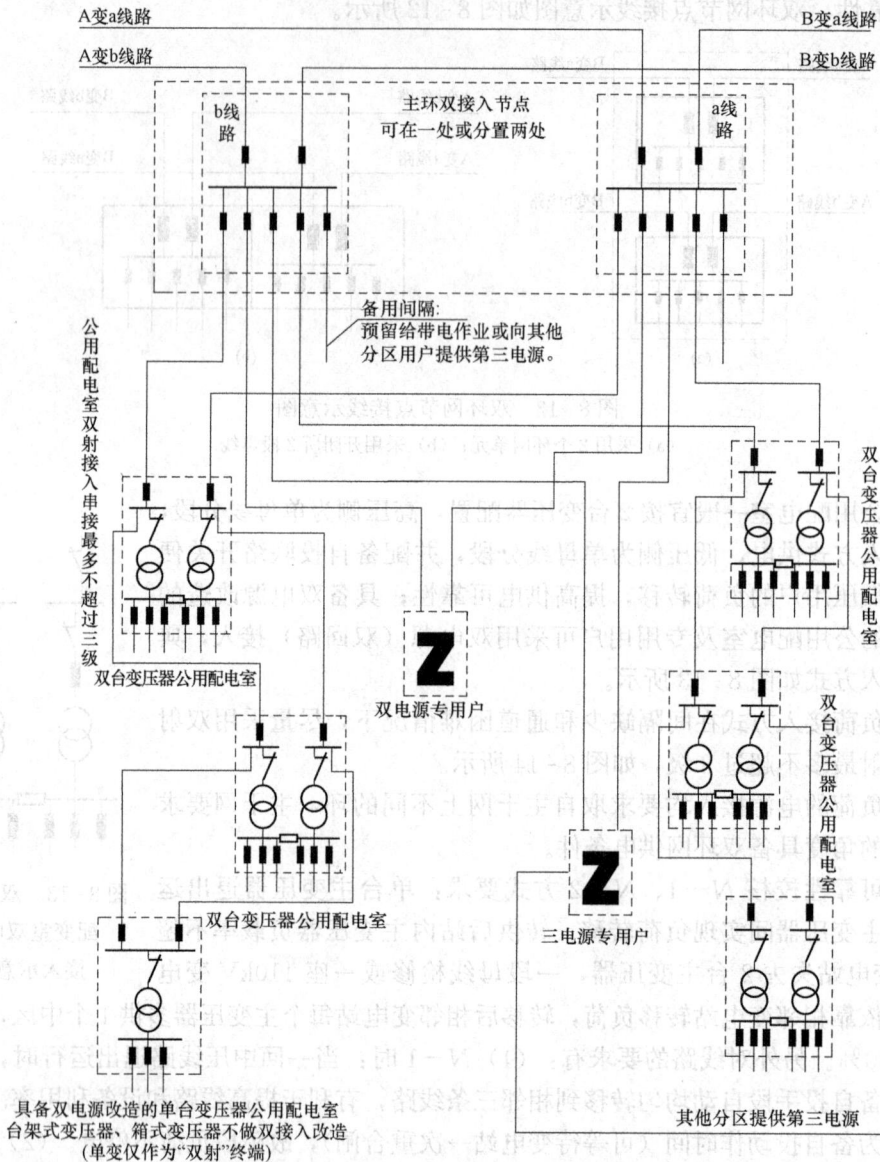

A变a线路　　　　　　　　　　　　　　　B变a线路
A变b线路　　　　　　　　　　　　　　　B变b线路

b线路　　主环双接入节点　　a线路
可在一处或分置两处

备用间隔：
预留给带电作业或向其他
分区用户提供第三电源。

公用配电室双射接入串接最多不超过三级

双台变压器公用配电室

双台变压器公用配电室

双电源专用户

双台变压器公用配电室

双台变压器公用配电室

三电源专用户

具备双电源改造的单台变压器公用配电室
台架式变压器、箱式变压器不做双接入改造
（单变仅作为"双射"终端）

其他分区提供第三电源

图 8-14　小区负荷接入示意图（双射方式）

（3）居民户应采用"一户一表"的计量方式。电能表应安装在具有防窃电功能的计量柜
（箱）内，计量柜（箱）安装位置应接近进户点，并根据不同的 380/220V 接地方式装设适
当的剩余电流动作保护装置。

（4）配电变压器宜配置无功自动补偿及运行数据采集一体化装置。

在实际供电系统中，根据供配电系统设计规范 GB 50052—2009《供配电系统设计规范》
的要求，电力负荷还应根据对供电可靠性的要求及中断供电对人身安全、经济损失上造成的
影响程度进行分级，分级情况见表 8-1。

表 8-1   **负 荷 分 级**

类型	说 明
一级负荷	符合下列任何一种情况的都应该被认定为一级负荷：①中断供电将造成人身伤亡；②中断供电将在政治、经济上造成重大损失，例如导致重大设备损坏或报废、重点企业的连续生产过程被打乱需要长时间才能恢复等；③中断供电将影响有重大政治、经济意义的用电单位的正常工作，例如重要通信中心机房、大型体育场馆、经常用于国际活动的大量人员集中的公共场所等。在一级负荷中，当中断供电时将发生中毒、爆炸和火灾等情况的负荷，以及特别重要场所地不允许中断供电的负荷，应视为特别重要的负荷
二级负荷	符合下列任何一种情况的都应该被认定为二级负荷：①中断供电将在政治、经济上造成较大损失时，例如导致主要设备损坏、大量产品报废、连续生产过程被打乱后需较长时间才能恢复、重点企业大量减产等；②中断供电将影响重要用电单位的正常工作，例如交通枢纽、通信枢纽等用电单位中的重要电力负荷，以及大型影剧院、大型商场等较多人员集中的重要公共场所等
三级负荷	不属于一级负荷和二级负荷的其他负荷

此外，对用户接入容量范围和供电电压的也有一定的要求。

（1）用户的供电电压等级应根据城区电网条件、用户分级、用电最大需量、用电设备容量或受电设备总容量，经过技术经济比较后确定。除有特殊需要，供电电压等级一般可见表8-2。

表 8-2   **用户接入容量和供电电压等级推荐表**

序号	供电电压等级	用电设备容量	受电变压器总容量
1	220V	10kW 及以下单相设备	—
2	380V	100kW 及以下	50kVA 及以下
3	10kV	—	小于 15000kVA 公用线
			大于等于 15000kVA 专线
4	110kV	—	30～150MVA
5	220kV	—	120MVA 及以上

（2）供电半径较长、负荷较大的用户，当电压质量不满足要求时，应采用高一级电压供电。

（3）应按照用户报装容量选择相应电压等级，严格控制专线数量。对于接入公用线路的用户具备双电源供电条件，用户接入容量较大时（10kV 报装容量 15000kVA 及以上），宜由开关站或变电站的专线供电。

电力系统供电的电能质量是电力工业产品的重要指标，优良的电能质量对保证电网和广大用户的用电设备的安全、经济运行，保障各行各业的正常生产经营和人民的生活质量都具有重要意义。为了全面保证电能质量，国家质检总局颁布了多项电能质量国家标准，主要包括：GB/T 14549—1993《电能质量 公用电网谐波》，GB/T 18481—2001《电能质量 暂时过电压和瞬态过电压》，GB/T 12325—2008《电能质量 供电电压偏差》，GB/T 12326—2008《电能质量 电压波动与闪变》，GB/T 15543—2008《电能质量 三相电压不平衡》，GB/T 15945—2008《电能质量 电力系统频率偏差》等。电能是清洁、安全、方便的一种能源，当前还没有其他能源可以将其取代。随着国民经济和工农业生产的发展和科学技术的不断进步，对电能质量的要求也越来越高，因此在发电、供电和用电等各环节中都应该严格遵守国家标准中相关规定，并应该与时俱进地发展新技术以进一步提升供电质量。

8.4　智　能　电　网

进入 21 世纪，随着全球资源、能源消耗压力的不断增大，新能源发电等分布式发电数量不断增加以及用户对电能可靠性和质量要求的不断提升，以单向通信、集中发电、辐射状拓扑网络为特点的传统电网已经难以支撑如此多的发展要求。为了解决这些问题，近些年，美国和欧盟相继提出了"智能电网"的概念，并从此掀起了世界各国大力研究和发展智能电网的热潮。智能电网就是电网的智能化，也被称为"电网 2.0"。目前智能电网的定义各国虽有不同，强调的重点也不同，但其共同的目标是要建设一个坚强的电网，提高服务水平。如美国 GRID2030 的目标是建设一个完全自动化的电力传输网络，能够监视和控制每个用户和电网节点，保证从电厂到终端用户整个输配电过程中所有节点之间的信息和电能的双向流动。计划从三个方面来达到目标：一是提高电网的可靠性，二是降低电网运行的损耗，三是充分利用可再生能源。智能电网发展方向是"一次"与"二次"系统的融合，其追求的功能目标是智能化、自适应，追求的经济目标是综合建设成本最低，运行维护费用最低。从配电网的角度来讲，要提高用户的用电质量，必须实现电网的高度自动化以及和用户之间的互动。全面提升配电网监测和控制的智能化水平。目前主电网的监控手段已经非常先进，如光纤通信、无人值守变电站、数据自动采集等，但是配电网的监测控制水平还较差。配电网需要加强末端的信息采集以及末端配电设备的控制，从而使配电网达到可观可控的状态。

2001 年，美国电力科学研究院（EPRI）提出"IntelliGrid"（智能电网）的概念，接着于 2003 年提出《智能电网研究框架》并开始了研究工作；美国能源部（DOE）随即发布 Grid2030 计划，通过采用先进的材料技术、超导技术、电力电子技术，重点研究控制技术、广域测量技术、实时仿真技术、储能技术、可再生能源发电技术、微型燃气轮机发电技术等，以构建全美骨干电网、区域性电网、地方电网和微型电网（分布式电力系统）等多层次的电力网络，争取到 2030 年建成完全自动化、高效能、低投资、安全可靠、灵活应变的输配电系统，以保障大电网的安全性、稳定性，提高供电的可靠性及电能质量。欧洲也于 2005 年提出了类似的"Smart Grid"概念。2006 年，欧盟智能电网技术论坛推出了《欧洲智能电网技术框架》，认为智能电网技术是保证欧盟电网电能质量的一个关键技术和发展方向，主要着重于整合所有连接到电网用户所有行为的电力传输网络，以有效提供持续、经济和安全的电力。

我国在智能电网概念的提出方面虽然稍晚，但之前就在相关技术领域开展了大量的研究和实践。1999 年进行的"我国电力大系统灾变防治和经济运行的重大科学问题研究"，就已经提出过"数字电力系统"的概念。近年来国内也在一直不断关注国内外智能电网方面的最新研究进展，并努力发展具有中国特色的坚强智能电网。在我国，智能电网逐渐被定义为：以物理电网为基础（中国的智能电网是以特高压电网为骨干网架、各电压等级电网协调发展的坚强电网为基础），将现代先进的传感测量技术、通信技术、信息技术、计算机技术和控制技术与物理电网高度集成而形成的新型电网；它以充分满足用户对电力的需求和优化资源配置、确保电力供应的安全性、可靠性和经济性、满足环保约束、保证电能质量、适应电力市场化发展等为目的，实现对用户可靠、经济、清洁、互动的电力供应和增值服务。自 2009 年起，我国正式启动智能电网计划，这个名为坚强智能电网的计划分为三个阶段：第一阶段（2009～2010 年）为规划试点阶段；第二阶段（2011～2015 年即"十二五"期间）为全面建设阶段，加快建设华北、华东、华中"三华"特高压同步电网，初步形成智能电网运行控制和互动服务体系，要害技术和装备实现重大突破和广泛应用；第三阶段（2016～2020 年）为引领提升阶段，全面建成统一的坚强智能电网，技术和装备全面达到国际先进水平。国家投资的步伐依然有条不紊。随着前两阶段计划的稳步实施，我国在智能电网建设方面已经取得了一系列的成果，主要有：先后建成 3 个世界上电压最高、容量最大的特高压交、直流工程，已累计送电超过 800 亿 kW 时；取得多项大规模新能源发电并网关键技术的研究成果，支撑了新能源的开发、消纳和行业发展；经营区域内并网风电装机已超过 6000 万 kW；开展了两代智能变电站的持续实践，在两批共 74 座试点工程的基础上进一步升级原有智能变电站技术方案，大幅优化主接线及平面布局，构建一体化业务系统并深化高级应用功能。已新建并投运智能变电站 500 多座，研制成功多项关键设备并得到规模应用；累计实现逾 1.55 亿户用电信息采集，构建了大规模的高级量测体系（AMI），支撑了智能用电服务的提升；智能电网调度技术支持系统全面推广应用，建成投运了 31 个省级以上的智能电网调度技术支持系统，提升了大电网安全运行水平。

目前的论述大都基于美国能源部现代电网发展报告，认为智能电网有以下七大优点。

（1）具有自我修复的能力（自愈性）。当故障发生时，在没有人工干预的情况下，可以快速隔离故障、自我恢复，避免大面积停电的发生。例如：CenterPoint 公司在休斯敦的一次实验：人造闪电模拟停电，智能电网在极短时间内识别并恢复系统中最重要的部分，然后继续进行全面恢复。系统重新确定输电线路，从而保证在公用事业公司派出修理人员同时，不会中断服务。

（2）能激发用户主动参与电网的运作（激励性）。居民通过太阳能光伏发电、小型风力发电装置和电动汽车储能等分布式电源，可以向他们的邻居或电网卖电……如此一来，智能电网将在能源产业中旋起一股革命浪潮，能源的流动方向将不再是单向流动了。同样地，那些拥有可再生能源或后备电源系统的大型商业用户亦可以在峰负荷时提供电能，譬如在夏季空调负荷猛增的时候。

（3）具有抵御袭击的能力（安全性）。智能电网可以实时采集和分析电力系统运行状态，通过计算机的分析，预测大面积停电事故发生的可能，并在事故发生前切断或隔离事发区域，从而减少受影响区域。

（4）能提供高质量的电能，减少停电损失（高质量）。智能电网不会有电压跌落、电压尖刺、扰动和中断等电能质量问题，提供的电能将能更好地适应数据中心、计算机、电子和自动化生产线等各种用户的需求。

（5）能够容纳各种发电和蓄电形式（新能源参与）。智能电网将安全、无缝地容许各种不同类型的发电和储能系统（如太阳能发电、风力发电、锂电池和燃料电池电动汽车等）接入电网系统，同时将大大地简化联网的过程，最终期望达到"即插即用"的应用效果。

（6）能繁荣电力市场。处于不同地理位置的各种能源形式能够便捷且自由地被卖给位于任何位置的用户，同时能支持更加多样化的电能定价营销策略。

（7）能优化设备运行，降低电网运行费用。智能电网通过高速通信网络实现对运行设备的在线状态监测，以获取设备的运行状态，在最恰当的时间给出需要维修设备的信号，实现设备的状态检修，同时使设备运行在最佳状态。此外，先进的信息技术将提供大量的数据和资料，并将在集成到现有的企业范围的系统中，大大加强其能力，以优化运行和维修过程。这些信息将为设计人员提供更好的工具，创造出最佳的设计来，为规划人员提供所需的数据，从而提高其电网规划的能力和水平。这样，运行和维护费用以及电网建设投资将得到更为有效的管理。

在智能电网的发展过程中，配电网需要从被动式的网络向主动式的网络转变，这种网络非常利于分布式发电的参与，能更有效地连接发电侧和用户侧，使得双方都能实时地参与电力系统的优化运行。微电网（Micro - Grid，也简称微网）是一种新型的网络结构，微电网是相对传统大电网的一个新概念，它是一种能够实现自我控制、保护和管理的自治系统，既可以与外部电网并网运行，也可以孤立运行。开发和延伸微电网能够充分促进分布式电源与可再生能源的大规模接入，实现对负荷多种能源形式的高可靠供给，是实现主动式配电网的一种有效方式，使传统电网向智能电网过渡。"智能电网"和"微电网"这两个词都是电力系统专业的新概念，都与新能源技术的大规模应用有关，因为传统电网无法大量并入光伏发电、光热发电、风电等新能源电能，所以才提出以上技术。微电网也是大电网的有利补充：①通过发展微电网可以经济有效地解决偏远地区的供电，避免单一供电模式造成的地区电网薄弱和大面积停电事故，提高供电系统的安全性、灵活性和可靠性；②可以延缓电网投资，有效减少电能的远距离传输、降低多级变送的损耗，有利于建设节约型社会；③可以实现节能减排；④可以促进电力市场发展，实现市场利益主体多元化；⑤可以提高供电可靠性和电能质量，实现为不同要求的电力用户提供不同的电能质量（即定制电力），有利于提高供电企业的服务水平。

8.5　用　电　安　全

8.5.1　触电

触电是指人体接触带电体时，电流流经人体造成的伤害。触电事故又分为直接接触触电和间接接触触电两种情况。直接触电分为单线触电和两线触电情况，分别如图 8 - 15 和 8 - 16 所示。间接触电是指人体接触到正常情况下不带电、仅在事故下才带电的部分而发生的触电事故。电击是指电流通过人体内部，影响呼吸系统、心脏和神经系统，造成人体内部组织的破坏乃至死亡。电伤是指电流的热效应、化学效应、机械效应等对人体表面或外部造成的局部伤害。

8.5.2　人体对电流的反应

通过人体电流大小不同时，人体反应情况如下。

（1）0.6～1.5mA，手指开始感觉发麻；

（2）2～3mA，手指感觉强烈麻刺；

（3）5～7mA，手指肌肉感觉痉挛，手指感到灼热和刺痛；

（4）8～10mA，手指关节与手掌感觉痛，手已难以脱离电源，但尚能摆脱电源，灼热感增加；

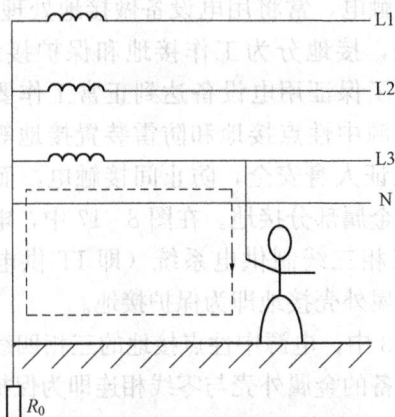

图 8-15 单线触电

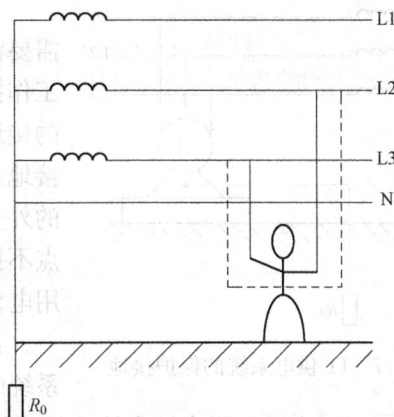

图 8-16 两线触电

（5）20～25mA，手指感觉剧痛，迅速麻痹，不能摆脱电源，呼吸困难，灼热更增，手的肌肉开始痉挛；

（6）50～80mA，呼吸麻痹，心房开始震颤，并有强烈灼痛，手的肌肉痉挛，呼吸困难；

（7）90～100mA，呼吸麻痹，持续 3s 后或更长时间后，心脏麻痹或心房停止跳动，呼吸麻痹。

可见，通过 50mA 的电流就有生命危险；通过 100mA 以上的电流，就能引起心脏麻痹、心房停止跳动，直至死亡。

人触电后就可能威胁到触电者的生命安全，其危险程度和下列因素有关。

（1）通过人体的电压；

（2）通过人体的电流；

（3）电流作用时间的长短；

（4）频率的高低；

（5）电流通过人体的途径；

（6）触电者的体质状况；

（7）人体的电阻。

8.5.3 触电防护

安全电压是指使通过人体的电流不超过允许范围的电压（又称安全特低电压）。

（1）特低电压区段。根据国家标准 GB/T 18379—2001《建筑物电气装置的电压区段》，所谓特低电压区段是指无论相对地或相对相之间均不大于 50V（有效值）交流电或无论是极对地或极对极之间均不大于 120V 的直流电。

（2）特低电压限值。限值是指任何运行条件下，任何两导体间不可能出现的最高电压值。我国的安全电压限值规定为：工频有效值的限值为 50V、直流电压的限值为 120V。

我国国家标准 GB/T 3805—2008《特低电压（ELV）限值》还推荐：当接触面积大于 1cm²、接触时间超过 1s 时，干燥环境中工频电压有效值的限值 33V、直流电压限值为 70V；潮湿环境中工频电压有效值的限值 16V、直流电压限值为 35V。

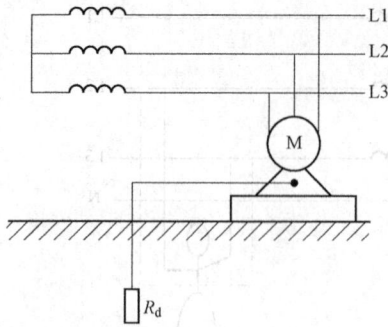

图 8-17　IT 供电系统的保护接地

为了防止触电，常将用电设备做接地处理。但是，需要注意的是，接地分为工作接地和保护接地两种，工作接地是为了保证用电设备达到正常工作要求进行的接地，如电源中性点接地和防雷装置接地等；保护接地是为了保证人身安全，防止间接触电，而将设备的外壳可导电金属部分接地。在图 8-17 中，电源中性点不接地的三相三线制供电系统（即 IT 供电系统），用电设备的金属外壳接地即为保护接地。

在图 8-18 中，电源中性点接地的三相四线制供电系统的用电设备的金属外壳与零线相连即为保护接零。

在图 8-19 中，电源中性点接地的三相四线制供电系统电器设备的金属外壳与地线相连也为保护接地。当电源的某一相对导电外壳断路时，故障电流 $I_d = 220V/(R_0 + R_d)$，用电设备外壳上与地之间的电压为 $U_d = I_d R_d$。因此，若当 R_d 的阻值较大时，或说用电设备接地不良时，人接触到该电器外壳时仍具有较大的触电危险。

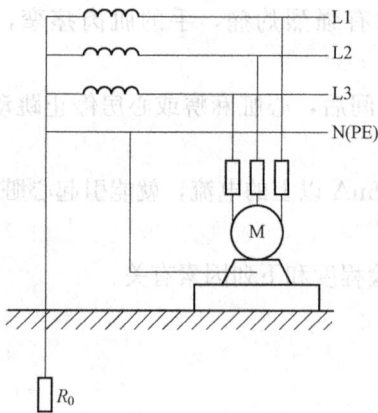

图 8-18　TN 系统的保护接零

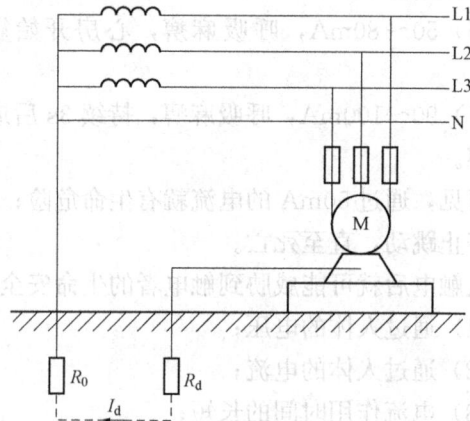

图 8-19　TT 系统的保护接地

另外，需要指出的是，在同一供电系统中，TN 和 TT 系统应尽量不同时使用，否则可能会增大触电的风险。

8.5.4　剩余电流保护装置

漏电保护断路器是一种最常见的剩余电流动作保护装置，俗称漏电保护器，主要用于漏电事故发生时紧急断开线路，其动作原理是：在一个铁芯上有两个绕组，即一次绕组和二次绕组。主绕组也有输入电流绕组和输出电流绕组两个绕组。无漏电时，输入电流和输出电流相等，在铁芯上两磁通的矢量和为零，就不会在二次绕组上感应出电动势；若设备外壳发生漏电并有人触及时，则在故障点产生分流，泄漏电流经人体流向大地，输入电流和输出电流不相等就会产生剩余电流，剩余电流会在二次绕组上形成感应电压，经放大器推动执行机构，使断路器跳闸，便会自动断开电路。漏电保护断路器若用于保护人，如针对手持式电动工具、移动电器和家用电器等设备，动作电流应在 30mA 以下，动作时间应在 0.1s 以下。漏电保护断路器若用于保护线路，动作电流 30～100mA，动作时间应在 0.2～0.4s，即都应选用一般型（无延时）漏电保护断路器。

2005 年开始实施的国家标准 GB 13955—2005《剩余电流动作保护装置安装和运行》，对全国城乡装设漏电保护器做出了统一规定，要求必须装设剩余电流保护装置的设备和场所有以下 10 种。

（1）属于 I 类的移动式电气设备及手持式电动工具（I 类电气产品，即产品的防电击保护不仅依靠设备的基本绝缘，而且还包含一个附加的安全预防措施，如产品外壳接地）；

（2）生产用的电气设备；

（3）施工工地的电气机械设备；

（4）临时用电的电气设备；

（5）机关、学校、宾馆、饭店企事业单位和住宅等除壁挂式空调电源插座外的其他电源插座或插座回路；

（6）安装在户外的电气设备；

（7）游泳池、喷水池、浴池的电气设备；

（8）安装在水中的供电线路和设备；

（9）医院中直接接触人体的电气医用设备；

（10）其他需要安装剩余电流保护装置的场所。

对于一旦发生剩余电流超过额定值而切断电源时，会造成事故或重大经济损失的电气装置或场所，应安装报警式剩余电流保护装置，电气装置或场所如下。

（1）公共场所的通道照明、应急电源；

（2）确保公共场所安全的设备；

（3）消防设备的电源，如消防电梯、火灾报警装置、消防水泵、消防通道照明等；

（4）防盗报警的电源；

（5）其他不允许停电的特殊设备和场所。

为防止人身电击事故，上述场所的负荷末端保护不得采用报警式剩余电流保护装置。

8.5.5　电器防火和防爆

电气设备使用不当将导致电气设备发生故障，不能正常工作，严重时甚至设备爆炸、起火，造成经济损失和人员伤亡，所以我们可以采取以下措施保障电气设备正常工作。

（1）正确选用电气设备，包括是否防爆电器、严格电器的质量检查等。

（2）正确使用电气设备，比如电热设备使用时不能离人，很多电器使用时要遵守操作规程等。要有防止电器超压、短路、过负荷等措施。

（3）加强对电器的维护保养、定期检修等。

（4）电器安装时要与可燃物或其他设施保持一定安全距离。

（5）通风保持干燥，装备可靠的接地装置等其他措施。

（6）采取完善的组织措施。

在某些危险区域（如煤矿巷道中、石油开采炼制现场），对使用电气的设备会有更高的安全性要求。根据国家标准 GB 3836.18—2010《爆炸性环境　第 18 部分：本质安全系统》的规定，应该视情况限用隔爆型、增安型或本质安全型的防爆电器。隔爆型防爆型式是把设备可能点燃爆炸性气体混合物的部件全部封闭在一个外壳内，其外壳能够承受通过外壳任何接合面或结构间隙，渗透到外壳内部的可燃性混合物在内部爆炸而不损坏，并且不会引起外部由一种、多种气体或蒸汽形成的爆炸性环境的点燃；增安型防爆型式是一种对在正常运行条件下不会产生电弧、火花的电气设备采取一些附加措施以提高其安全程度，防止其内部和外部部件可能出现危险温度、电弧和火花可能性的防爆型式，它不包括在正常运行情况下产生火花或电弧的设备。本质安全防爆型式是具有最高安全性的类型，是指通过设计等手段使生产设备或生产系统本身具有安全性，即使在误操作或发生故障的情况下也不会造成事故的功能，具体包括失误—安全（误操作不会导致事故发生或自动阻止误操作）、故障—安全（设备、工艺发生故障时还能暂时正常工作或自动转变安全状态）功能。

思考与复习

8-1　三相电路的组成是什么？电力系统采用的主要供电方式是什么？为什么会采用这种方式？三相电路有哪些特殊性？三相电源有哪几种联结方式？

8-2　什么是电力系统？什么是电力网？

8-3　交流供电系统有哪些性能指标？

8-4　智能电网的特点是什么？为什么要大力发展智能电网技术？

8-5　触电有哪些类型？如何进行触电防护？

参 考 文 献

[1] 张建生. 电源技术教程 [M]. 北京：电子工业出版社，2007.

[2] 张建生. 现代仪器电源 [M]. 北京：科学出版社，2005.

[3] 辛伊波，陈文清. 开关电源基础与应用 [M]. 2版. 西安：西安电子科技大学出版社，2011.

[4] 张占松，张心益. 开关电源技术教程 [M]. 北京：机械工业出版社，2012.

[5] 张占松，蔡宣三. 开关电源技术教程 [M]. 北京：电子工业出版社，1998.

[6] 张占松，蔡宣三. 开关电源的原理与设计 [M]. 北京：电子工业出版社，2011.

[7] 周志敏，纪爱华. 零起点学开关电源设计 [M]. 北京：电子工业出版社，2013.

[8] 张乃国. 实用电源技术手册：交流稳压电源分册 [M]. 沈阳：辽宁科学技术出版社，1999.

[9] 邱关源，罗先觉. 电路 [M]. 5版. 北京：高等教育出版社，2006.

[10] 王其英. 实用电源技术手册：UPS电源分册 [M]. 沈阳：辽宁科学技术出版社，2002.

[11] 王兆安，刘进军. 电力电子技术 [M]. 5版. 北京：机械工业出版社，2009.

[12] 樊立萍，王忠庆. 电力电子技术 [M]. 北京：中国林业出版社，2006.

[13] 漆逢吉. 通信电源 [M]. 3版. 北京：北京邮电大学出版社，2012.

[14] 黄锦安. 电路 [M]. 2版. 北京：机械工业出版社，2007.

[15] 柴树松. 铅酸蓄电池制造技术 [M]. 北京：机械工业出版社，2014.

[16] 皮斯托亚. 电池应用技术——从便携式电子设备到工业产品 [M]. 吴宇平，董超，段翼渊，译. 北京：人民邮电出版社，2010.

[17] 林明献. 太阳能电池新技术 [M]. 北京：科学出版社，2012.

[18] 袁燕. 电力电子技术 [M]. 3版. 北京：中国电力出版社，2012.

[19] 洪乃刚. 电力电子技术基础 [M]. 北京：清华大学出版社，2008.

[20] 曲永印，白晶. 电力电子技术 [M]. 北京：机械工业出版社，2013.

[21] 王兆安，黄俊. 电力电子技术 [M]. 4版. 北京：机械工业出版社，2011.

[22] 肖钢. 燃料电池技术 [M]. 北京：电子工业出版社，2009.

[23] 刘振亚. 智能电网技术 [M]. 北京：中国电力出版社，2010.

[24] 叶慧贞，杨兴洲. 新颖开关稳压电源 [M]. 北京：国防工业出版社，1999.

[25] 杨旭，斐云庆，王兆安. 开关电源技术 [M]. 北京：机械工业出版社，2004.

[26] 程勇，刘纯悦. 实用稳压电源 [M]. 福建：福建科技出版社，2004.

[27] 侯振义等. 直流开关电源技术及应用 [M]. 北京：电子工业出版社，2006.

[28] 王水平，史俊杰，田庆安. 开关稳压电源：原理设计及实用电路 [M]. 西安：西安电子科技大学出版社，2005.

[29] 刘胜利. 现代高频开关电源实用技术 [M]. 北京：电子工业出版社，2001.

[30] 陈坚，康勇. 电力电子变换和控制技术 [M]. 3版. 北京：高等教育出版社，2004.

[31] 陈坚. 电力电子技术及应用 [M]. 北京：中国电力出版社，2006.

[32] 石新春，王毅，孙丽玲. 电力电子技术 [M]. 北京：中国电力出版社，2013.

[33] 曹丰来，刘振来，祁春清. 电力电子技术基础 [M]. 北京：中国电力出版社，2007.

[34] 浣喜明，姚为正. 电力电子技术 [M]. 4版. 北京：高等教育出版社，2014.

[35] 王文郁，石玉. 电力电子技术应用电路 [M]. 北京：机械工业出版社，2001.

[36] 严克宽，张仲超. 电气工程和电力电子技术 [M]. 北京：化学工业出版社，2002.

[37] 黄俊，王兆安．电力电子变流技术［M］．3版．北京：机械工业出版社，1993．

[38] 林渭勋．现代电力电子技术［M］．北京：机械工业出版社，2006．

[39] 尹克宁．电力工程［M］．北京：中国电力出版社，2008．

[40] 黄素逸，杜一庆，明廷臻．新能源技术［M］．北京：中国电力出版社，2011．

[41] 于国强．新能源发电技术［M］．北京：中国电力出版社，2009．

[42] 秦曾煌，姜三勇．电工学［M］．7版．北京：高等教育出版社，2009．

[43] 冷增祥，徐以荣．电力电子技术基础［M］．3版．南京：东南大学出版社，2012．

[44] 王云亮．电力电子技术［M］．2版．北京：电子工业出版社，2009．